"十四五"职业教育国家规划教材

住房和城乡建设部"十四五"规划教材

高等职业教育房地产经营与估价专业系列教材

"十二五
经全国耶

U0676885

Vocational education
Real estate

FANGDICHAN GUJIA SHIWU YU SHIXUN

房地产估价实务与实训
（第2版）

主　编／章鸿雁　刘永胜

副主编／王　刚　符维伟

参　编／史立梅　李海玲　杨蕾颖

重庆大学出版社

内 容 简 介

本书是"十四五"职业教育国家规划教材,主要指导学生在学习了房地产估价基本理论和基本方法的基础上,能够从事估价业务,并能编写合格的房地产估价报告。本书主要内容有:认识估价员(估价师助理)岗位、把握估价技术路线和报告写作要点、国有建设用地使用权出让价格评估、在建工程抵押价值评估、二手房搬迁补偿估价、房地产综合体转让评估、写字楼课税价格估价、商铺租赁价格评估、高档住宅拍卖保留价格评估、真实楼盘转让价格评估实训 10 个学习情景。

本书可作为高等职业教育房地产检测与估价、房地产经营与管理等专业的教材,也可供房地产估价人员、房地产开发与管理专业人员、土地估价人员等参考使用。

图书在版编目(CIP)数据

房地产估价实务与实训 / 章鸿雁,刘永胜主编. --
2 版. -- 重庆:重庆大学出版社,2021.9(2025.1 重印)
高等职业教育房地产经营与估价专业系列教材
ISBN 978-7-5624-8250-5

Ⅰ.①房… Ⅱ.①章…②刘… Ⅲ.①房地产价格—
估价—高等职业教育—教材 Ⅳ.①F293.35

中国版本图书馆 CIP 数据核字(2020)第 107155 号

高等职业教育房地产经营与估价专业系列教材
房地产估价实务与实训
(第 2 版)
主 编 章鸿雁 刘永胜
副主编 王 刚 符维伟
策划编辑:林青山 刘颖果
责任编辑:刘颖果 版式设计:刘颖果
责任校对:王 倩 责任印制:赵 晟
*
重庆大学出版社出版发行
出版人:陈晓阳
社址:重庆市沙坪坝区大学城西路 21 号
邮编:401331
电话:(023) 88617190 88617185(中小学)
传真:(023) 88617186 88617166
网址:http://www.cqup.com.cn
邮箱:fxk@ cqup.com.cn(营销中心)
全国新华书店经销
重庆新荟雅科技有限公司印刷
*
开本:787mm×1092mm 1/16 印张:17.75 字数:422千
2014 年 9 月第 1 版 2021 年 9 月第 2 版 2025 年 1 月第 5 次印刷
ISBN 978-7-5624-8250-5 定价:49.00 元

前　言

房地产估价是现代房地产管理、开发经营、投资交易、抵押贷款、课税保险以及企业重组等的基础,在经济活动中占有重要的地位。

房地产评估是一门实践性很强的学科,在我国估价业是一个相对"年轻"的行业。党的二十大报告在阐述建设现代化产业体系时提出"构建优质高效的服务业新体系,推动现代服务业同先进制造业、现代农业深度融合"。作为高端服务业重要领域的房地产估价行业将迎来新的发展机遇,助力中国经济转向更高质量发展。学科在发展,市场在变化,本书在广泛吸收国内外相关优秀教材、学术研究成果的基础上,由具有多年房地产估价课程教学经验的高校教师和房地产估价机构的估价师共同编写完成。本书从房地产估价员岗位通识内容、常见估价类型、真实项目估价实训 3 个层次进行分析,较好地突出了估价的实务性、综合性和应用性。

本书内容通俗易懂,既可作为高等职业教育房地产专业的教材,也可作为房地产估价人员进行估价作业的参考书。同时,为了满足多媒体教学需要,本教材配套开发了教学课件、延伸阅读资料、课后习题参考答案等,以保证教学质量。

本书共分 10 个教学情境,章鸿雁、刘永胜任主编,王刚、符维伟任副主编。具体编写分工如下:由广东广信粤诚土地房地产与资产评估有限公司王刚、深圳市同致诚土地房地产估价顾问有限公司符维伟和广东建设职业技术学院章鸿雁共同编写学习情境 1、学习情境 2;由杭州科技职业技术学院刘永胜编写学习情境 3、学习情境 7;由广西生态职业技术学院李海玲编写学习情境 4、学习情境 6;由广东建设职业技术学院章鸿雁编写学习情境 5、学习情境 10;昆明冶金高等专科学校杨蕾颖参与了学习情境 5 的部分工作;由广东建设职业技术学院史立梅编写学习情境 8、学习情境 9;最后由章鸿雁修改定稿。广东建设职业技术学院容铭刚负责本教材的视频剪辑。

本书在编写过程中,还得到了昆明冶金高等专科学校林澜、四川长江职业技术学院徐琳等老师,以及广东江门国土局李谦等业内多位房地产估价师、土地估价师的大力支持,在此表示衷心的感谢。

由于作者学识所限,书中不足之处在所难免,恳请广大读者批评指正。

编　者

目 录

学习情境 1
认识估价员(估价师助理)岗位

【知识目标】

掌握估价活动定义、估价机构设立、估价人员执业的相关规定。

【能力目标】

能全面认识估价员的任职要求,结合自身实际,制订五年职业发展计划。

任务 1.1　认识估价活动、机构、管理和行业发展

任务导入

小明是房地产经营与估价专业二年级的学生,已学过"房地产估价理论与方法"课程,他想知道实际工作中的估价活动是如何开展的。

相关知识

1.1.1　房地产估价活动概述

(1)房地产估价活动

《房地产估价机构管理办法》第三条规定,房地产估价活动包括土地、建筑物、构筑物、在建工程、以房地产为主的企业整体资产、企业整体资产中的房地产等各类房地产评估,以及因转让、抵押、房屋征收、司法鉴定、课税、公司上市、企业改制、企业清算、资产重组、资产处置等需要进行的房地产评估。

房地产估价机构从事房地产估价活动,应当坚持独立、客观、公正的原则,执行房地产估价规范和标准。房地产估价机构依法从事房地产估价活动,不受行政区域、行业的限制。任何组织或者个人不得非法干预房地产估价活动和估价结果。

(2)房地产估价业务

房地产估价业务应当由房地产估价机构统一接受委托,统一收取费用。房地产估价师不得以个人名义承揽估价业务,分支机构应当以设立该分支机构的房地产估价机构名义承揽估价业务。

房地产估价机构承揽房地产估价业务,应当与委托人签订书面估价委托合同。

1.1.2　房地产估价机构的设立

（1）房地产估价机构

房地产估价机构是指依法设立并取得房地产估价机构资质，从事房地产估价活动的中介服务机构。房地产估价机构应当由自然人出资，以有限责任公司或者合伙企业的形式设立。

（2）房地产估价机构资质

房地产估价机构资质等级分为一、二、三级。

（3）房地产估价机构许可范围

从事房地产估价活动的机构，应当依法取得房地产估价机构资质，并在其资质等级许可范围内从事估价业务。

①一级资质房地产估价机构可以从事各类房地产估价业务。

②二级资质房地产估价机构可以从事除公司上市、企业清算以外的房地产估价业务。

③三级资质房地产估价机构可以从事除公司上市、企业清算、司法鉴定以外的房地产估价业务。

1.1.3　房地产估价机构管理

（1）行政管理

国务院住房城乡建设主管部门负责全国房地产估价机构的监督管理工作。省、自治区人民政府住房城乡建设主管部门，直辖市人民政府房地产主管部门负责本行政区域内房地产估价机构的监督管理工作。市、县人民政府房地产主管部门负责本行政区域内房地产估价机构的监督管理工作。

（2）自律管理

房地产估价行业组织应当加强房地产估价行业自律管理。鼓励房地产估价机构加入房地产估价行业组织。

1994年8月15日，经民政部批准，成立中国房地产估价师学会。2004年7月变更为中国房地产估价师与房地产经纪人学会。中文简称为中房学，英文名称为 China Institute of Real Estate Appraisers and Agents，缩写为 CIREA。中国房地产估价师与房地产经纪人学会是全国性的房地产估价、经纪及住房租赁行业自律管理组织，由从事房地产估价、经纪及住房租赁活动的专业人士、机构及有关单位组成，依法对房地产估价、经纪及住房租赁行业进行自律管理。现为国际测量师联合会（FIG）全权团体会员。

中国房地产估价师与房地产经纪人学会的主要宗旨是开展房地产估价、经纪及住房租赁研究、交流、教育及宣传活动，拟定并推行相关技术标准和执业规则，加强行业自律管理，开展国际交流合作，不断提升房地产估价、经纪租赁人员及机构的专业胜任能力和职业道德水平，维护其合法权益，促进房地产估价、经纪及住房租赁行业规范健康持续发展。目前，主要承担全国房地产估价师、房地产经纪专业人员职业资格考试、注册、登记、继续教育等工作。

1.1.4　房地产估价行业的发展

（1）房地产估价法律地位

《中华人民共和国城市房地产管理法》第三十四条规定"国家实行房地产价格评估制

度",第五十九条规定"国家实行房地产价格评估人员资格认证制度",从而以法律形式确立了房地产价格评估制度和评估人员的资格认证制度。

（2）房地产估价行业现状

我国房地产估价业和土地估价业经过多年的建设和发展,已经形成了自己的专业制度和规范,实现了职能和服务范围的转变,造就了一支有一定规模的估价队伍和相当数量的估价机构,各估价机构发展态势良好。

（3）估价机构业绩信息

根据房地产估价行业管理信息平台,2022 年 12 月 31 日之前取得一级的房地产估价机构共 1 047 家,按照相关指标,中国房地产估价师与房地产经纪人学会编制了《2022 年度全国一级房地产估价机构综合排名、单项排名》,其中,综合排名全国前 10 位的公司名单如下：

①国众联资产评估土地房地产估价有限公司；

②深圳市鹏信资产评估土地房地产估价有限公司；

③深圳市世联土地房地产评估有限公司；

④上海城市房地产估价有限公司；

⑤深圳市国策房地产土地资产评估有限公司；

⑥深圳市戴德梁行土地房地产评估有限公司；

⑦深圳市同致诚土地房地产估价顾问有限公司；

⑧深圳市国房土地房地产资产评估咨询有限公司；

⑨中建银(北京)房地产土地资产评估有限公司；

⑩北京仁达房地产土地资产评估有限公司。

课后训练

1.阅读《房地产估价机构管理办法》(2013 年 10 月 16 日中华人民共和国住房和城乡建设部令第 14 号修正)。

2.浏览中国房地产估价师网站。

任务 1.2 　认识一家房地产估价公司

任务导入

了解了估价活动、估价机构管理和房地产估价行业的发展之后,小明想具体分析一家估价机构的组织结构、业务开展以及福利待遇等。

相关知识

以深圳市同致诚土地房地产估价顾问有限公司为例。

1.2.1　公司简介

深圳市同致诚土地房地产估价顾问有限公司成立于 1995 年,是在原深圳市同致房地产交易评估有限公司基础上改制设立的。目前,公司在北京、广州、天津、杭州、广西、长沙、昆明、汕头、惠州、东莞、汕尾、佛山、肇庆、河源、梅州、湛江、中山、江门、清远设有分支机构。公司在职员工近 600 名,其中 100 余名为具有丰富经验的注册房地产估价师、土地估价师。

　　该公司是国家一级房地产估价机构、全国范围执业土地估价机构(原 A 级土地估价机构)、资产评估机构,是全国同时拥有三项国家评估资质等级的大型专业中介机构之一。依托 OA 系统开发的"同致诚房地产估价系统"在各大银行普遍使用,实现了客户网上在线估价。

1.2.2　企业组织结构

企业组织结构如图 1.1 所示。

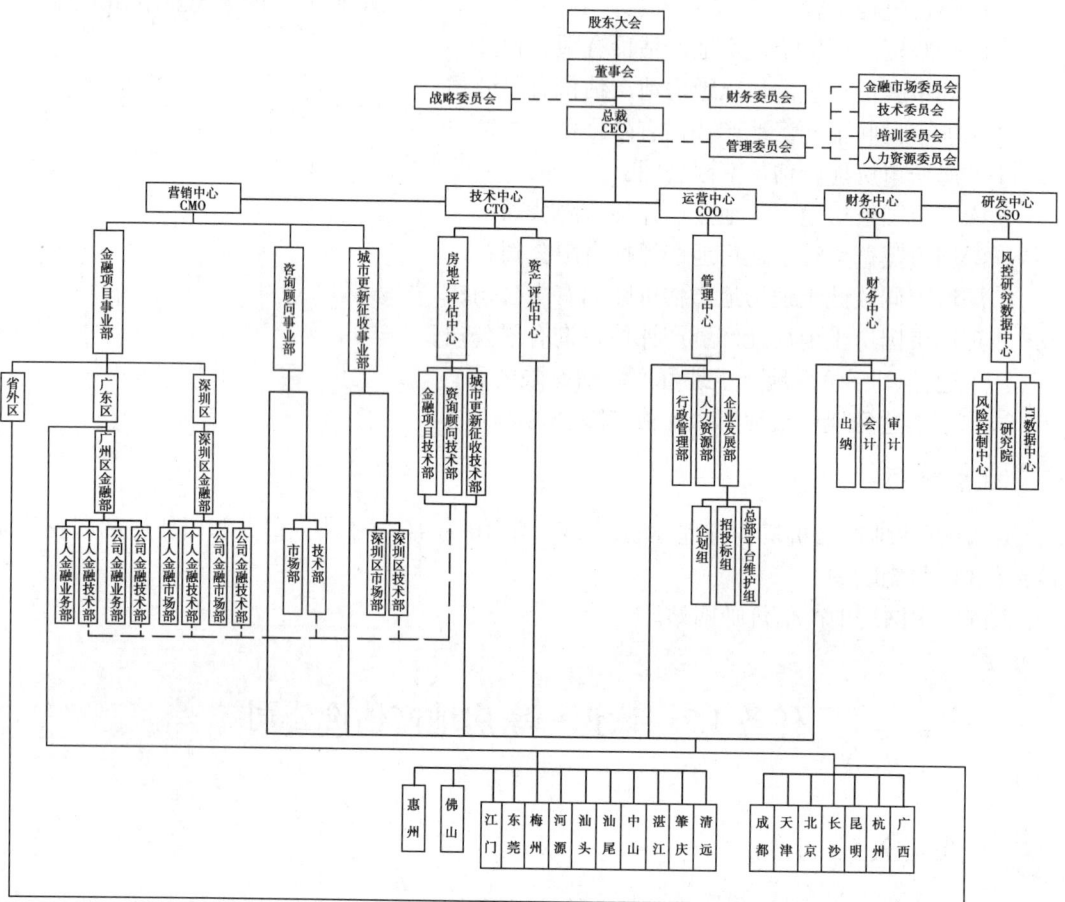

图 1.1　企业组织结构图

1.2.3　企业理念

企业理念如图 1.2 所示。

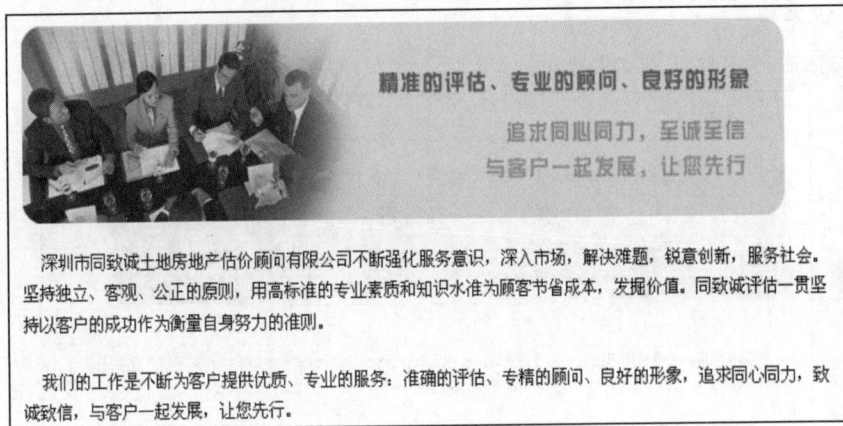

图 1.2　企业理念

1.2.4　公司的服务领域和流程

1)服务领域

深圳市同致诚土地房地产估价顾问有限公司网站显示了该公司服务领域主要有房地产评估、土地评估、咨询顾问、资产评估及城市更新等 5 个模块。其中,房地产评估、土地评估、咨询顾问 3 个模块详细描述如下:

(1)房地产评估

房地产评估服务内容如图 1.3 所示。

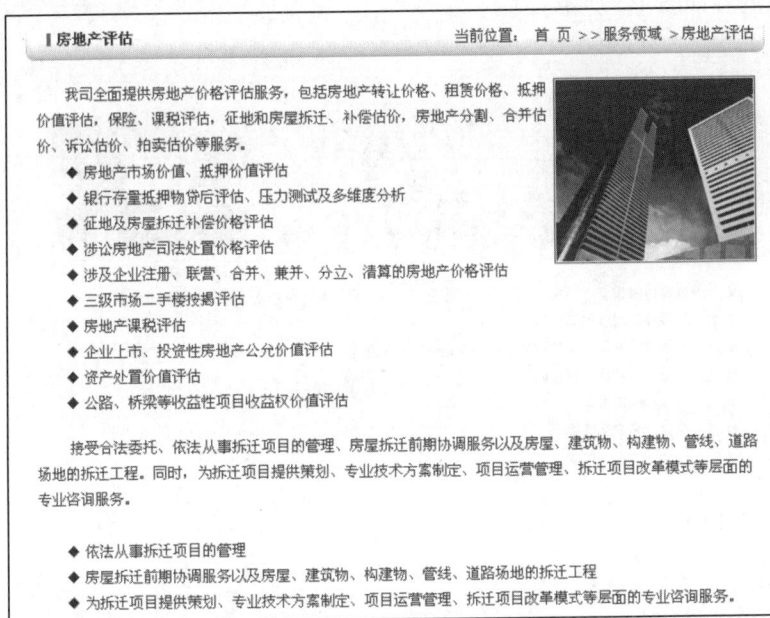

图 1.3　房地产评估服务内容

（2）土地评估

土地评估服务内容如图1.4所示。

图1.4　土地评估服务内容

（3）咨询顾问

咨询顾问内容如图1.5所示。

图1.5　咨询顾问内容

2）服务流程

服务流程如图 1.6 所示。

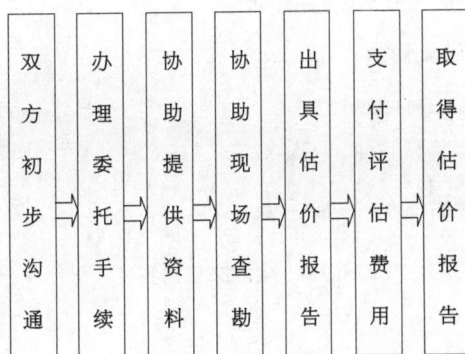

图 1.6 服务流程图

1.2.5 薪酬福利

公司致力于"人性化"优质管理工程的实施,关注员工身心健康发展,在工作之余,融合娱乐、生活化氛围,力求调节员工压力,激发工作潜能。薪酬福利如图 1.7 所示。

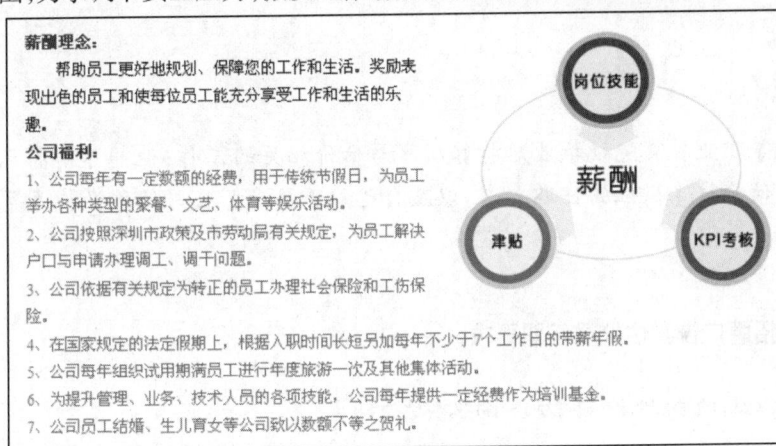

图 1.7 薪酬福利内容

1.2.6 企业文化

企业文化如图 1.8 所示。

课堂活动

讨论图 1.2 深圳市同致诚土地房地产估价顾问有限公司的企业理念:"不断为客户提供优质、专业的服务:准确的评估、专精的顾问、良好的形象,追求同心同力,致诚致信,与客户一起发展,让您先行。"引导青年学生"以大胸怀、大格局谋发展",树立正确的职业观。

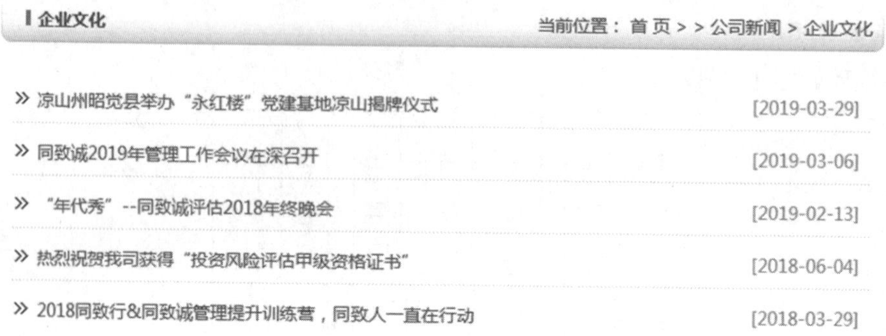

| ┃企业文化 | 当前位置：首页 >> 公司新闻 > 企业文化 |

>> 凉山州昭觉县举办"永红楼"党建基地凉山揭牌仪式	[2019-03-29]
>> 同致诚2019年管理工作会议在深召开	[2019-03-06]
>> "年代秀"--同致诚评估2018年终晚会	[2019-02-13]
>> 热烈祝贺我司获得"投资风险评估甲级资格证书"	[2018-06-04]
>> 2018同致行&同致诚管理提升训练营，同致人一直在行动	[2018-03-29]

图 1.8　企业文化内容

课后训练

1.了解本省房地产估价、土地估价行业的现状和发展前景。

2.浏览本省最 TOP 房地产估价公司的网站。

任务 1.3　认识估价员(估价师助理)任职要求和职业前景

任务导入

　　小明在高等职业教育院校毕业后打算从事与估价相关的工作,他想了解自己能否达到全国各重点城市估价员等岗位的任职要求,以及自己能否接受各公司的薪资待遇等问题。

相关知识

1.3.1　从招聘广告看估价员任职要求

1)南京××土地房地产评估咨询有限公司

(1)岗位名称

房地产估价员。

(2)工作地点

南京市。

(3)相关要求

①岗位要求:主要负责房地产估价技术工作,要求能吃苦耐劳、稳重细心。

②学历要求:大专以上。性别不限,女生优先。在南京有稳定住所者优先。

③专业要求:房地产估价相关专业(房地产估价、土地资源管理、建筑、工程造价等),如非相关专业要求学习能力强。

(4)职业方向

估价助理—估价员—估价师—估价组长—技术总监(副总)。

(5)薪资待遇

①试用期1个月:任估价员助理。试用期工资1 000元/月,提供住房补贴。

②考核期3个月:底薪1 500元加提成,月收入1 800~2 500元。考核后,可转为普通估价员。

③普通估价员:底薪2 000元加提成,月收入2 500~4 000元。

2)浙江××土地房地产评估规划有限公司

(1)岗位名称

房地产估价员。

(2)工作地点

杭州市。

(3)职位描述

从事房地产估价工作1年以上,会熟练撰写房地产估价报告,有房地产估价员资格证书者优先,房地产经营与估价或者房地产相关专业毕业。

3)天津××房地产土地资产评估有限公司

(1)岗位名称

房地产估价员。

(2)工作地点

天津市。

(3)岗位要求

①男女均可,房地产估价相关专业。

②熟悉天津市各区县二手房市场价值。

③熟练操作计算机,熟悉办公软件及现代办公设备。

④具有良好的解决问题及与客户沟通的能力。

4)湖北××房地产土地估价有限公司

(1)岗位名称

房地产估价员。

(2)工作地点

武汉市。

(3)工作内容

①项目实地查勘、收集资料及拍摄照片;

②项目周边房地产市场调研;

③独立撰写并出具房地产估价报告;

④与客户保持良好沟通,不断提高客户满意度;

⑤其他上级领导安排的工作任务。

(4)任职要求

①具有房地产相关专业大专及以上学历;

②具有良好的专业素质和职业责任感,有良好的沟通能力和独立工作能力;

③工作态度认真负责,讲求效率;

④具有较强的团队意识,能够承受一定的工作压力;

⑤熟悉武汉交通及地形;

⑥有房地产、土地评估工作经验者优先考虑。

5)×××资产评估土地房地产估价有限公司

(1)岗位名称

房地产估价助理。

(2)工作地点

深圳市罗湖区。

(3)岗位职责

①估价项目的现场查勘和调查;

②估价资料的收集整理;

③协助项目经理或估价师出具估价报告;

④报告底稿的整理。

(4)任职要求

①房地产估价、土地资源管理及相关专业的专科及以上学历;

②1年以上评估行业工作经验;

③良好的沟通能力和计算机应用能力,能适应出差;

④有较强的学习能力与环境适应能力。

(5)员工薪酬福利

①标准工资加上项目提成奖金;

②员工福利:享受五险一金、法定节假日;

③企业活动:公司会不定期举办各种文化活动,丰富员工生活,提高员工的归属感和凝聚力,如运动会、大型培训、拓展训练、团队旅游、公司年会、羽毛球比赛、乒乓球比赛、广播体操比赛、节日聚会、生日聚会等;

④公司可为部门员工提供宿舍安排,经申请后可入住宿舍。

6)北京××房地产评估咨询有限责任公司

(1)岗位名称

房地产估价员。

(2)工作地点

北京市房山区。

(3)岗位职责

①了解房地产行业的法律、法规及估价行业规定;

②具有初步房地产估价专业知识,掌握相关的估价程序和方法;

③了解北京市房地产市场。

(4)任职要求

①具有房地产相关专业大学专科及以上学历;

②具有北京房地产估价员资格证书;

③1年以上房地产、土地评估工作经验;

④有良好的沟通能力和独立工作能力,工作态度认真负责,讲求效率,具有良好的专业素质和职业责任感;

⑤有团队意识,能够承受一定的工作压力。

7)上海××房地产估价有限公司

(1)岗位名称

房地产估价员。

(2)工作地点

上海市黄浦区。

(3)任职要求

①25~35岁,上海市户籍;

②大学专科及以上学历(房地产及金融财会相关专业优先);

③1年以上工作经验,有房地产行业或相关工作经验者优先;

④独立工作能力较强,沟通协调能力良好;

⑤熟练掌握计算机操作技能;

⑥性格沉稳,遇事冷静,有较强的分析判断能力。

(4)岗位职责

①辅助估价师及时完成主办估价项目的报价、估价报告和估价技术报告,确保估价作业和评估质量符合规范要求,估价报告制作符合公司统一格式;

②及时制作、归档估价技术报告;

③根据估价项目的需要和情况变化,及时与业务部或委托方沟通协调解决;

④辅助主任估价师或估价师完成其他估价项目;

⑤及时熟悉和了解各类房地产市场成交价格,负责向客户提供电话咨询和报价,出具简单的预评估报告;

⑥根据需要协助进行现场拍照、确认等工作;

⑦积极完成领导交办的其他工作。

8)深圳市××土地房地产评估有限公司重庆分公司

(1)岗位名称

房地产助理估价师。

(2)工作地点

重庆市。

(3)任职资格

①大专以上学历;

②1 年以上重庆市房地产相关工作经验,熟悉重庆市房地产市场;

③有房地产估价经验及二手房工作经验为佳;

④熟练使用各种办公软件,能使用计算机出具各类评估报告;

⑤工作细心、认真、责任心强,具有良好的沟通能力及团队合作意识。

(4)工作内容

①参与兼职人员的招聘、管理;

②审核 EVS 工作的现场查勘结果,制作 RP 值;

③EVS 系统日常案例数据的分析和维护;

④在房地产估价师指导下完成日常评估业务。

1.3.2 房地产估价师职业资格相关制度的要求

(1)房地产估价师职业资格制度规定

房地产估价师,是指通过国家职业资格考试取得中华人民共和国房地产估价师职业资格证书,并经注册后从事房地产估价(含土地估价)业务的专业技术人员。

(2)注册房地产估价师享有的权利

①使用注册房地产估价师名称;

②在规定范围内执行房地产估价及相关业务;

③签署房地产估价报告;

④发起设立房地产估价机构;

⑤保管和使用本人的注册证书;

⑥对本人执业活动进行解释和辩护;

⑦参加继续教育;

⑧获得相应的劳动报酬;

⑨对侵犯本人权利的行为进行申诉。

(3)注册房地产估价师应当履行的义务

①遵守法律、法规、行业管理规定和职业道德规范;

②执行房地产估价技术规范和标准;

③保证估价结果的客观公正,并承担相应责任;

④保守在执业中知悉的国家秘密和他人的商业、技术秘密;

⑤与当事人有利害关系的,应当主动回避;

⑥接受继续教育,努力提高执业水准;

⑦协助注册管理机构完成相关工作。

(4)房地产估价师职业资格考试实施办法

房地产估价师职业资格考试实行全国统一大纲、统一试题、统一组织,考试设置 4 个科目,原则上每年举行 1 次。考试科目为《房地产制度法规政策》《房地产估价原理与方法》《房地产估价基础与实务》《土地估价基础与实务》。房地产估价师职业资格考试成绩实行 4 年为一个周期的滚动管理办法,在连续的 4 个考试年度内通过全部 4 个考试科目,方可取得中华人民共和国房地产估价师职业资格证书。

1.3.3 房地产估价师助理典型工作任务和相应的要求

房地产估价师助理典型工作任务和相应的要求见表 1.1。

表 1.1 房地产估价师助理典型工作任务和相应的要求

序 号	典型工作任务	技能要求	素质要求
1	联系客户看现场	能应对各种客户	良好沟通能力
2	实地查勘	能做好记录和拍照	较好的方位感
3	市场调查	能调查收集房地产资料	能吃苦耐劳
4	测算价格	能把握估价方法难点	较强的逻辑思维
5	出具初评报告	有较好的文字功底	诚信敬业

课后训练

1.阅读《房地产估价师职业资格制度规定》。

2.制订自己的五年职业发展计划。

任务 1.4 认识估价员职业道德和风险规避

任务导入

小明在网上读到某房地产估价机构在做某拆迁估价项目时,估价人员与委托方等联合骗取拆迁补偿款受到严厉制裁的案件。为了保障自己的职业生涯能平稳发展,小明想了解估价员(估价师助理)在工作中的相关风险问题。

相关知识

1.4.1 估价过程中风险的辨识

一名合格的估价执业人员应该具有辨识估价风险的能力。在估价操作的整个过程中,必须仔细辨别估价项目中可能存在的风险,这是防范风险的第一步,如果不能正确判断可能存在的风险,便谈不上去防范它。辨识风险就是要正确分析房地产估价风险产生的原因。房地产估价机构及其执业人员面临的房地产估价风险大致分两大类:一类为内部风险,风险的存在来自房地产估价机构内部,来自房地产估价师和估价机构本身;另一类为外部风险,即房地产估价师自身以外的原因,是由于房地产估价与其市场价值紧密相连的特性形成的风险。

1）内部风险

内部风险主要是指由估价行业的估价机构和估价人员自身造成的风险。其主要表现在以下几个方面：

（1）估价师执业能力风险

房地产估价是一个对专业技术要求较高的行业，它不但要求估价师熟练掌握估价专业知识，还要求估价师具备广泛的经济、法律、金融、财务、管理等方面的知识。估价人员执业水平的高低，对估价方法、估价原则、估价参数、估价对象及相关因素的选择，估价信息资料真实性的甄别，价格含义的把握等都将影响估价结果的科学性和可接受性，估价人员执业能力和经验不足都将增加执业能力风险。另外，由于估价报告文字叙述不当、用词含糊、定义不清、缺少必要的设定条件，造成委托方误解，也容易引起评估争议。

（2）估价师职业道德风险

房地产估价是公正性的独立中介服务行业，估价人员在执业过程中，应恪守职业道德，遵循合法、独立、公正、客观的原则。在实际操作中，一方面一些估价机构和个人为某种利益或其他原因提供虚假报告，导致估价结果失真，对相关利益主体产生影响；另一方面，一些估价机构和人员为获得业务，采用不正当的竞争手段，竞相压价，形成恶性竞争，损害行业健康、良性发展。追根到底，职业道德意识淡薄是职业道德风险产生的主要原因。

（3）估价师工作态度风险

谨慎勤勉的工作态度是估价师执业的基本准则。在执业中，未能谨慎地审查有关法律文件，未能勤勉地进行项目的实地查勘，或对法律、政策等问题未进行严谨考虑而提供意见，也是造成执业风险的一个重要原因。

（4）估价机构内部缺乏业务管理的风险

从估价机构角度而言，估价师的执业风险应主要通过估价机构的管理加以控制。估价机构对业务质量、工作程序等方面不加以严格有效地控制，必然会增加其风险。诸如公司的公章被随意使用、公司无统一的估价报告书格式、公司没有定期的案例讨论以使估价师能够分享项目经验和技巧等。另外，由于行业垄断，信息资源独享，造成信息资源失真，这也增加了估价机构的风险。

2）外部风险

外部风险是指由于房地产估价与其市场资产价值紧密相连的特性形成的风险。其主要表现在以下几个方面：

（1）由于房地产权属方面的缺陷对房地产价值产生影响的风险

由于委估房地产产权不清晰，产权证明文件不完整、不合法或已过期，或未记录他项权利登记（如委托房地产已被质押、抵押、担保等事实），致使估价值失真，这些都是由于产权权属方面的缺陷对房地产价值产生影响的风险。另外，在实际估价过程中，委估房地产未经共有权利人的书面同意就进行单方面估价，或者在未明确委估房地产是所有权还是使用权，特别是房地产的取得方式未确定是出让、转让、划拨还是国有或集体之前就盲目予以估价，导致房地产权属不清，估价结果不实，也极易引发风险。

(2)政府法律及经济政策的变化产生的风险

房地产价格的变化一方面受供求变化的影响,另一方面政策变动也同样会对房地产价格产生重要影响。政策的变化是一般估价人员无法或者是没有能力预期的。政策的变化(包括税收政策、金融政策以及产业政策)必然会对房地产价格产生或高或低的影响。同时,政策的变动往往还会对估价方法产生影响,如《城市房屋拆迁条例》的修改,使得房屋拆迁补偿估价方法发生了变化。

另外,国内各地都有各自的地方行政规章制度,如产业政策、税收政策、城镇分等定级等,在当地发挥着很大的作用。但是,由于地方保护主义的影响,这些地方的行政性规章并没有全部公布,而且随着经济的发展,相关规章内容往往会很快修改,估价师也无法及时获得。那么对地方政策掌握程度有限,就会产生严重高估或低估房地产价值的风险。

(3)由于房地产估价理论还未形成严密的体系,还未被社会广泛接受和了解所造成的风险

①由于我国统计资料的发布存在不系统、不完全、严重滞后的问题,给估价操作带来难度,也易造成选用的取价依据不合法或依据不充分,或已过期,造成估价值严重失实而引发争议。

②由于我国估价行业的发展时间较短,估价理论、估价技术和估价方法还有待发展和完善,过分依靠估价人员的主观判断,造成估价结果偏高或偏低的风险。

③不同的估价目的会影响估价结果。因为估价目的不同,估价的依据、估价应考虑的因素,以及采用的价值标准、估价方法就有可能不同。估价目的也限制了估价报告的用途。而有的委托估价方出于节省估价经费等原因,盲目套用与其用途不相符的报告,报告提供的结果就可能造成决策者的判断失误。

④行政机关强行参与估价,甚至领导出面"指导"估价,使估价人员无所适从,严重影响估价结论的公正性。

⑤委托方提供虚假情况的风险。虽然我国市场经济已有较大发展,但是一些法规制度还亟待完善,不诚信现象仍时有发生,在这种背景下,部分利欲熏心的人为达到其不可告人的目的,不惜向估价师提供虚假情况,甚至采用欺骗和违法的手段。如果估价师不能洞察这些虚假信息和资料,必然会出具与事实不符的估价报告。

1.4.2 估价过程中谨慎的原则

房地产估价是一项有风险的工作,尤其是大量进行的以抵押评估为目的估价工作,评估价格的高低直接影响双方利益,尤其是当借贷双方因不能履行债务而发生纠纷时,通常会将估价机构和人员牵涉进去。因此,估价人员必须时刻树立风险意识,不要因一时的小利或失误而遭受重大损失。在实际估价过程中,应从以下几点谨慎勤勉,最大限度防范内部估价风险的发生:

①一定要实地查勘,仔细核对估价对象的门牌号码,并且需要做好查勘详细记录和拍摄估价对象照片。特别是在一些以拆迁补偿为估价目的的房地产估价案例中,因为估价对象即将被拆除,因此查勘日记录的文字和影像资料将成为日后解决纠纷的重要依据。

②评估时一定要查看估价对象的合法证件原件,不能只根据委托方提供的复印件就进行

评估。这样做是为了避免委托方提供不实或虚假的估价资料,另一方面也可保证委托方的合法性,从而避免因委托方的原因而引起的估价纠纷。

③在复杂的业务中,对不确定的问题和不可知的事实情况,出具有条件和有保留的评估咨询意见。如城市中有些因为历史原因划拨给老的国有企业做仓库等工业用途的土地,随着城市的不断扩展,现在有些区域已被规划为商业或住宅等用途,土地用途的改变给房地产带来巨大增值。这时就要仔细核对估价对象的位置是否位于政府规划区域内,不在区域内的一定要按原用途估价,否则就会造成高估;若处在区域内的,则要看土地出让金的缴交状况,没缴或少缴的部分都要在估价结果中予以扣除,否则也会造成高估的风险。

④估价人员必须回避与自己、亲属及其他有利害关系人有关的估价业务,否则极易丧失公正性,出具价格偏离较大的估价报告。《房地产估价机构管理办法》规定,房地产估价机构及其估价人员应当回避未回避的,由县级以上地方人民政府房地产主管部门给予警告,责令限期改正,并可处1万元以下的罚款;给当事人造成损失的,依法承担赔偿责任。

1.4.3 估价操作中规避风险的对策

房地产估价是与变化的市场环境联系在一起的,严格地讲,无风险的估价业务是不存在的,要想完全规避风险,一点不受风险的威胁也是不现实的,问题的关键是如何最大限度地降低、减少风险的发生。针对以上风险,建议采取以下防范措施:

(1)健全内部质量控制体系,加强外部监督机制

要有效降低估价风险,还有赖于内部、外部的双重控制和监督。一方面,估价机构应建立、健全完善的内部质量控制体系。第一,承接业务要谨慎,一定要对委托目的、范围、要求、时限等进行充分了解、分析,如果客户有特殊要求更应慎重对待。同时要初步评价估价风险,选派合适的、能胜任的专业人员,这是提高执业质量的关键。第二,在项目实施过程中,一定要遵循执业规范,做到取证充分、适当,底稿完整,记录详尽。第三,一定要建立估价复审制度,复审制度不仅可以及时纠正报告质量上存在的问题,还可以提升估价师的专业水准,从而有效地降低估价风险。另一方面,房地产估价的行业主管部门必须加强对行业的统一管理和监督职能,对估价机构和人员作定期和不定期检查,坚决查处发现的违法违纪行为,促进估价工作水平的提高。

(2)提高估价人员的专业素质

一名称职的房地产估价师不仅要熟练掌握估价专业知识,而且还必须研究与之相关的政治、经济、法律、建筑、财务、外语、社会意识形态、风俗等,以丰富自己的知识面。此外,随着经济全球化步伐的加快,尽快与国际评估标准接轨,也需要估价人员熟悉、学习、借鉴国际评估业所采用的评估方法和技术。房地产估价是一门理论与实践相结合的学科,估价师需要不断地扩大知识面,在实践中丰富自己的头脑,用理论化的头脑指导具体实践。估价机构也应加强这方面的培训工作,譬如估价报告书由估价师共同讨论制订,并根据实践的发展定期更新;加强业务培训,由有经验的估价师定期进行实践技巧的指导;对新的政策、法律或案例能及时进行讨论研究,以更新估价师的知识结构。房地产估价师只有给社会提供高质量、全方位、多层次的专业服务,真正使估价成为科学与艺术的完美结合,才能得到社会的认同,赢得相应的专业地位和尊严,有效地防范由于执业能力带来的风险。

（3）加强和完善房地产估价师继续教育和考核

《房地产估价师职业资格制度规定》第十七条规定："房地产估价师应当按照国家专业技术人员继续教育的有关规定接受相应行业组织的继续教育，更新专业知识，提高业务水平。"加强对房地产估价师继续教育以及强化对房地产估价师的定期考核，对于降低由于房地产估价人员带来的风险具有极其重要的意义。

（4）强化估价人员的职业道德意识

一名优秀的估价师不仅应拥有扎实的理论知识和丰富的估价实践经验，还应具有良好的职业道德修养。因为即使估价人员很精通估价理论，有丰富的估价实践经验，但如果没有良好的职业道德，评估出的价值也不会客观公正。房地产估价行业对估价人员从业职业道德要求的依据是《注册房地产估价师管理办法》，但自律内容还有待进一步完善。房地产估价协会及房地产估价机构应加强自律，制定适合当前国情的切实可行的职业道德规范，树立良好的职业道德风尚，降低职业道德风险。

（5）谨慎执业并尽披露义务

在目前政策变化较大的现实下，为使估价师能够谨慎执业，估价协会和有条件的估价公司应建立信息网，收集大量的不动产交易信息和规范性文件，从而使估价师在执业过程中能够掌握这些信息和文件，避免为客户提供不准确的专业意见。对于难以把握的某些领域，估价师有责任向客户披露其不确定性或所面临不同后果的可能性。在复杂的业务中，对不确定的问题和不可知的事实情况，出具有条件和有保留的评估咨询意见也是国际惯例中的通行做法，值得我国估价师借鉴。

（6）建立房地产估价风险防范基金制度

建立以风险准备金为主的风险防范基金制度，为估价机构的改制和尽快同国际惯例接轨准备必要条件，预提风险准备金的比例应适当提高，这将对估价行业的持续发展和提高估价机构对风险的承受能力不无益处。风险防范基金制度的建立不仅有利于合理防范执业风险，而且可以加快估价公司上规模、上水平的进程，提高公信力，扩大行业的社会影响。

另外，利用保险也是转移估价风险的一种制度选择。在我国，一些地方已经建立了医师职业保险制度、律师职业保险制度和注册会计师职业保险制度。这些制度的实践给建立房地产估价师职业保险制度提供了经验。我国内地已有庞大的房地产估价师队伍，根据保险的原则，对于保险公司来说，应该是一个具有极大潜力的发展市场。如果建立房地产估价风险保险制度，那么对估价师来说是具有督促作用的。如果某个估价师经常出现疏忽被索赔的情况，那么保险公司就有可能不再为这些人提供保险，那么这些估价师就会失去估价市场，丢掉生存的空间。因此，通过估价风险保险制度，可以不断提高估价人员的素质水平，提高整个行业的水平和形象。

1.4.4　职业道德与风险规避

职业道德就是在一定的职业生活中应遵循的且具有自身职业特性的道德原则和规范的总和。职业道德规定了人们在自己的职业生活中，必须遵循一定的道德规范，规定人们"应该"做什么，"不应该"做什么，"应该"怎样做和"不应该"怎样做。也就是说，职业道德从道义上要求人们在其职业生活中以一定的思想、感情、态度、作风和行为去待人接物、处事,完成本职工作。职业道德具有鲜明的行业性、范围的有限性、形式的多样性、稳定的连续性等特点。

估价道德是指在估价领域因估价活动引起的道德现象以及由此归纳的道德理论的总称。由此可知,估价道德和估价活动密切相关,估价道德的特征与估价活动也是密切相关的。估价道德是一种职业道德,因此它具有职业道德的共同特征。估价人员职业道德包括以下几点:

(1)尽职尽责,勤奋工作

尽职尽责,就是要恪尽职守,尽到责任,以极大的热情投入到估价事业中去,做好本职工作,多出成绩。严谨执业是房地产估价师提高自己、机构以及本行业信誉的一个根本要求。估价业务最终需要由房地产估价师去做,其严谨程度直接影响估价质量,随着社会经济的发展,只有高质量的估价报告才能得到社会的信任和认可,这样的房地产估价师在未来才具有竞争地位,这样的估价机构才能够生存下去。

(2)公正估价,廉洁守法

公正估价要求估价人员应当具备正直、诚实的品质,公平正直,不偏向利益的任何一方,不得为了一方利益而损害另外一方,尤其是对委托方,切忌为了委托方利益损害其他方的利益。要求房地产估价师应严格按照《房地产估价规范》进行估价,各种参数的选择要客观、公正,不得有随意性。

廉洁守法要求房地产估价师在执业过程中必须保持清正廉洁的情操,在独立客观公正的基础上,恪守国家相关法律法规以及有关制度的规定,依法进行合理合法的估价业务,不得为自己或自己所在的估价机构牟取私利,不得向委托方行贿受贿,不得向委托方收取估价费用之外的任何费用,也不得接受委托方除了公正估价之外的任何要求。房地产估价师除了严格守法外,还要学会利用法律保护自己,尽量避免法律诉讼。

(3)保守秘密,收费合理

在接受估价业务委托后,房地产估价师必然要接触委托方的一些商业秘密,房地产估价师必须对掌握的资料负保密责任,不得向估价业务以外的任何一方提供,除非委托方书面许可或法律法规规定的以外。这里说的估价报告的所有者应该是委托方,而不是一些人认为的属于估价机构,估价机构要想将估价报告的一部分或全部公开时,必须征得委托方的同意。

收费合理就是接受估价业务,要按照规定的标准收费。按照规定标准收费应该是不多收费,也不能少收费。不正当收费往往影响估价行业的整体利益,造成估价行业内部不正当竞争。这里说的收费合理是按照标准收费,也可以根据业务的难度进行适当调整,但是这种调整应该是公开的,是对项目类型,而不是对具体项目或客户。

估价过程中不允许有的8种表现:

①在估价业务中,弄虚作假,出具虚假报告,违背估价规范中规定的"估价人员和估价机构不得做任何虚伪的估价,应做到公正、客观、诚实"。

②在估价业务中,为了委托人的目的,故意抬高或压低价格,造成市场交易主体某一方或多方利益受损,违背估价规范中规定的"估价人员和估价机构不得为了自身利益,迎合委托人的不合理要求,有意高估或低估房地产价格,或者歪曲甚至捏造事实,损害其他当事人的

利益"。

③接受与自己有利害关系的委托人的业务,不回避,违背"估价人员和估价机构应保持估价的独立性,必须回避与自己、亲属及其他利害关系人有关的估价业务"。

④接受自己不能胜任的业务,加大估价风险,也可能给一些关系人造成损失。违背估价规范"估价人员和估价机构认为自己的专业能力所限而难以对某房地产进行估价时,不应接受该项估价委托"的规定。估价人员和估价机构如果遇到由于自己专业能力所限,难以评估出某房地产客观合理的价格或价值时,原则上不应接受该项估价委托。如确有必要接受委托,应当至少聘请两人以上的专家参加,并在估价报告中予以说明。

⑤不注重保管估价资料,甚至连估价报告都不予保存,仅仅保存在计算机里,不备份,一旦计算机出现破坏,便无证可查。违背估价规范"估价人员和估价机构应妥善保管委托方的文件资料"的规定。

⑥不严格保守秘密的约定,擅自将估价报告删节后发表。在发表的一些估价报告案例中,不知这些报告的删节是否经过委托方的同意,如果发生纠纷,败诉的必然是估价机构。违背估价规范中"未经委托方的书面许可,不得将委托方的文件资料擅自公开或泄露给他人"的规定。

⑦一些房地产估价师将自己的证书存放于估价机构,自己并不从事业务,但是名字却经常出现在估价报告中;还有的甚至证书放在一个机构,但是自己却在另外一个机构从事估价业务,虽然不以房地产估价师名义签字,但是可能以土地估价师或资产估价师名义签字。违背估价规范"估价人员和估价机构不得将资格证书借给他人使用或允许他人使用自己的名义,不得以估价者身份在非自己估价的估价报告上签名、盖章"的规定,并与《注册房地产估价师管理办法》中房地产估价师不能同时在两个及两个以上机构执业变相违背。有一些房地产估价师自从注册之后就没有干过估价业务,却堂而皇之地出现在估价报告上,明显有假。

⑧在估价业务中,巧立名目胡乱收费,或是额外收取所谓的好处费,违背估价规范中"估价机构应执行政府规定的估价收费标准,不得以不正当理由或名目收取额外的费用,或降低收费标准,进行不正当的竞争"的规定。

课堂活动

请学生上网查找本省上一年度房地产估价机构和估价人员的违规、违法记录,以身边真实的事例,加深学生对房地产估价人员职业道德和"八不准"的理解,宣讲"自尊自爱、廉洁从业",通过讨论引导青年学生树立正确的金钱观。

课后训练

1.阅读《注册房地产估价师管理办法》。

2.了解本省房地产估价信用档案系统和资质核准系统网络平台。

学习情境 2
把握估价技术路线和报告写作要点

【知识目标】

掌握估价技术路线和不同条件下的估价报告格式,熟悉估价报告写作中的常见错误。

【能力目标】

能正确选择估价技术路线和规范的估价报告格式,并避免常见错误。

任务 2.1　正确选择房地产估价技术路线

任务导入

小明已学习了比较法、成本法、收益法等多种房地产估价方法,但具体的估价作业技术思路应该如何确定,才能估算特定估价目的下房地产的客观合理价格呢?

相关知识

房地产估价是估价人员模拟房地产价格的形成过程,以确定房地产的客观合理价格的过程。房地产估价技术路线就是估价人员模拟房地产价格形成过程、揭示房地产价格内涵时的思路。房地产估价技术路线指导房地产估价的全过程,只有明确了房地产估价技术路线,才能有针对性地收集估价所用资料,选取合适的估价方法,使整个估价过程逻辑清楚、方向明确。

2.1.1　房地产估价技术路线的形成

确定房地产估价技术路线,要对估价对象房地产本身有充分的认识。下面以案例来说明房地产估价技术路线的形成。

【案例】　估价对象为"××花园农贸市场"在建工程及其所占用的土地使用权。

(1)项目概况

估价对象所在项目"××花园农贸市场"位于××区××街162号,与"××花园"第30幢(××苑)、第31幢(××苑)相连,总楼层为2层。该项目由中国建筑××设计研究院设计,建筑结构为框架结构。根据委托方提供的评估背景相关说明,该项目净用地面积为2 555.8 m²,总建筑面积为 3 030 m²。该项目于 2021 年 7 月 22 日开工,预计 2023 年 3 月 31 日竣工。

（2）估价对象区位条件及周边环境

估价对象位于××市××区××街,处于一环路与二环路之间。区域内各大购物中心、高档商务写字楼和星级酒店林立,商业、办公、娱乐、居住的区域功能强大,人流量大,商服繁华度较高。区内及其周边区域内有国美电器、麦当劳、北京华联等各种商服设施;有××大厦、××指南针计算机学校、××集团总医院第二门诊部等各种配套设施。区域由二环路、××街、××路、××街、××街等主次干道和区间道路构成道路交通网络,道路路况较好,通车能力较强,可方便抵达市内各个区域,通达能力较好。区域通行 4 路、58 路、81 路、307 路、51 路等多路市内公交车,并设有公交站点,公交便捷度较高。综合而言,估价对象所在区域土地等级高,配套设施齐全,公用配套设施较完善,商服繁华度较高,随着区域内基础及各种配套设施的不断完善,道路通达度及交通便捷度亦将得到提高,宜于商业类用房价值的体现。

（3）土地状况

至估价时点,估价对象应分摊的土地未作分割。根据委托方提供的国有土地使用证,其土地使用权证号为:成国用〔2021〕第×号;土地使用权人:××花园项目开发有限公司;坐落:××街××号;地类（用途）:住宅;使用权类型:出让;使用权面积:91 824.86 m²,其中独用面积91 824.86 m²;分摊面积:0 m²;终止日期:2086 年 7 月 15 日,剩余使用年期为 64.61 年。根据委托方提供的评估背景相关说明等资料,土地使用权面积为 2 555.8 m²,地上建筑物面积为3 030 m²,估价对象规划容积率为1.19。估价对象周边土地熟化程度较高,已达到“六通”,宗地内开发程度达到“五通一平”。宗地形状较不规则,地势平坦,无明显坡度,地基地质适于建筑。据委托方提供的资料,宗地未设定他项权利。根据本次估价目的,我们设定该宗地为商服用地,至估价时点剩余使用年期为 64.61 年,无他项权利限制,其来源合法。

（4）建筑物状况

“××花园农贸市场”与“××花园”第 30 和 31 幢相连,于 2021 年 7 月 22 日开工,预计于2023 年 3 月 31 日竣工,规划总建筑面积为 3 030 m²,其中底层1 515 m²,第二层1 515 m²。建筑物结构为框架结构,全现浇钢筋混凝土楼盖,抗震等级为三级,底层层高为 3.8 m,第二层层高为 4.3 m。设计装修标准:外墙釉面砖,内墙刷乳胶漆,局部釉面砖、花岗石,地面为彩色水磨石,天棚为轻钢龙骨隔音石膏板。根据委托方提供的资料及现场查勘,至估价时点,估价对象主体工程已完成82%,安装工程完成20%,装修工程以及室外工程均未进行。

估价目的:为确定房地产抵押贷款额度提供参考依据而评估房地产抵押价值。

估价时点:二〇二二年十二月六日。

案例是为确定房地产抵押贷款额度提供参考依据而评估房地产抵押价值,从贷款单位的角度看,是确定将来债权人在债务不能清偿时处置该房产能获得多少补偿,来决定现在贷多少钱给房地产开发商。根据抵押登记的先后来确定清偿顺序,先登记者优先获得补偿,因此抵押价值的价格内涵应该是假定未设法定优先受偿权下的市场价值减去优先受偿权金额。案例的技术路线:评估抵押价值为假定未设立法定优先受偿权利下的市场价值,减去估价人员知悉的和根据委托方提供的资料确定的法定优先受偿款后的价值,因此,技术思路为选取适当方法先求估价对象在假定未设立法定优先受偿权利下的市场价值,再逐项扣除知悉的优先受偿权金额,就得出估价对象抵押价值。

抵押价值=假定未设法定优先受偿权下的市场价值-优先受偿权金额

假定未设法定优先受偿权下的市场价值的评估实际上就是在建工程市场价值的评估,对于在建工程,很难找到与其进度及情况相似的可比实例,不能直接用比较法进行评估,常用成本法和假设开发法,可以将其各部分市场平均正常成本累加起来作为其市场价值,还可以将此项目作为一个投资,假设开发完成后的价值减去需要的正常投入来作为其估价时点的价值。

2.1.2　房地产估价技术路线的概念

房地产估价人员接受估价委托并且明确了估价目的、估价对象、估价时点等估价基本事项之后,接下来要做的一件至关重要的事情就是确定估价技术路线。只有确定了估价技术路线,才能相应地选择估价方法,进而才能进行后面的具体估价作业。

房地产估价技术路线是指导整个房地产估价过程的技术思路,评估出的房地产价格应该是市场上最容易形成的价格,估价就是模拟估价对象房地产价格形成的过程。因此,技术路线反映的是估价人员对估价对象房地产的价格形成过程的认识。

确定房地产估价技术路线,也就是确定房地产价格形成过程。确定估价技术路线的结果和目的是确定价格内涵和价格形成过程。

2.1.3　房地产估价技术路线与房地产估价规范条文

房地产估价技术路线体现了估价对象房地产的价格形成过程,反映了估价对象房地产的价格内涵。《房地产估价规范》(GB/T 50291—2015)中的一些条文规定,反映出房地产估价技术路线与房地产价格内涵和价格形成过程的关系。

(1)《房地产估价规范》第5.4.3

5.4.3　房地产普通拍卖估价,可根据估价委托人的需要,评估市场价值或市场价格、快速变现价值,为确定拍卖标的的保留价提供参考依据。快速变现价值可根据变现时限短于正常销售期的时间长短,在市场价值或市场价格的的基础上进行适当减价确定。

这就是房地产拍卖保留价评估的技术路线,是模拟房地产拍卖市场的过程来决定的。房地产拍卖估价的特点:快速变现、消费者的心理因素、购买者要支付拍卖手续费等额外支出。因此,在市场价值的基础上要根据具体情况加以调整。

(2)《房地产估价规范》第5.1.6

5.1.6　抵押房地产的建设用地使用权为划拨方式取得的,应选择下列方式之一评估其假定未设立法定优先受偿权下的价值:

1.直接评估在划拨建设用地使用权下的假定未设立法定优先受偿权下的价值;

2.先评估在出让建设用地使用权状况下的假定未设立法定优先受偿权下的价值,且该出让建设用地使用权的使用期限应设定为自价值时点起计算的相应用途法定出让最高年限,再减去由划拨建设用地使用权转变为出让建设用地使用权需要缴纳的出让金等费用。

这里给出的处理土地使用权出让金问题的两种方式就是两种估价技术路线,这两种估价技术路线反映了共同的价格内涵:划拨土地使用权的价格内涵是出让土地使用权价格扣除土地使用权出让金价款后的余额部分。

而这两种估价技术路线反映的价格形成过程却不一样:前者是用出让土地使用权价格减去土地使用权出让金价款;后者是采用成本积算的方法,在积算时不考虑土地使用权出让金价款。

(3)《房地产估价规范》第5.7.2和第5.7.3

5.7.2 房地产投保时的保险价值评估,宜评估假定在价值时点因保险事故发生而可能遭受损失的房地产的重置成本或重建成本,可选用成本法、比较法。

5.7.3 保险事故发生后的财产损失评估,应调查保险标的在投保时和保险事故发生后的状况,评估因保险事故发生造成的财产损失,可选用修复成本法、价差法、损失资本化法等方法。对其中可修复的部分,宜采用修复成本法测算其修复成本作为财产损失额。

这里所说的"房地产投保时的保险价值评估,宜评估假定在价值时点因保险事故而可能遭受损失的房地产的重置成本或重建成本"体现的就是保险价值的内涵,就是建筑物的价值,不包含土地的价值。"对其中可修复的部分,宜采用修复成本法测算其修复成本作为财产损失额"就是一种估价技术路线。也就是说,在进行房地产损坏赔偿估价时,需要确定的是估价对象房地产因损坏所造成的价值损失。这个价值损失又如何衡量呢?是用对其进行修复所需的费用来衡量的。因此,在保险事故发生后的损失价值或损失程度评估时,估价结论的价格内涵是"房地产因保险事故所造成的价值损失",或者是"修复所需的费用"。明确了价格内涵,也就明确了该价格的形成过程:模拟对损坏的房地产进行修复从而得出修复所需的费用。进而也就明确了估价的技术路线:估算其修复所需的费用作为损失价值或损失程度。

由以上所举《房地产估价规范》(GB/T 50291—2015)中的一些条文规定可以看出,房地产估价技术路线反映了房地产价格的内涵和房地产价格形成过程。

2.1.4 房地产估价技术路线与房地产估价方法

房地产估价中常用的估价方法主要有比较法、收益法、成本法、假设开发法、基准地价修正法。在房地产估价过程中,估价人员是综合运用这些估价方法进行估价的,估价人员不仅要了解每种估价方法的概念、理论依据、计算公式、所需参数,还要了解每种估价方法的实质,以及它们的共性和特性,只有这样才能在估价实践中自如、正确地运用各种估价方法。房地产估价技术路线与房地产估价方法之间是紧密相连的。

(1)每种房地产估价方法都体现一种技术路线

房地产估价技术路线是估价人员对房地产价格形成过程的认识,而房地产估价方法本身也反映了人们对房地产价格形成过程的认识,可以说,每种房地产估价方法都体现了一种技术路线。

例如,比较法体现的价格形成过程是:房地产的正常市场价格是该房地产在公开市场上最可能的成交价格,或者说是被大多数买家和大多数卖家认可的价格。正是基于这种认识,比较法采用选取"类似房地产的实际成交价格作为评估价格"的技术路线。

成本法认可的价格形成过程是:在无法通过市场直接得到估价对象的正常市场价格的情况下,估价人员可以通过对估价对象房地产的价格组成部分进行分解,了解各价格组成部分的正常市场价格,再累加(积算)作为估价对象的正常市场价格。

收益法体现的价格形成过程是:可以将购买房地产作为一种投资,将该投资未来可以获得的所有净收益折现之后累加,用所得结果作为估价对象的房地产价格。收益法所体现的估价技术路线是:房地产现时的价格是由房地产未来可获得的收益决定的。

假设开发法体现的房地产价格形成过程,也即估价技术路线是:未完成的房地产价格取决于它完成后的价格与从未完成到完成阶段所需增加的各项投入以及相应的利息、利润、税费的差额。

基准地价修正法是利用政府已经确定公布的基准地价,依据替代原理,通过具体区位、土地使用年限、容积率、土地形状、临街状况等的比较修正,由基准地价调整得出估价对象宗地价格。由基准地价修正法的定义不难看出,基准地价修正法的实质是比较法,基准地价就是"可比实例"的价格。

同一个估价对象,采用不同的估价方法,实际上是在模拟不同的价格形成过程,体现的是不同的估价技术路线。例如,案例"××花园农贸市场"在建工程的估价,可以采用成本法,求取获取土地的价格、已投入的建造成本和各项相关费用、利息、利润、税费,累加即得到其价格。这即是成本法的估价过程,体现了一种技术路线。它所反映的价格形成过程是:产品的价格是由构成产品价格的各组成部分积算而形成的。还可以采用假设开发法,先确定该项目完成后的市场价格,再扣除由未完成状态继续建造至完成所需的各项投入和利息、利润、税费,由此也可以得出估价对象的价格。这种方法所反映的价格形成过程是:未完成产品的价格最终取决于它开发建设完成后的市场价格,由后者可以推算出前者。因此,房地产估价技术路线与房地产估价方法是一种密不可分的关系。

(2)把握房地产估价技术路线有助于正确理解和运用房地产估价方法

由于房地产估价技术路线反映了房地产价格形成过程和价格内涵,而房地产估价方法的实质也是模拟房地产价格的形成过程确定估价对象的价格,所以把握房地产估价技术路线有助于正确理解和运用房地产估价方法,并且不会由于房地产估价方法在表现形式上的不同而迷惑。

对交易实例较多的房地产估价,市场上能够找到与估价对象房地产状况类似、交易日期和估价时点接近的房地产,要评估其正常客观的价格,最直接的就是通过大量已经成交的相同或类似房地产的成交价格来确定估价对象房地产在公开市场上最可能的成交价,这实际上就是比较法的实质,因此对这类房地产首选比较法进行评估。另外,根据生产费用理论,将估价对象房地产视为通过社会化生产的方式建造完成的,估价对象房地产价格是其各组成部分的市场价格组成,将土地、建筑物以及投资开发过程中的管理费用、投资利息、销售税费、开发利润累加起来就成为估价对象房地产的客观合理的价格,这又是成本法的实质。由此看来,各种估价方法体现的是不同的价格形成过程,只要理解了房地产的价格内涵,殊途同归,最后得到的都是待估房地产的客观合理的价格。

【课堂讨论】

张某临终前留下一笔遗产，为一幢临街的两层房屋和 40 万元人民币。房屋底层为店面，上层为住宅，上下两层面积相等，经过估价人员评估其价格为 60 万元人民币，其中底层为 50 万元，上层住宅为 10 万元。房屋继承时大儿子张华继承底层，小儿子张军继承上层住宅和 40 万元人民币。后来在一次大火中房屋被烧毁，为此张家兄弟决定把房屋所占土地卖掉，实际卖价为 40 万元人民币，张华认为他应得到 5/6 的地价款，张军认为因两人房屋的建筑面积相等，他应得到 50% 的地价款，为此产生纠纷，诉讼至法院，请你作为一名估价师为法院提供咨询意见。

张某遗产案

课堂活动

结合张某遗产案的课堂讨论，师生分享身边和谐社会和良好家风构建的典型案例，引导青年学生树立诚信友爱、感恩的意识，建立融洽的人际关系，弘扬中华优秀传统文化，践行党的二十大报告中提出的"团结奋斗的时代要求"。

课后训练

1. 某企业一幢 4 层办公大楼，于 3 年前抵押给银行获得贷款 700 万元，抵押期间该楼曾出租给外企作商务办公，现因该企业无力偿还债务，债权人申请以拍卖变现方式执行债务清偿。其进行拍卖底价评估，试选择两种主要的估价方法和技术路线，并写出该大楼拍卖底价评估的技术路线。

2. A 地块面积为 1 250 m²，B 地块面积为 3 680 m²。经采用比较法测算，A、B 两地块的单价分别为 4 500 元/m² 和 4 100 元/m²，现甲（A 地块）、乙（B 地块）两公司经协商确定将两地块合并后转让给某开发商，某开发商欲受让该地块后开发一综合性商务写字楼。采用假设开发法测算得出合并后地块单价为 4 800 元/m²，土地合并、用途变更等转让准备手续费为 120 万元。问：作为估价师，该如何确定两地块合并后地价增值及其转让准备手续费在甲、乙两公司间的分配额？

任务 2.2　正确选择房地产估价报告格式

任务导入

小明上网浏览了一些房地产估价报告案例，发现有的报告以文字说明为主，有的报告以表格表达为主，以文字说明为主的报告在格式上也有一些不同，因此他想了解房地产估价报告是否有格式上的要求。

相关知识

估价报告是房地产估价机构全面、公正、客观、准确地记述估价过程和估价成果的文件，撰写估价报告书不仅是估价过程的总结，也是估价水平的体现。估价报告质量不仅取决于估价结论的准确性、估价方法选择的正确性、参数确定的合理性,还要有规范的格式、较高的文字表述水平以及良好的外观形象。外观应正式、整洁和专业,报告所用的纸张、印刷及装订都应符合质量要求。编制草率的报告说明估价师努力不够,估价机构管理不善。

房地产估价报告应采取书面形式,并应真实、客观、准确、完整、清晰、规范。书面报告按照其格式又可分为表格式报告和叙述式报告两种。报告的形式一般取决于报告的用途和房地产的类型。

(1)表格式

表格式是一种固定化了的估价报告格式。估价人员只需按表格要求逐项填写即可。这种估价报告的优点是操作方便,不易遗留,估价人员撰写报告省时省力。其缺点是对一些特殊性、个别性的内容,如有关参数的选择、调整幅度的确定等,不能详细分析,突出重点,而这一点往往是估价报告质量和估价人员业务水平的体现;其次,对一些需说明的内容不能描述和重点说明,如建筑物装修与使用情况。因此,表格式估价报告仅用于旧城区居民房屋征收补偿估价、居民预购商品住宅的抵押估价等。

(2)叙述式

叙述式是一种由估价人员根据需要而撰写的估价报告格式。其优点是估价人员可根据待估对象、资料状况、估价经验等充分论证和解释其分析、意见和结论,使估价结果更具有说服力。叙述式报告是估价人员履行对委托人责任的最佳方式。《房地产估价规范》(GB/T 50291—2015)7.0.21规定:"当为成套住宅抵押估价或基于同一估价目的的大量相似的房地产批量估价时,估价报告可采取表格形式。"除此之外的估价报告,应采用文字说明的形式。

2.2.1 房地产估价报告的组成和内容

根据《房地产估价规范》(GB/T 50291—2015),叙述式估价报告应包括下列8个部分,具体如下。

(1)封面及其内容

①估价报告名称:宜为房地产估价报告,也可结合估价对象和估价目的给估价报告命名。

②估价报告编号:应反映估价机构简称、估价报告出具年份,并应按顺序编号数,不得重复、遗漏、跳号。

③估价项目名称:应根据估价对象的名称或位置和估价目的,提炼出简洁的名称。

④估价委托人:当为单位时,应写明其名称;当为个人时,应写明其姓名。

⑤房地产估价机构:应写明其名称。

⑥注册房地产估价师:应写明所有参加估价的注册房地产估价师的姓名和注册号。

⑦估价报告出具日期:应与致估价委托人函中的致函日期一致。

(2)致估价委托人函及内容

①致函对象:应写明估价委托人的名称或姓名。

②估价目的:应写明估价委托人对估价报告的预期用途,或估价是为了满足估价委托人的何种需要。

③估价对象:应写明估价对象的财产范围及名称、坐落、规模、用途、权属等基本状况。

④价值时点:应写明所评估的估价对象价值或价格对应的时间。

⑤价值类型:应写明所评估的估价对象价值或价格的名称;当所评估的估价对象价值或价格无规范的名称时,应写明其定义或内涵。

⑥估价方法:应写明所采用的估价方法的名称。

⑦估价结果:应写明最终评估价值的总价,并应注明其大写金额;除估价对象无法用单价表示外,还应写明最终评估价值的单价。

⑧特别提示:应写明与评估价值和使用估价报告、估价结果有关的引起估价委托人和估价报告使用者注意的事项。

⑨致函日期:应注明致函的年、月、日。

(3)目录及其内容

目录中通常按前后序列列出估价报告的 5 个组成部分(估价师声明、估价假设和限制条件、估价结果报告、估价技术报告、附件)的名称、副标题及其对应的页码,以使委托人或估价报告使用者对估价报告的框架和内容有一个总体了解,并容易找到其感兴趣的内容。

(4)估价师声明及其内容

估价师声明应写明所有参加估价的注册房地产估价师对其估价职业道德、专业胜任能力和勤勉尽责估价的承诺和保证。通常应包括下列内容:

①注册房地产估价师在估价报告中对事实的说明是真实和准确的,没有虚假记载、误导性陈述和重大遗漏。

②估价报告中的分析、意见和结论是注册房地产估价师独立、客观、公正的专业分析、意见和结论,但受到估价报告中已说明的估价假设和限制条件的限制。

③注册房地产估价师与估价报告中的估价对象没有现实或潜在的利益,与估价委托人及估价利害关系人没有利害关系,对估价对象、估价委托人及估价利害关系人也没有偏见。

④注册房地产估价师是按照有关房地产估价规范的规定进行估价工作,撰写估价报告的。

(5)估价假设和限制条件的内容

①一般假设:应说明对估价所依据的估价对象的权属、面积、用途等资料进行了检查,在无理由怀疑其合法性、真实性、准确性和完整性且未予以核实的情况下,对其合法、真实、准确和完整的合理假定;对房屋安全、环境污染等影响估价对象价值或价格的重大因素给予了关注,在无理由怀疑估价对象存在安全隐患且无相应的专业机构进行鉴定、检测的情况下,对其安全的合理假定等。

②未定事项假设:应说明对估价所必需的尚未明确或不够明确的土地用途、容积率等事项所做的合理的、最可能的假定。当估价对象无未定事项时,应无未定事项假设。

③背离事实假设:应说明因估价目的的特殊需要、交易条件设定或约定,对估价对象状况所做的与估价对象实际状况不一致的合理假定。当估价设定的估价对象状况与估价对象的实际状况无不一致时,应无背离事实假设。

④不相一致假设:应说明在估价对象的实际用途、登记用途、规划用途等用途之间不一

致,或不同权属证明上的权利人之间不一致,估价对象的名称或地址不一致等情况下,对估价所依据的用途或权利人、名称、地址等的合理假定。当估价对象状况之间无不一致时,应无不相一致假设。

⑤依据不足假设:应说明在估价委托人无法提供估价所必需的反映估价对象状况的资料及注册房地产估价师进行了尽职调查仍然难以取得该资料的情况下,缺少该资料及对相应的估价对象状况的合理假定。当无依据不足时,应无依据不足假设。

⑥估价报告使用限制:应说明估价报告和估价结果的用途、使用者、使用期限等使用范围及在使用估价报告和估价结果时需要注意的其他事项。其中的估价报告使用期限应自估价报告出具之日起计算,根据估价目的和预计估价对象的市场价格变化程度确定,不宜超过1年。

(6)估价结果报告及其内容

①估价委托人:当为单位时,应写明其名称、住所和法定代表人姓名;当为个人时,应写明其姓名和住址。

②房地产估价机构:应写明房地产估价机构的名称、住所、法定代表人或执行事务合伙人姓名、资质等级和资质证书编号。

③估价目的:应说明估价委托人对估价报告的预期用途,或估价是为了满足估价委托人的何种需要。

④估价对象:应概要说明估价对象的财产范围及名称、坐落、规模、用途、权属等基本状况;对土地基本状况的说明,还应包括四至、形状、开发程度、土地使用期限;对建筑物基本状况的说明,还应包括建筑结构、设施设备、装饰装修、新旧程度。

⑤价值时点:应说明所评估的估价对象价值或价格对应的时间及确定的简要理由。

⑥价值类型:应说明所评估的估价对象价值或价格的名称、定义或内涵。

⑦估价原则:应说明所遵循的估价原则的名称、定义或内涵。

⑧估价依据:应说明估价所依据的有关法律、法规和政策,有关估价标准,估价委托书、估价委托合同、估价委托人提供的估价所需资料,房地产估价机构、注册房地产估价师掌握和搜集的估价所需资料。

⑨估价方法:应说明所采用的估价方法的名称和定义。当按估价委托合同约定不向估价委托人提供估价技术报告时,还应说明估价测算的简要内容。

⑩估价结果:应说明不同估价方法的测算结果和最终评估价值。当最终评估价值的币种为外币时,应说明国务院金融主管部门公布的价值时点的人民币市场汇率中间价,并应注明最终评估价值的单价和总价所折合的人民币价值。

⑪注册房地产估价师:应写明所有参加估价的注册房地产估价师的姓名和注册号,并应由本人签名及注明签名日期,不得以个人印章代替签名。

⑫实地查勘期:应说明实地查勘估价对象的起止日期,具体为自进入估价对象现场之日起至完成实地查勘之日止。

⑬估价作业期:应说明估价工作的起止日期,具体为自受理估价委托之日起至估价报告

出期之日止。

（7）估价技术报告及其内容

①估价对象描述与分析：应有针对性地较详细说明、分析估价对象的区位、实物和权益状况。区位状况应包括位置、交通、外部配套设施、周围环境等状况，单套住宅的区位状况还应包括所处楼幢、楼层和朝向。土地实物状况应包括土地的面积、形状、地形、地势、地质、土壤、开发程度等。建筑物实物状况应包括建筑规模、建筑结构、设施设备、装饰装修、空间布局、建筑功能、外观、新旧程度等。权益状况应包括用途、规划条件、所有权、土地使用权、共有情况、用益物权设立情况、担保物权设立情况、租赁或占用情况、拖欠税费情况、查封等形式限制权利情况、权属清晰情况等。

②市场背景描述与分析：应简要说明估价对象所在地区的经济社会发展状况和房地产市场总体状况，并应有针对性地较详细说明、分析过去、现在和可预见的未来同类房地产的市场状况。

③估价对象最高最佳利用分析：应说明以估价对象的最高最佳利用状况为估价前提，并应有针对性地较详细分析、说明估价对象的最高最佳利用状况。当估价对象已为某种利用时，应从维持现状、更新改造、改变用途、改变规模、重新开发及它们的某种组合或其他特殊利用中分析、判断何种利用为最高最佳利用。当根据估价目的不以最高最佳利用状况为估价前提时，可不进行估价对象最高最佳利用分析。

④估价方法适用性分析：应逐一分析比较法、收益法、成本法、假设开发法等估价方法对估价对象的适用性。对理论上不适用而不选用的，应简述不选用的理由；对理论上适用但客观条件不具备而不选用的，应充分陈述不选用的理由；对选用的估价方法，应简述选用的理由并说明其估价技术路线。

⑤估价测算过程：应详细说明所选用的估价方法的测算步骤、计算公式和计算过程及其中的估价基础数据和估价参数的来源或确定依据等。

⑥估价结果确定：应说明不同估价方法的测算结果和最终评估价值，并应详细说明最终评估价值确定的方法和理由。

（8）附件及其主要内容

①估价委托书复印件。

②估价对象位置图。

③估价对象实地查勘情况和相关照片，应说明对估价对象进行了实地查勘及进行实地查勘的注册房地产估价师。相关照片应包括估价对象的内部状况、外部状况和周围环境状况的照片。

④估价对象权属证明复印件。

⑤房地产估价机构营业执照和估价资质证书复印件。

⑥注册房地产估价师估价资格证书复印件。

2.2.2　土地估价报告的格式和内容

根据《城镇土地估价规程》（GB/T 18508—2014）的规定，土地估价报告也有相应的规范格式要求,与房地产估价报告有一定差异。以下简要介绍文字式土地估价报告和土地估价技术报告的规范格式要求。

(1)土地估价报告

①封面。主要包括标题、项目名称、受托估价单位、土地估价报告编号、电子备案编号以及提交估价报告日期。

②正文。包括概述(主要内容有估价项目名称、委托估价方、受托估价方、估价期日、估价日期、估价目的、地价定义、土地估价结果、土地估价师签字以及土地估价机构)、估价对象界定(主要内容有估价对象描述、影响地价的因素说明)、土地估价结果及其使用(主要内容有估价依据、估价原则、土地估价、估价结果和估价报告的使用)、附件等。

(2)土地估价技术报告

①封面。主要包括项目名称、受托估价单位、土地估价报告编号、土地估价技术报告、电子备案号、提交估价报告日期、关键词等。

②正文。包括总述(内容包括估价项目名称、委托估价方、受托估价方、估价目的、估价依据、估价期日、估价日期、地价定义、估价结果、需要特殊说明的事项、土地估价师签字、土地估价机构、估价机构法定代表人签字)、估价对象描述、地价影响因素分析(内容包括估价对象描述、地价影响因素分析)、土地估价(内容包括估价原则、估价方法与估价过程、地价的确定)以及附件等。

2.2.3　房地产项目融资评估格式

房地产融资项目评估包含的内容主要有对企业的资信评估、开发项目合理性的评估、市场分析、财务及经济效益评估、不确定性分析、风险评估、结论等。结合中国人民银行、国家开发银行、各商业银行及中国国际工程咨询公司等各家的内容,建议设立9章内容。

第一章　借款企业资信评估

第二章　项目概况评估

第三章　市场分析

第四章　项目投资估算及资金来源、筹措评估

第五章　项目进度与资金运用评估

第六章　项目财务效益评估、指标计算及分析

第七章　不确定性分析

第八章　贷款风险评估

第九章　结论与建议

各章具体内容可以参照相关的评估报告案例。一般在报告开头要有报告的摘要。摘要应将各章内容浓缩,主要的数据、指标、结论应尽量摘录。

报告的最后应附各种财务分析表和相关资料、批件的复印件,地理位置示意图及项目现状照片。

报告的撰写力求文字简洁、准确、通俗,叙述全面、清楚。定性分析与定量分析相结合,尽

量采用数字、图表表述。注意数字来源的客观性、有依据性。

2.2.4　房屋质量缺陷损失评估报告的规范格式

以下内容依据北京市工程建设标准《房屋质量缺陷损失评估规程》(DBJ/T 01-103—2005)编写。

（1）封面

①标题：房屋质量缺陷损失评估报告。

②评估项目名称：说明本评估项目的全称。

③委托人：说明本评估项目的委托单位全称或个人全名。

④评估机构：说明房地产估价机构的全称。

⑤评估人员：说明参加本评估项目的房地产估价师姓名。

⑥评估作业日期：说明本次评估的起止年月日，即正式接受评估委托的年月日至完成评估报告的年月日。

⑦评估报告编号：说明本评估报告在本估价机构内的编号。

（2）目录

（3）致委托人函

①标题：致委托人函。

②内容：致函对象(为委托人的全称)、房屋质量缺陷状况、评估目的、评估时点、评估依据、评估结果、评估报告应用有效期、致函落款(为估价机构的全称，并加盖其公章、法定代表人签章)、致函日期(为致函的年月日)。

（4）房地产估价师声明

标题：房地产估价师声明。

我们郑重声明：

①评估报告中房地产估价师陈述的事实，是真实的和准确的。

②评估报告中的分析、意见和结论，是房地产估价师自己公正的专业分析、意见和结论，但受到评估报告中已说明的假设和限制条件的限制。

③房地产估价师与评估对象没有(或有已载明的)利害关系，也与有关当事人没有(或有已载明的)个人利害关系或偏见。

④房地产估价师是依照《房地产估价规范》和《房屋质量缺陷损失评估规程》进行分析测算，形成意见和结论，撰写评估报告。

⑤房地产估价师已(或没有)对评估对象进行实地查勘(列出对评估对象进行实地查勘的房地产估价师的姓名)。

⑥没有人对评估报告提供重要专业帮助(若有例外，应当说明提供重要专业帮助者的姓名、专业资格及其所提供重要专业帮助的内容)。

⑦其他需要声明的事项。

参加本次评估的房地产估价师姓名、房地产估价师注册证号、签名。

（5）评估的假设和限制条件

标题：评估的假设和限制条件。

说明本次评估的假设前提，未经调查确认或无法调查确认的资料数据，评估中未考虑的因素和一些特殊处理及其可能的影响，本评估报告使用的限制条件。

（6）评估结果报告

①委托人：说明本评估项目的委托单位的全称、法定代表人和住所，个人委托的为个人的姓名和住所。

②评估机构：说明房地产估价机构的全称、法定代表人或执行合伙人、住所、资质等级。

③房屋质量缺陷状况：包括房屋质量缺陷的部位、类型、程度和影响等。

④评估目的：说明本次评估的目的和应用方向。

⑤评估时点：说明评估结果所对应的年月日。

⑥房屋质量缺陷损失定义。

⑦评估依据：说明本次评估依据的国家和地方的法律、法规，房屋质量缺陷认可协议或鉴定报告、评定报告，修复方案，委托人提供的有关资料，房地产估价机构和房地产估价师掌握和搜集的有关资料。

⑧评估原则：说明本次评估遵循的评估原则。

⑨评估方法：说明本次评估的思路、采用的方法以及这些评估方法的定义。

⑩评估结果：说明本次评估的最终结果，并附大写金额。若用外币表示，应当说明评估时点中国人民银行公布的人民币市场汇率中间价，并注明所折合的人民币价格。

⑪评估人员：列出所有参加本次评估的人员的姓名、估价资格或职称，并由本人签名，提供技术支持的相关工程技术人员（姓名、资格证书名称及编号、签名）。

⑫评估作业期：说明本次评估的起止年月日。

⑬评估报告应用的有效期：说明本评估报告应用的有效期，可表达为到某个年月日止，也可表达为一定年限，如1年。

⑭有关说明。

（7）房屋质量缺陷损失评估技术报告

标题：房屋质量缺陷损失评估技术报告。

①房屋质量缺陷状况分析：包括对房屋质量缺陷的部位、类型、程度和影响等的分析。

②评估方法选用：详细说明评估的技术路线和采用的方法及其理由。

③评估测算过程：详细说明测算过程、参数确定等。

④评估结果确定：详细说明评估结果及其确定的理由。

（8）附件

①附件：应当包括反映房屋质量缺陷状况的影像资料，房屋质量缺陷认可协议或鉴定报告、评定报告，修复方案，房地产估价机构资质证明和房地产估价师资格证明，提供技术支持的相关工程技术人员的资格证明等。

②制作要求：评估报告应当图文并茂，所用纸张、封面、装订应当有较好的质量。纸张大

小应当采用 A4 纸规格。

课后训练

1.比较《房地产估价规范》(GB/T 50291—2015)和《城镇土地估价规程》(GB/T 18508—2014)关于估价报告规范格式的异同。

2.整理本省房地产拆迁补偿估价报告和房地产课税估价报告写作格式的相关要求。

任务 2.3　明确估价报告写作中的常见错误

任务导入

小明希望了解初学者撰写估价报告时的常见错误,为自己今后工作打好基础。

相关知识

2.3.1　估价技术路线错误

房地产估价的技术路线是指导整个房地产估价过程的技术思路,是估价人员对估价对象房地产价格形成过程的认识。房地产估价方法本身反映了人们对房地产价格形成过程的认识,可以说,每种房地产估价方法都体现了一种技术路线。在房地产估价中,对估价对象的特点或特性分析掌握不准,会造成估价方法选择不当。如对有收益的商业房地产估价选用成本法,就是一个明显的错误。成本法只适用于新开发的土地或无收益且很少有交易的不动产估价。

2.3.2　各种估价方法运用中的错误

(1)比较法

①可比实例选择不当。如可比实例的面积过大或过小;可比实例的交易日期与估价时点相隔过长,超过 1 年;比较案例较少,少于 3 个;可比实例和估价对象既不属于同一地区,也不属于同一供求圈的类似房地产;不具备价格类型的一致性,可比实例的用途、交易情况和交易目的不相同。

②可比实例确定后,修正因素的选择起着至关重要的作用。修正因素包括交易情况修正、交易日期修正、区域因素修正、个别因素修正等方面。估价报告中忽略一些重要因素或所选因素不能反映估价对象的特点,都会对待估房地产价格产生重要影响。估价报告经常出现修正幅度错误,根据规范,单项修正幅度不能超过 20%,综合修正幅度不能超过 30%。

③因素修正时,将修正方向弄反,分子分母颠倒,土地未做年期修正。如果估价对象优于可比实例,价格必须向上修正,即修正系数大于 1;如果估价对象劣于可比实例,价格必须向下修正,即修正系数小于 1。分子代表估价对象,分母代表可比实例,不能将分子、分母弄混。

④建立价格可比基础容易搞错。

⑤综合修正决定估价额时,应根据可比实例和待估房地产的类似程度,赋予相应的权数。

(2)收益法

收益法的正确运用,关键在于对正常纯收益、资本化率、有关参数及计算公式的正确理解和运用。

正常纯收益,即客观收益。它是排除了实际收益中特殊、偶然因素的影响,总收益扣除总费用后得到的一般合理纯收益。收益法估价总收益或总费用测算过程中,错误地采用实际收益或实际费用,就很难保证评估价格的客观性。

当纯收益一定时,估价结果会因选用的资本化率大小不同而表现出很大差异,这对资本化率的精确度提出了较高要求。因此,在估价报告中需要对资本化率选取依据、求取方法等作充分论证。资本化率分为综合资本化率、土地资本化率、建筑物资本化率,报告中经常不能对号入座,资本化率选择错误。

收益年限确定错误是收益法在运用中出现的主要错误。对于建筑物的剩余经济寿命大于或等于土地剩余使用年限的,应根据土地剩余使用年限来确定收益年限。对于建筑物剩余经济寿命小于土地剩余使用年限的,可先根据建筑物剩余经济寿命来确定未来收益年限,选用对应的有限年限的收益法计算公式,净收益中不扣除建筑物折旧费和土地摊销费,然后再加上土地剩余使用年限超出建筑物经济寿命的土地剩余年限的折旧值。

(3)成本法

成本法主要出错的地方是折旧的求取,这也是成本法的难点所在。这里的折旧不是会计意义上的折旧计算,估价中所说的折旧是指估价对象房地产因为使用和时间的推移以及其他因素而造成的价值减损,包括物质上的、功能上的和经济上的折旧。严格地说,折旧不是仅靠计算就可以确定的,要靠市场来确定。

成本法在对土地进行评估时,关键是土地取得费、土地开发费和相关税费均应排除偶然、特殊因素的影响,采用其社会平均值,即客观费用,而非实际发生的费用。

利息和利润的计算也易出错。与假设开发法类似,不同的是,计算利息和利润的基数均为土地取得费、土地开发费和相关税费等费用,计息期应按照各项费用投入时间不同而区别对待。

(4)假设开发法

假设开发法是以估价对象房地产开发后的预期价值为基础的,因此,确定最佳利用方式、正确预测未来开发完成后的房地产价值显得尤为重要,这也是假设开发法运用中经常出错的地方。

各项税费的估算,应弄清包含的项目及基本内涵。新开发项目一般包括房地产买卖手续费、代理及广告宣传费、印花税等,以房地产总价或租金的一定比例估算。

在假设开发计算过程中,利润和利息计算也容易出现错误,主要表现在对计息基数及计息期的把握上,其中,计算利润和利息的基数均应为地价、建筑费、专业费三项费用。计息期的确定,应根据房地产开发过程中各项费用投入时间的不同而区别对待。

（5）基准地价系数修正法

基准地价系数修正法运用中较易出错的主要是对基准地价价格内涵的把握。有的城市的基准地价是生地价，只包含土地使用权出让金；有的则是熟地价，不仅包含出让金，还包括征地、拆迁费用和基础设施建设费等费用。甚至在同一城市，对于不同的土地，也采用不同的基准地价标准。城市建成区的土地采用熟地价，新区土地则采用生地价，把握基准地价的价格内涵其实并不难，只是容易被忽视。

2.3.3　估价报告中的常见错误

1) 报告格式选用不当

房地产整体估价和单项房屋估价应采用房地产估价报告的规范格式，单纯土地估价应采用土地估价的规范格式。将房地产整体估价和单项房屋估价按土地估价的规范格式表述或应用其他的表述方式均属于此类错误。

2) 估价报告书中的内容不完整

（1）封面不完整（共7项内容）

①估价报告名称；

②估价报告编号；

③估价项目名称；

④估价委托人；

⑤房地产估价机构；

⑥注册房地产估价师；

⑦估价报告出具日期。

（2）致委托人函不完整（共9项内容）

①致函对象；

②估价目的；

③估价对象；

④价值时点；

⑤价值类型；

⑥估价方法；

⑦估价结果；

⑧特别提示；

⑨致函日期。

（3）缺目录

（4）估价师声明

有参加本次估价的注册房地产估价师签名、盖章，估价机构全称，日期；不得把估价师声明变成注册房地产估价师和房地产估价机构的免责声明。

（5）估价的假设和限制条件

不得将估价师声明的内容与估价假设和限制条件的内容相混淆。

（6）估价结果报告书漏项（共13项内容）

①估价委托人；

②房地产估价机构；

③估价目的；

④估价对象；

⑤价值时点；

⑥价值类型；

⑦估价原则；

⑧估价依据；

⑨估价方法；

⑩估价结果；

⑪注册房地产估价师；

⑫实地查勘期；

⑬估价作业期。

（7）估价技术报告漏项（共6项内容）

①估价对象描述与分析；

②市场背景描述与分析（详细说明、分析类似房地产的市场状况，包括过去、现在和可预见的未来）；

③估价对象最高最佳利用分析（详细分析、说明估价对象最高最佳使用）；

④估价方法适用性分析（详细说明估价的思路和采用的方法及其理由）；

⑤估价测算过程（详细说明测算过程、参数确定等）；

⑥估价结果确定（详细说明估价结果及其确定的理由）。

（8）附件

可能缺少必需的附件，如对估价对象抵押价值估价时，应说明对估价对象法定优先受偿权设立情况及相应的法定优先受偿款进行了调查，并提供反映估价对象法定优先受偿款的资料。

3）文字表述错误

①语意含混不清、模棱两可。表达分寸的词语，如范围、程度、条件等，在房地产估价报告中都会经常使用，要有客观恰当的把握。不能使用"大概""可能"等词语，特别是估价结论，不能模棱两可。

估价报告
文字表述

②用词带有较强烈的感情色彩。估价报告用词要褒贬得当，尽量使用中性、客观的词汇，避免采用带有感情色彩的用语。如有的估价报告这样写："该公司上下努力、团结奋进、勇于开拓、奋力拼搏，在过去几年中取得了令人瞩目的成绩。"所述事实不能说与形

成估价结论无关,但应改用比较中性的、冷静的、叙述性的词语。如改为:"从财务报告可见,该公司过去几年的经营业绩比较理想。"下面可具体引用财务报告的一些主要指标,如利润、资产负债率等。这样用数据说话,就比简单地用带有感情色彩的评语有说服力。过分褒此贬彼的做法也是不可取的,如"该地区发展潜力与其他地区相比,不可同日而语"。

③错别字和错漏。常见容易混淆的错别字如表2.1所示。

表2.1 常见容易混淆的错别字

正 确	错 误	正 确	错 误	正 确	错 误
坐标	座标	好像	好象	内涵	内含
坐落	座落	图像	图象	撤销	撤消
做出	作出	抵消	抵销	2 000 000	200 000
账目	帐目	其他	其它		
部分	部份	签订	签定		

4)基本概念不清、专业术语运用不当

①客观收益(成本、费用)与实际收益(成本、费用);

②资本化率、折现率与利息率;

③估价折旧与会计折旧;

④估价作业期与估价时点;

⑤单位地价与楼面地价;

⑥建筑密度与容积率;

⑦重置价格与重建价格;

⑧综合资本化率、土地资本化率、建筑物资本化率;

⑨自然寿命与经济寿命。

5)其他

①句子不完整。该省略的地方没省略,造成语句不够精练;不该省略的省略掉了,句子残缺不全。

②搭配不得当。语义不符合语法规则,语句与语句之间意思不衔接、不连贯,造成脱节。

③逻辑不严密。估价报告中经常出现自相矛盾的地方,造成逻辑混乱。逻辑混乱的情况主要有前后没有对应、数据来源没有出处或有错、判断推理的理由不充分。

④句子不简练。估价报告中语句杂糅、赘余等问题经常出现。

课后训练

1.认真阅读并讨论《房地产估价报告评审标准(试行)》。

2.归纳撰写1份合格估价报告的注意事项。

学习情境 3
国有土地使用权出让价格评估

【知识目标】

掌握国有建设用地使用权出让价格评估的定义、特点和相关法律法规。

【能力目标】

能正确选用估价方法进行土地使用权出让价格估算和判断，并撰写合格的土地估价报告。

任务 3.1　认识国有土地使用权出让价格评估

任务导入

近年来我国土地市场活跃，地王频现，小明希望了解国有土地使用权出让价格是如何形成并评估的？

相关知识

案例学习方法

3.1.1　土地使用权出让价格评估

国有土地使用权出让有协议、招标、拍卖和挂牌 4 种方式。国有土地使用权出让价格是指在政府土地使用权出让市场上形成的价格。土地使用权出让价格评估是依据《中华人民共和国物权法》、《中华人民共和国城市房地产管理法》、《中华人民共和国土地管理法》、《中华人民共和国城镇国有土地使用权出让和转让暂行条例》、《招标拍卖挂牌出让国有土地使用权规定》、《协议出让国有土地使用权规定》、《国务院关于加强国有土地资产管理的通知》（国发〔2001〕15 号）、《国务院关于深化改革严格土地管理的决定》（国发〔2004〕28 号）、《国务院关于促进节约集约用地的通知》（国发〔2008〕3 号）、《城镇土地估价规程》（GB/T 18508—2014）、《国有建设用地使用权出让地价评估技术规范》（国土资厅发〔2018〕4 号）以及当地制定的实施办法和其他有关规定，对土地使用权出让底价进行评估。

3.1.2　国有土地使用权出让价格评估的相关法律法规

（1）征地补偿的原则及标准

《中华人民共和国土地管理法》第四十八条规定,征收土地应当给予公平、合理的补偿,保障被征地农民原有生活水平不降低、长远生计有保障。征收土地应当依法及时足额支付土地补偿费、安置补助费以及农村村民住宅、其他地上附着物和青苗等的补偿费用,并安排被征地农民的社会保障费用。征收农用地的土地补偿费、安置补助费标准由省、自治区、直辖市通过制定公布区片综合地价确定。制定区片综合地价应当综合考虑土地原用途、土地资源条件、土地产值、土地区位、土地供求关系、人口以及经济社会发展水平等因素,并至少每三年调整或者重新公布一次。征收农用地以外的其他土地、地上附着物和青苗等的补偿标准,由省、自治区、直辖市制定。

（2）取得国有土地使用权,必须缴纳土地有偿使用费等费用

《中华人民共和国土地管理法》第五十五条规定,以出让等有偿使用方式取得国有土地使用权的建设单位,按照国务院规定的标准和办法,缴纳土地使用权出让金等土地有偿使用费和其他费用后,方可使用土地。

（3）出让方式及价格管理

《中华人民共和国城市房地产管理法》第十三条规定:"土地使用权出让,可以采取拍卖、招标或者双方协议的方式。"这是对土地使用权出让方式的规定。为深化国有土地使用权制度改革,规范国有土地出让行为,优化土地资源配置,国土资源部(现自然资源部)从2002年7月1日开始实施《招标拍卖挂牌出让国有土地使用权规定》,从2003年8月1日起施行《协议出让国有土地使用权规定》。按照这些规定,商业、旅游、娱乐和商品住宅等各类经营性用地,须以招标、拍卖或者挂牌方式出让,特殊情况下才允许以协议方式出让。

地价评估和确定出让底价是国有土地出让的重要内容,《招标拍卖挂牌出让国有土地使用权规定》和《协议出让国有土地使用权规定》对招标拍卖挂牌和协议出让中地价评估的组织实施、评估依据,招标拍卖挂牌和协议出让底价、竞买保证金、起拍价、起始价的确定进行了明确规定。

①地价评估。市、县自然资源管理部门应当根据拟出让地块的条件和土地市场情况,依据现行《城镇土地估价规程》,组织对拟出让地块的正常土地市场价格进行评估。地价评估由市、县自然资源管理部门或其所属事业单位组织进行,根据需要也可以委托具有土地估价资质的土地或不动产评估机构进行。

②确定出让底价。在国有土地招标拍卖挂牌出让中,有底价出让的,市、县自然资源管理部门或国有土地使用权出让协调决策机构应当根据土地估价结果、产业政策和土地市场情况等,集体决策,综合确定出让底价和投标、竞买保证金。招标出让的,应当同时确定标底;拍卖和挂牌出让的,应当同时确定起叫价、起始价等。标底、底价确定后,在出让活动结束之前应当保密,任何单位和个人不得泄露。在国有土地协议出让中,市、县自然资源管理部门或国有土地使用权出让协调决策机构应当根据土地估价结果、产业政策和土地市场情况等,集体决策,综合确定协议出让底价。协议出让底价不得低于拟出让地块所在区域的协议出让最低

价。出让底价确定后,在出让活动结束之前应当保密,任何单位和个人不得泄露。

(4)转让以划拨方式取得的土地使用权的房地产时应缴纳的土地使用权出让金

《中华人民共和国城市房地产管理法》第四十条规定,以划拨方式取得土地使用权的,转让房地产时,应当按照国务院规定,报有批准权的人民政府审批。有批准权的人民政府准予转让的,应当由受让方办理土地使用权出让手续,并依照国家有关规定缴纳土地使用权出让金。

根据房地产管理法、土地管理法、国务院28号文等有关法律法规和政策,《协议出让国有土地使用权规定》对划拨土地使用权转让中的协议出让,从政策要求、实施程序和具体内容上进行了系统规范,并就以下环节进行了明确规定:

①地价评估。经审查符合办理协议出让手续条件的,市、县自然资源管理部门应当组织对申请转让地块的出让土地使用权和划拨土地使用权市场价格进行评估,估价基准期日为拟出让时点。改变土地用途等土地使用条件的,出让土地使用权价格应当按照新的土地使用条件评估。

②出让金核定。划拨土地使用权转让时,应当按以下两种情况核定应缴纳的土地出让金:一是转让后不改变用途等土地使用条件的;二是转让后改变用途等土地使用条件的。

应缴纳的土地使用权出让金=拟出让时的出让土地使用权市场价格-拟出让时的划拨
土地使用权权益价格

应缴纳的土地使用权出让金=拟出让时的新土地使用条件下出让土地使用权市场价格-
拟出让时的原土地使用条件下划拨土地使用权权益价格

3.1.3　国有土地使用权出让价格评估的特点

(1)国有土地使用权出让价格评估应采用公开市场价值标准

国有土地使用权出让是政府作为土地所有者参与的一种市场行为。如国有土地使用权拍卖就属于自主性拍卖,拍卖的时机、底价都由土地出让方根据市场情况自主确定,如果未达到拍卖底价,出让方可以收回拍卖标的,另行拍卖。强制拍卖则不同,拍卖的时机是由强制执行者(如法院)规定的,拍卖底价也是由强制执行者委托估价机构确定的,拍卖标的的原业主对此完全没有发言权,即使拍卖不成功,强制执行者也可以采取其他方式执行,如将标的作价转让。因此,强制拍卖底价评估时要考虑其短期内强制处分标的物时造成的价格折减,而土地使用权出让拍卖底价评估则可以完全采用公开市场价值标准。

(2)估价时点一般为估价作业日期以后某一时点

国有土地使用权出让价格的评估和确定,是其土地出让行为成立的必要前提和预先需要完成的必要程序。城市政府及其土地主管部门在对所在城市国有土地使用权出让前,需要对其宗地出让价格或出让底价进行评估。拍卖方式出让国有土地使用权时,其拍卖底价估价时点为宗地拍卖出让日;招标方式出让国有土地使用权时,其招标底价估价时点为宗地招标出让日;协议方式出让国有土地使用权时,其协议底价时点为宗地协议出让日;以划拨方式取得的土地使用权准予转让时,补交土地使用权出让金的估价时点,为受让方可办理土地使用权出让手续开始日。

（3）不同出让方式可侧重采用不同的估价方法

国有土地使用权出让价格评估为政策性估价范围。按照法律规定的4种土地出让方式，分别选用针对性、适应性强的估价方法，是保证估价结果合法、合理的关键一步。拍卖方式出让土地使用权时，宜重点选取市场比较法、假设开发法等估价方法。因为市场比较法充分考虑了市场行情、市场承受力；而假设开发法，则充分考虑了宗地自身使用情况、将来可能带来的土地收益。协议方式出让土地使用权时，宜重点选取成本法、基准地价修正法等估价方法。由于协议方式出让土地使用权是双方协商的结果，没有引入市场竞争机制，出让透明度不高，主观随意性较大，因此，在对此方式出让土地使用权出让价格进行评估时，如其出让金低于国家规定所确定的最低价，则应依法调至国家规定最低价或适度高于最低价，通常不低于按照土地的基础设施完备程度、平整程度等对应的正常成本价格。基准地价修正法也是对不同土地用途的成本反映或成本的一定修正。

（4）搜集市场资料时，尤其应注重所选实例的可替代性

由于土地数量的稀缺性和位置的固定性，即使在具有同质性的同一供求圈内，每一宗土地都有自己的特点，也就是说土地的可替代性较差。因此，在采用市场比较法进行国有土地使用权出让价格评估时，更要注意所选取的可比实例的用途和所处地段应相同，即有相同的土地利用方式和处于相同特征的同一区域或邻近地区，或处于同一供求圈内或同一等级土地内。否则，不能采用市场比较法评估出让土地使用权价格。

（5）要注意出让土地使用权的价格有生地价、毛地价和熟地价之分

按土地开发程度，可将出让的宗地分为生地、毛地和熟地3种类型。生地是指不具有城市基础设施的土地，如荒地、农地；毛地是指具有一定城市基础设施，但地上有待拆迁房屋的土地；熟地是指具有完善的城市基础设施、土地平整，能直接在其上进行房屋建设的土地。因此，地价有生地价、毛地价和熟地价。毛地价由土地使用权出让金和基础设施配套建设费组成。其中，土地使用权出让金为交给国家的土地使用权费。熟地价由毛地价和土地开发成本组成，土地开发成本为征地及拆迁补偿、"七通一平"等费用。其中，征地费用是指征用农民集体所有的土地所发生的费用，主要包括土地补偿费、青苗补偿费、地上物补偿费、劳动力安置费、超转人员安置费、菜田基金、耕地占用税等；拆迁补偿费用是指城市土地的旧城改造费用，分居民拆迁和单位拆迁，居民拆迁补偿费用主要为被拆迁居民房屋的补偿及安置费，单位拆迁补偿为被拆迁单位房屋的补偿、安置及停产停业损失补偿费；七通一平是指道路通、给水通、电通、排水通、热力通、电信通、燃气通和场地平整。对于熟地价而言，其价值构成基本由3部分组成：土地取得成本、土地开发成本以及土地所有者权益。对于生地，其基本价值构成是土地取得成本。土地价格基本计算公式为：

土地价格 = 适用的基准地价 × 期日修正系数 × 年期修正系数 × 因素修正系数

3.1.4　估价方法在国有土地使用权出让价格评估中的技术要求

（1）市场比较法

①在综合分析当地土地市场近3年交易实例的基础上，优先选用正常市场环境下的交易实例。原则上不采用竞价轮次较多、溢价率较高的交易实例；不能采用楼面地价历史最高或

最低水平的交易实例。近3年内所在或相似区域的交易实例不足3个的,原则上不应选用市场比较法。

②各比较实例修正后的比准价格之间相差不能超过40%,即

$$\frac{高比准价格-低比准价格}{低比准价格}\leqslant40\%$$

对超过40%的,应另选实例予以替换;实例不足无法替换的,应对各实例进行可比性分析,并作为确定取值权重考虑因素之一。

③各比较实例的修正幅度不能超过30%,即

$$\frac{实例修正后的比准价格-实例价格}{实例价格}\leqslant30\%$$

（2）剩余法

①在假设项目开发情况时,按规划建设条件评估;容积率、绿地率等规划建设指标是区间值的,在区间上限、下限值中按最有效利用原则择一进行评估。

②假设的项目开发周期一般不超过3年。

③对于开发完成后拟用于出售的项目,售价取出让时当地市场同类不动产正常价格水平,不能采用估算的未来售价。

④开发完成后用于出租或自营的项目,按照收益还原法的有关技术要求评估。

⑤利润率宜采用同一市场上类似不动产开发项目的平均利润率。利润率的取值应有客观、明确的依据,能够反映当地不动产开发行业平均利润水平。

（3）成本逼近法

①国家或地方拟从土地出让收入或土地出让收益中计提(安排)的各类专项资金,包括农业土地开发资金、国有土地收益基金、农田水利建设资金、教育资金、保障性安居工程资金等,以及新增建设用地土地有偿使用费、新增耕地指标和城乡建设用地增减挂钩节余指标流转费用,不得计入土地成本,也不得计入出让底价。

②土地取得成本应通过调查当地正常情况下取得土地实际发生的客观费用水平确定,需注意与当地土地征收、房屋拆迁和安置补偿等标准的差异。

③土地开发成本应通过调查所在区域同类土地的客观成本费用水平确定。对拟出让宗地超出所在区域开发同类土地客观费用水平的个例性实际支出,不能纳入成本。

④评估工业用地出让地价时,不得以当地工业用地出让最低价标准为基础,推算各项参数和取值后,评估出地价。

（4）公示地价系数修正法

①采用的基准地价应当已向社会公布。采用已完成更新但尚未向社会公布的基准地价,需经市、县自然资源主管部门书面同意。

②在已经开展标定地价公示的城市,可运用标定地价系数修正法进行评估。

（5）收益还原法

①确定土地收益,应通过调查市场实例进行比较后得出,应符合当前市场的正常客观收益水平,并假设该收益水平在出让年期内保持稳定。对于待建、在建的土地,按规划建设条件选用可比实例。用于测算收益水平的可比实例应不少于3个。

②确定各项费用时,应采用当前市场的客观费用。

③确定还原率时,应详细说明确定的方法和依据,应充分考虑投资年期与收益风险之间的关系。

3.1.5　土地估价报告使用方向的规定

(1)土地估价报告的使用前提

土地估价报告的使用前提有严格限制,土地估价报告的使用范围应在委托合同中列明。委托方使用土地估价结果报告的限制条件如下:

①必须在有效期内使用,超过有效期必须进行调整或重新评估,对于报告的有效期一般界定为半年。

②必须在估价的假设条件成立的情况下使用,假设条件不成立,估价报告的评估结果也无效。

③必须完整地使用,不能断章取义,不能肢解报告。

④只供委托方本次的评估目的使用,不得用于其他目的,因为不同的评估目的有不同的评估结果。

⑤只供委托方本次的评估目的使用和报送有关部门,不得公开发表或刊登。

(2)土地估价报告的使用方向

①最基本的使用方向:保证税赋的公平性,为税收服务。

②为土地出让、转让、抵押、企业以土地作价入股等交易提供依据。

③为土地征用、征收、拆迁等补偿提供依据。

④为解决司法纠纷服务。

⑤对涉及土地的遗产、家产分割、赠与等提供依据。

由于土地估价机构存档和各级土地管理部门对土地估价结果确认或备案时,对宗地估价技术过程和处理方法、技术参数的选择等都要有详尽的了解;而委托估价者往往只要了解估价结果和估价的大致过程,同时估价机构出具的宗地估价报告也应适当保守技术秘密。因此,为满足上述多方面的需要,土地估价机构应在估价完成后,分别提交土地估价结果报告和土地估价技术报告。前者提交委托估价者,后者由土地估价机构存档和提交土地管理部门确认或备案。

3.1.6　土地估价中特别事项的内容与界定

国有建设用地土地使用权出让价格评估,特殊情况下需注意以下事项:

(1)场地未通平或通平不完全

①土地开发程度不足。土地开发程度未达到当地正常水平的,先评估当地正常开发程序下的熟地地价,再根据当地各项通平开发所需的客观费用水平,逐项减价修正。

②有地上建筑物的土地出让评估。对土地连同建筑物或构筑物整体一并出让的,出让评估按出让时的规划建设条件进行。

当出让时以及出让后不改变现状、不重新设定规划建设条件的,评估结果等于净地价加

土地出让
新热点

地上建筑物重置价减去折旧;当出让时重新设定规划建设条件的,评估结果等于新设定规划建设条件下的净地价减去场内拆平工作费用。

作为整体出让的土地连同地上建筑物或构筑物,权属应为国有且无争议。

(2)特定条件的招拍挂出让方式

①限地价、竞配建(或竞房价、竞自持面积等)。采用"限地价、竞房价(或竞自持面积)"方式出让的,在评估时应按《国有建设用地使用权出让地价评估技术规范》,评估出正常市场条件下的土地价格。

采用"限地价、竞配建"方式的,土地估价报告中应评估出正常市场条件下的土地价格,给出底价建议,以及根据市场情况建议采用的地价上限,并提出建议的起始价或起拍价,一般情况下应符合:起始价≤出让底价≤地价上限。当起始价≤地价上限≤出让底价时,地价上限与出让底价之间的差额应按配建方式和配建成本,折算最低应配建的建筑面积,并在土地估价报告中明示。

②限房价、竞地价。采用"限房价、竞地价"方式出让的土地,在出让评估时,应充分考虑建成房屋首次售出后是否可上市流转。对不能上市流转,或只能由政府定价回购,或上市前需补缴土地收益的限价房开发项目,在采用剩余法评估时,按限定的房价取值。

③出让时约定租赁住宅面积比例。约定一定比例的,采用剩余法时,以市场正常租金水平为依据测算相应比例的不动产价值。纯租赁住宅用地出让,有租赁住宅用地可比实例的,优先采用市场比较法;实例不足的,应采用收益还原法。

(3)协议出让

①对应当实行有偿使用,且可以不采用招标拍卖挂牌方式出让的,应按《国有建设用地使用权出让地价评估技术规范》评估其在设定开发建设条件下的正常市场价格,并提出建议的出让底价;同时,还应在土地估价报告中测算并对比说明该建议出让底价是否符合当地的协议出让最低价标准。

当地未公布协议出让最低价标准的,按拟出让土地所在级别基准地价的70%测算对比;拟出让土地在基准地价覆盖范围外的,按照《国有建设用地使用权出让地价评估技术规范》成本法的要求,与土地取得的各项成本费用之和进行对比。评估结果低于协议出让最低价标准的,应在土地估价报告中有明确提示。

②划拨土地办理协议出让。使用权人申请以协议出让方式办理出让,出让时不改变土地及建筑物、构筑物现状的,应按《国有建设用地使用权出让地价评估技术规范》评估在现状使用条件下的出让土地使用权正常市场价格,减去划拨土地使用权价格作为评估结果,并提出底价建议。出让时重新设定规划建设条件的,应按《国有建设用地使用权出让地价评估技术规范》评估在新设定规划建设条件下的出让土地使用权正常市场价格,减去现状使用条件下的划拨土地使用权价格作为评估结果,并提出底价建议。

当地对划拨土地使用权补办出让手续应缴土地收益有明确规定的,应与评估结果进行对比,在土地估价报告中明确提示对比结果,合理确定应缴土地收益。

（4）已出让土地补缴地价款

①估价期日的确定。土地出让后经原出让方批准改变用途或容积率等土地使用条件的，在评估需补缴地价款时，估价期日应以国土资源主管部门依法受理补缴地价申请时点为准。

②调整容积率补缴地价。调整容积率的，需补缴地价款等于楼面地价乘以新增建筑面积，楼面地价按新容积率规划条件下估价期日的楼面地价确定。

核定新增建筑面积，可以相关部门批准变更规划条件所新增的建筑面积为准，或竣工验收时实测的新增建筑面积为准。

因调低容积率造成地价增值的，补缴地价款可按估价期日新、旧容积率规划条件下总地价的差额确定。

容积率调整前后均低于1的，按容积率为1核算楼面地价。

③调整用途补缴地价。调整用途的，需补缴地价款等于新、旧用途楼面地价之差乘以建筑面积。新、旧用途楼面地价均为估价期日的正常市场价格。

用地结构调整的，分别核算各用途建筑面积变化带来的地价增减额，合并计算应补缴地价款。各用途的楼面地价按调整结构后确定。

工业用地调整用途的，需补缴地价款等于新用途楼面地价乘以新用途建筑面积，减去现状工业用地价格。

④多项条件同时调整。多项用地条件同时调整的，应分别核算各项条件调整带来的地价增减额，合并计算应补缴地价款。

用途与容积率同时调整的，需补缴地价款等于新用途楼面地价乘以新增建筑面积，加上新、旧用途楼面地价之差乘以原建筑总面积。新用途楼面地价按新容积率、新用途规划条件的正常市场楼面地价确定，旧用途楼面地价按原容积率规划条件下的正常市场楼面地价确定。

因其他土地利用条件调整需补缴地价款的，参照上述技术思路评估。

核定需补缴地价款时，不能以土地出让金、土地增值收益或土地纯收益代替。

任务 3.2　制订国有土地使用权出让价格评估作业方案

任务导入

2022 年 8 月 8 日，××公司拟委托评估机构对其拥有的一宗土地面积为 30 066.68 m² 国有建设用地使用权出让价格进行评估。估价对象位于××省××市富春街道，土地使用权类型为出让；使用年限为 70 年，即从 2022 年 8 月 8 日至 2092 年 8 月 7 日；土地使用权面积为 30 066.68 m²；土地使用现状为熟地（五通一平）；土地用途为商住用地；宗地形状较规则，整个宗地地势平坦，地质条件良好，技术指标情况如表 3.1 所示。

表 3.1　技术指标情况表

规划占地面积	容积率	建筑密度	绿地率	商住比例
30 066.68 m²	2.5	30%	30%	1:9

现委托××房地产估价咨询有限公司评估其出让价格。××房地产估价咨询有限公司分派估价师刘××、李××具体负责该业务。

相关知识

3.2.1　分析如何明确土地估价的基本事项

1) 常见的土地估价目的

①以国有土地使用权出让、转让、租赁、收回、收购储备、作价入股、清产核资等为目的的土地估价,包括国有土地使用权招标、拍卖、挂牌出让价格评估。

②以集体土地所有权征收补偿、集体土地使用权作价入股和转让等为目的的土地估价。

③以土地使用权抵押为目的的土地估价。

④以企业设立、重组、改制、上市、增资扩股、产权交易、资产置换、合并、分立、破产、关闭、清算等经济活动为目的的土地估价。

⑤以确定和更新城镇基准地价、标定地价为目的的土地估价。

⑥以城市地价动态监测为目的的土地估价。

⑦以农用地分等定级和划分农用地综合区片价为目的的土地估价。

⑧以土地增值税等有关不动产税费征收为目的的土地估价。

⑨以司法鉴定为目的的土地估价。

开展国有建设用地使用权出让地价评估,目的是为出让方通过集体决策确定土地出让底价,或核定应该补缴的地价款提供参考依据。

2) 土地范围的界定与描述内容

土地范围的界定与描述内容包括位置、面积、四至、地籍图号、宗地号、土地等级等。土地位置描述包括地产坐落位置、街道、街坊、地号、门牌号、面积等,此为依法确认的面积,通常以"m²"表示;形状通常用图(如宗地图)说明;四至是对其描述的顺序,最好用东、南、西、北描述相邻关系;地势包括地势高低、自然排水状况、被洪水淹没的可能性等;周围环境、景观通常用图片说明;利用现状包括现状用途;土地上有无建筑物及其他附着物,如果有建筑物、其他附着物,还需要进一步了解该建筑物及其他附着物的情况。

对于待开发或再开发的土地,还要了解地质和水文状况,包括地基承载力、地下水位深度、基础设施完备程度、土地平整程度、土地使用管制及其他方面的情况。基础设施完备程度和土地平整程度,包括道路、给水、排水、电力、通信、燃气、热力等的完备程度和土地的平整程度,即通常所说的"三通一平""五通一平"或"七通一平";对于城市建设用地,土地使用管制即为城市规划限制条件,主要包括土地用途,建筑高度,容积率,建筑密度,建筑后退红线距离(规定建筑物应距离城市道路或用地红线的程度),建筑间距,绿地率(用地红线内绿化用地总面积占土地总面积的比例),交通出入口方位,停车泊位,建筑体量、体型、色彩,地面标高,其他要求。

上述城市规划限制条件可通过下列文件了解:规划要点;规划设计条件通知书;审定设计方案通知书;建设用地规划许可证;建设工程规划许可证。

其他方面如临街商业用地,还需要了解其临街宽度和深度。

3)土地权利状况的界定内容

土地权利状况说明待估宗地的土地所有权、使用权、他项权利状况,以出让方式取得的土地使用权要说明已使用年限和剩余使用年限及宗地使用的特殊规定。对估价对象存在的抵押权、担保权、地役权、租赁权、地上地下权等他项权利及相邻关系权利等要详细说明。内容包含:

①估价基准日的土地使用权性质为国有或集体所有,土地取得方式有划拨土地或出让土地、租赁土地、以地作价入股、出资、授权经营土地等;

②是否存在他项权利,若有需表述;

③出让土地说明土地证记载使用年限(起止日)和剩余年限(估价基准日至截止日);

④权属来源描述包括首次用地批文、初始登记、变更登记的简单过程,宗地多时需列国有土地使用权(划拨、出让)一览表;

⑤土地证或权属证明编号。

【实践操作】

估价师刘××、李××认为估价对象为一宗待开发土地,根据委托方提供的《关于委托咨询土地使用权价格的函》及××市规划局批准的建设用地规划许可证等资料,待估宗地土地面积为 30 066.68 m^2,土地性质为国有出让,出让年限为法定最高使用年限,用途为商住,商业用地占 10%;住宅用地占 90%,容积率为 2.5。经测算,估价对象商业用地面积为 3 006.67 m^2,剩余使用年限为 40 年,商业建筑面积为 7 516.68 m^2;住宅用地面积为 27 060.01 m^2,剩余使用年限为 70 年,住宅建筑面积为 67 650.02 m^2。

委托方估价目的是为出让方通过集体决策确定土地出让底价提供依据。

3.2.2 制订估价作业方案的步骤

1)确定拟采用的估价技术路线,初步选择适用于估价对象的估价方法

土地估价技术路线的确定是估价人员对估价对象地价形成过程的认识。在确定土地估价技术路线时,不仅要考虑本次估价的目的、估价对象的状况,还要考虑估价对象所处市场的状况、所能了解的资料的状况,最终采用多种方法进行校验,这样才能保证土地估价结果的相对准确性。

（1）考虑估价目的

不同的估价目的,对应的评估结果内涵不一致,结果会有差别,在评估中的技术思路也不一致。估价目的决定了价格内涵,进而决定了估价技术思路。因此,在确定土地估价技术路线时要充分了解估价目的。

（2）考虑估价对象状况

估价对象的状况不同,所选用的估价方法是不同的。由于估价对象状况的不同,价格内涵和估价结果都会不同,估价的技术思路也不同,所以在确定技术思路时要考虑估价对象状况。

（3）考虑市场发达状况

市场的发达状况决定是否适用市场比较法、剩余法、收益还原法等。只有市场上有足够相似或相近的实例,才能从市场反应角度认知土地的价值。

（4）多种方法相结合

土地价值高,常常评估面积大,总价值也大,因此,在评估中一般要求用两种以上的方法,从不同的角度考证土地的价值。

（5）考虑现有资料情况

在评估中要充分考虑能够了解、掌握的所有资料的程度,如城镇的基准地价的成果资料。

（6）考虑估价时点

由于土地市场价格的波动性,同一估价对象在不同时点会有不同的市场价格。

估价时点的另外一层含义是估价对象在不同的估价时点的状态是不同的,相应就会有不同的价格。

2）拟调查搜集的资料及其来源渠道

拟调查资料包括政治、法律、经济(包括经济形势、产业政策)、自然条件、城市规划、基础设施、公共设施、文化教育、风土人情、消费行为等方面的资料,以及土地供求方面的资料(不同地段、用途、规模、档次、价位等的土地供求状况,如供给量、有效需求量、闲置率等)。在供给量中应包括已完成的项目、在建的项目、已审批立项的项目、潜在的竞争项目及预计它们投入市场的时间。

搜集资料的渠道有委托人提供、实地查勘获得、询问有关知情人士、查阅估价机构自己的资料库、到政府有关部门查阅、查阅有关报刊或登录有关网站等。资料搜集的途径多种多样,估价人员可以从报纸、杂志、电视、网络等媒体上搜集,从政府相关部门、专业团体取得,如社会经济统计年鉴、年度土地市场分析报告、土地招拍挂交易实例、房地产交易实例等。更为重要的途径是参加房地产和土地招标、拍卖会,亲身感受交易现场情况,或经常走访各类销售市场,切实落实相关信息的准确性。

3）人员安排

根据估价目的、估价对象、估价基准日、估价报告出具日期,便可知估价项目的大小、难易和缓急,从而可以确定投入多少人力参加估价。

4）估价时间进度安排

主要是对后续各项工作做出具体安排，包括对作业内容、作业人员、时间进度、所需经费等的安排，以便控制进度及协调合作，通常最好附以流程图、进度表等，特别是对那些大型、复杂的估价项目。

【实践操作】

估价对象为一宗待开发土地，估价师刘××、李××根据委托方提供的《关于委托咨询土地使用权价格的函》及××市规划局批准的建设用地规划许可证等资料，制订以下估价作业方案，如表3.2所示。

表3.2　估价作业方案

时　间	工作内容	人　员
2022.12.8	初步选定市场比较法、假设开发法进行估价，签订委托协议	刘××
2022.12.9	搜集所需背景资料，委托方提供相关资料	李××
2022.12.10	现场调查、拍照	刘××、李××
2022.12.11	起草估价报告	李××
2022.12.12	审核报告，与委托方沟通	刘××
2022.12.13	出具估价报告，收费，资料归档	李××

任务3.3　分析土地估价所需的资料内容和收集方法

估价所需的资料分为一般性资料、特定资料和其他辅助资料。一般性资料，主要包括对土地价格有普遍影响的一般资料和对估价对象所在区域地价有影响的区域资料。特定资料包括反映估价对象状况的资料和相关实例资料。

土地估价
资料收集

1）一般性资料

（1）对地价有普遍影响的一般资料（与估价报告中的一般因素相对应）

一般资料包括影响地价的社会、经济、政府和环境等因素的各种信息，主要指待估宗地所在城镇的税收、产业政策及自然条件、经济发展等，是影响土地价格的一般的、普遍的、共同的因素。

需要收集的资料主要包括城市资源状况（包括地理位置、自然环境、行政区划等）、房地产制度与房地产市场状况（含土地制度、住房制度、地价政策等）、产业政策（含税收政策等）、城市规划与发展目标、城市社会经济发展状况（包括城市经济布局、发展水平、综合实力、社会储蓄与投资、物价变动等）。

（2）对估价对象所在区域地价有影响的区域资料（与估价报告中的区域因素相对应）

收集待估宗地所在城镇内部区域条件对地价的影响，主要包括区域概况（含区域位置、人口、级别、经济发展、区域优势等）、交通条件（含区域内公共交通状况、对外交通条件等）、基础设施条件（指区域内供水、排水、供电、通信、通暖、通气及学校、医院等配套设施的完善程度）、环境条件（含区域人文环境和自然环境）、产业集聚状况、规划限制等。

反映基础设施状况的市政管线图纸资料，主要包括市政管线图（市政管网和道路图，了解影响宗地地价的各类设施规模、分布及设施状况等）、区域规划图（城镇规划图，了解宗地所在地区的规划限制，如容积率、建筑物高度、覆盖率限制和利用限制等）。

2）特定资料

（1）反映估价对象状况的资料

①权属资料及其内容。主要是产权登记资料，包括土地使用证、房屋所有权证和土地管理部门的土地登记卡、表、图、册等。如《房屋所有权证》原件及复印件；《国有土地使用证》或《集体土地建设用地使用证》原件及复印件；土地出让合同或协议原件及复印件。

②地籍图的基本要素。估价师从地籍图中了解宗地界址、方位、坐标、宗地临路状况、深度、四至等内容。

③用地规划图及工程建设图纸的种类。估价师可以从中了解宗地内拟建设工程规模、容积率、建筑密度、建筑层数、绿地率等控制性规划指标和拟建工程的详细规划。

④总平面图的基本要素。从总平面图中估价师可以了解宗地形状、地上建筑物形状、分布等信息。

（2）相关实例资料

交易实例收集的内容主要包括交易面积、交易时间、宗地位置、宗地条件、地上建筑物状况、购买者和销售者的特征及动机、销售的条件、土地交易前后的利用状况等。

估价人员所使用的交易资料主要来自公开记录，政府档案资料，出版刊物，由购买者、出售者、经纪人等提供的信息以及估价人员收集的尚未列入记录的相关交易资料。

3）其他辅助资料

①历史地价资料；

②有关经济指数及建筑材料价格变动指数；

③有关开发和经营的政策法规、条例、规定；

④有关土地房屋的税收种类、税率等；

⑤城镇规划等有关资料；

⑥《企业法人营业执照》副本原件及复印件。

【课堂讨论】

1.本项目收集所需资料的渠道和方法。

2.本项目所需资料清单。

【实践操作】

估价师李××根据委托方提供的估价对象的基本资料和初步选定的估价方法,搜集所需背景资料。

估价师刘××、李××实地查勘出发前,设计了一份针对该宗地的实地查勘表,如表3.3所示。

表3.3 实地查勘表

位　置			用　途	商住	土地面积/m²	
土地使用年限			剩余土地使用年限		宗地号	
土地现状			土地使用权证号		土地级别	
土地使用权性质:出让(　)划拨(　)转让(　)租赁(　)					他项权	无
交易情况						
因　素					优劣程度	
区域因素	类　型	用地类型、集聚规模				
	基础设施	电力、供水和排水系统				
	交通条件	交通主(次)干道数量、级别				
		与主干道通达程度				
		离火车站、码头、机场距离				
	自然条件状况	地质、水文、地形、地貌等				
		环境质量				
		总体规划				
个别因素	基础设施	供热、气、水、电等保证率				
	宗地条件	地质状况与地基承载力				
		临街状况(临街类型、进深、宽度等)				
		土地形状、面积				
		目前利用状况、强度(容积率)				
	临街道路评价	道路类型、级别				
	外界环境	周围土地利用类型				
		未来土地规划用途				
	土地利用限制	土地权利限制(使用年限、交易限制等)				
		土地规划限制(容积率、建筑高度、建筑密度、绿化率等)				

任务 3.4　土地使用权评估的实地查勘

土地估价实地查勘是指估价人员亲临现场对估价对象的有关内容进行实地考察，以便对待估宗地的实体构造、权利状态、环境条件等具体内容进行充分了解和客观确认。在现场调查阶段，估价人员必须对承接的评估项目进行实地查勘，并用摄影手段作出记录，从而形成现场调查记录，现场调查收集的资料应作为工作底稿归档。

1）查证核实

核实土地使用证中登记的宗地坐落、街道、地号、门牌号、土地面积等内容以及房产证中登记的建筑物名称、建筑结构、建筑物面积、建筑物用途等是否与现场一致，以保证土地评估中引用的土地权属来源资料真实、可靠。

填写实地查勘表及与委托方协助人员的现场沟通记录，包括客户的要求、评估范围的变化、估价对象分割、客户的承诺、问题及沟通结果。

2）土地实体状况查勘

土地实体状况查勘包括土地的位置、四至、面积、形状、地势、临路情况、临街状况、进深、开发程度、地质水文状况及地上建筑物的面积、结构、宗地内构筑物平面布置、工程质量、新旧程度、装修情况、建筑物内的设施设备、建筑物的楼层及朝向等。

填写现场查勘记录，包括：

①实体状况：位置、四至、面积、形状、地势、开发程度等；

②权益状况：土地性质、权属、来源、使用年限、规划条件、建筑物的权属、他项权利等；

③绘制草图：在全面查勘丈量的基础上，将宗地的位置、形状、四至，临街的宽度、进深以及周边的基本情况（如周围的道路、商服中心和生活设施等）用草图记录下来。

土地估价报告中土地利用状况的土地利用现状描述就包括了以上土地实体状况查勘的内容。土地利用现状描述应包括估价对象上的建构筑物及其用途、建筑容积率、绿化率等，重要建筑物应说明建构筑物的耐用年限、已使用年限、建筑面积、建筑结构、建筑细部说明、设备和安装状况、建筑成新、建筑密度、建筑高度、建筑层数，以及其他地上附着物状况。

3）周边环境状况调查

周边环境状况调查内容主要包括宗地所在区域的商服繁华状况、交通状况、基础设施状况、人口状况、产业构成状况、环境状况、地形条件等区域状况。

现场查勘中对重要的评估项目要进行拍照或录像。拍照或录像能直观地反映评估对象的特征，尤其是文字叙述未能达到对标的物理想的描述目的时，通过拍照或录像可以弥补其不足。拍照、录像对那些即将拆迁、有可能发生纠纷项目的评估是很有必要的。

【实践操作】

估价师刘××、李××来到地块现场查勘，核实查证，拍照取证，了解周边环境。

任务 3.5　撰写土地估价报告

3.5.1　撰写土地估价报告封面

①项目名称:说明估价项目的全称,内容可包括估价目的及估价对象价格类型(土地使用权或其他)等字样。

②受托估价单位:说明进行该项估价并符合估价资质的机构名称,可同时列出合作估价机构。

③土地估价报告编号:说明估价机构对该项目的编号,含有"(地名)估价机构简称(年度)(估)字第××号"等字样,其中年度为提交土地估价报告日期所在年度。

④提交估价报告日期:说明土地估价报告提交的具体日期。

3.5.2　撰写土地估价报告正文

1)撰写摘要

①估价项目名称:同"土地估价报告"文字式封面。

②委托估价方:说明该项估价的委托单位或个人。

③估价目的:说明该项估价是为了满足委托方的何种需要及其估价依据、估价结果的应用方向等,对估价依据则应注明文号、批准单位及批准日期等。

④估价基准日:说明估价结果对应的具体日期,样式为××××年××月××日。

⑤估价日期:说明该项估价工作的起止日期。

⑥地价定义:说明估价对象实际用途和宗地内外实际开发程度、本次估价所设定的开发程度和用途及其理由、现状利用或规划利用条件,实际用途需以国有土地使用证登记用途为依据。土地开发程度的设定应与估价对象土地利用特点和估价目的一致,分别界定为宗地外围或宗地内外"几通"(指通路、通电、供水、排水、通气、通暖、通信等)和宗地内平整;地价定义应注明所估地价的内涵是指在估价基准日、现状利用或规划利用条件下、设定的开发程度与用途、法定最高年限内一定年期的土地使用权(或包括其他内容)价格。

⑦估价结果。说明最终确定的总地价、单位面积地价,必要时注明楼面地价,须以人民币表示,总地价附大写金额,并附土地估价结果一览表。如需用外币表示的,应标明估价基准日外币与人民币的比价。

⑧土地估价师签字。由参加评估及符合估价资质的估价机构中的至少两名土地估价师签字,并注明土地估价师资格证书号。

⑨土地估价机构。由签字土地估价师所在的估价机构法人代表签字,并加盖公章,其中至少一个为符合土地估价资质的估价机构。

2）撰写估价对象界定

（1）委托估价方

说明该项估价的委托单位及其隶属关系、委托单位与估价对象土地使用者之间的关系、主营业务范围等以及单位地址、法人代表、联系人等，或委托的个人、联系地址、联系人等。

（2）估价对象

说明估价对象的具体范围，指出估价的是土地还是包括其他内容，并具体说明估价对象的面积、土地使用者、用途等。

（3）估价对象概况

①土地登记状况：说明估价对象的权属性质、权源以及权属变更情况，估价对象的地理位置、土地用途、四至、面积、土地级别、土地登记证书号、国有土地使用证编号、登记时间、地籍图号、宗地号等。土地登记以土地登记、土地使用证和土地使用权出让合同中的有关内容为准。

②土地权利状况：说明估价对象的土地所有权、使用权、他项权利状况，以出让方式取得的土地使用权应说明取得时间、出让价款、批准使用年限、已使用年限和剩余使用年限及宗地使用的特殊规定，对估价对象存在的抵押权、担保权、地役权、租赁权、地上地下权等他项权利及相邻关系权利等应详加说明。土地权利状况以土地登记、土地使用证和土地使用权出让合同中的有关内容为准。

③土地利用状况：说明估价对象的利用现状及土地利用条件。利用现状包括估价对象上建构筑物及其用途、建筑容积率、绿化率等，重要建构筑物应说明建构筑物的耐用年限、已使用年限、建筑面积、建筑结构、建筑细部说明、设备和安装状况、建筑成新、建筑密度、建筑高度、建筑层数以及其他地上附着物状况等；土地利用条件包括估价对象的规划利用、最佳利用、利用限制和缺陷等情况，对以规划条件进行评估的，应说明规划条件的批准机关及批准日期、具体规划条件等。

（4）影响地价的因素说明

①一般因素：应说明影响土地价格的一般、普遍、共同因素，通常包括城市资源状况（包括地理位置、土地、城市人口等）、不动产制度与不动产市场状况（含土地制度、住房制度、地价政策等）、产业政策（含税收政策等）、城市规划与发展目标、城市社会经济发展状况（包括城市经济布局、发展水平、综合实力、社会储蓄与投资、物价变动等内容）。

②区域因素：说明待估宗地所在城镇内部区域条件对地价的影响，包括区域概况（含区域位置、人口、级别、经济发展、区域优势等）、交通条件（含区域内公共交通状况、对外交通条件等）、基础设施条件（指区域内供水、排水、供电、通信、通暖、煤气及学校、医院等配套设施的完善程度）、环境条件（含区域人文环境和自然环境）、产业集聚状况、规划限制等（这里区域大小可参照城镇内基准地价级别、行政分区、功能分区等确定）。

一般因素和区域因素可根据估价对象特点和估价目的选择和侧重，着重进行影响因素的描述。

③个别因素：说明估价对象位置、面积、用途、宽度、临街状况、深度、形状、地质、地形、地势、容积率、宗地基础设施条件、估价对象现状利用或规划利用等影响地价水平的因素。

3)撰写土地估价结果及其使用

(1)估价依据

说明该项估价所依据的国家有关法律、法规、行政规章以及估价对象所在省市的有关法律规定,采用的技术规程,委托方提供的有关资料,受托估价方掌握的有关资料和估价人员实地查勘、调查所获取的资料等。该估价依据应与估价过程一致,应列出估价过程中方法选择、有关参数确定(如选用基准地价、征地费用、有关税费等)所依据的主要文件。

(2)土地估价

①估价原则:简要说明该项估价遵循的主要原则。估价原则可根据估价对象特点与估价目的的选择。土地使用权出让地价评估还需考虑以下原则:

a.价值主导原则:土地综合质量优劣是对地价产生影响的主要因素。

b.审慎原则:在评估中确定相关参数和结果时,应分析并充分考虑土地市场运行状况、有关行业发展状况,以及存在的风险。

c.公开市场原则:估价结果在公平、公正、公开的土地市场上可实现。

②估价方法:简要说明估价中采用的主要方法(成本逼近法、收益还原法、市场比较法、剩余法、基准地价系数修正法等)和方法选择的依据。这里估价方法应根据估价目的和估价对象特点等选定,并与估价原则和估价依据衔接一致,要求所选估价方法不少于两种。

③估价结果:说明每种估价方法的估价结果、最终估价结果的确定方法及依据、以人民币表示的单位地价及总地价。涉及协议出让最低价标准、工业用地出让最低价标准等最低限价的,应同时列出估价结果以及相应最低限价标准,明确底价决策建议及理由。

(3)估价结果和估价报告的使用

①估价的前提条件和假设条件:说明进行本次估价及估价报告与估价结果成立的前提条件(如估价依据的可靠性、市场的客观性、地价内涵、土地的持续利用等)、假设条件(如估价对象的用途设定、年期设定、估价期日设定等)。

②估价结果和估价报告的使用包括以下内容:

a.估价报告和估价结果发生效力的法律依据:说明进行本次估价所依据的主要法律、法规,注明估价报告和估价结果的作用,依照法律、法规的有关规定发生法律效力。

b.本报告和估价结果使用的方向与限制条件:说明估价报告和估价结果在一定估价目的下使用,注明土地估价报告的提供对象和使用条件。

c.土地估价结果的有效期:说明估价报告的有效期限,自报告提交日起,原则上不超过1年。

d.申明估价报告和估价结果的使用权归委托方所有,估价机构对估价结果有解释权。

e.违规使用土地估价报告和估价结果的法律责任。

③需要特殊说明的事项:

a.有关资料来源及未经实地确认或无法实地确认的资料和估价事项;

b.对估价结果和估价工作可能产生影响的变化事项(如地价指数、开发程度、设定用途等)以及采取的相应措施;

c.估价对象的特殊性、估价中未考虑的因素及采取的特殊处理,必要时说明原因或依据;

d.其他需要特殊说明的问题。

4）撰写附件

①委托估价函、委托方营业执照、待估对象权属证明材料、土地利用状况与条件或规划证明材料等。

权属证明材料包括土地使用证复印件或土地产权证明材料（附宗地图）、估价对象如设定他项权利时有关权利人证明材料、出让土地应附土地出让合同或协议、房屋产权证复印件或证明材料。无上述权属证明材料时应说明原因。估价人员应对权属证明原件（如国有土地使用证、土地产权证明、房产证等）进行验对核实后，在复印件上加盖估价机构公章。

土地利用状况与条件或规划证明材料包括地籍图、建筑平面图等，以及有关背景材料（如估价项目的有关批准文件等，如为规划利用应提交规划利用的项目建议书、可行性研究报告、建设用地规划许可证、建设工程规划许可证或审定设计方案通知书等规划文件）。

②宗地区域位置图、估价对象及比较案例照片（从不同角度体现宗地的主要建构筑物、用途及利用特点）、现场查勘记录表、估价师现场查勘照片、估价机构资格及签字土地估价师证书复印件、估价机构的营业执照等。

③其他相关材料的复印件。

3.5.3　撰写土地估价技术报告封面

①项目名称：说明估价项目的全称，内容包括估价目的、估价对象价格类型（土地使用权或其他）等字样。估价项目全称后加括号注明估价对象所在市、县全名，如"××县（市）"字样。

②受托估价单位：同"土地估价报告"。

③土地估价报告编号：同"土地估价报告"。

④土地估价技术报告编号：说明估价机构对该项目的技术编号，含有"（地名）估价机构简称（年度）（技）字第××号"等字样，其中年度为提交土地估价报告日期所在年度。

⑤提交估价报告日期：同"土地估价报告（文字式）"。

⑥关键词。估价对象所在市、县全名，与项目名称中市、县全名一致；估价目的，应简要说明本次评估的估价目的，如出让、转让、抵押等；估价机构，说明估价机构全称；年度，说明提交土地估价报告日期所在年度。

3.5.4　撰写土地估价技术报告

1）撰写总述

撰写总述除增加"受托估价方"一项要说明该项估价的受托估价机构、机构地址、估价机构资质级别、资格证书获得时间、估价资格有效期、资格证书编号、法人代表等外，其他部分同"土地估价报告"。

2）撰写估价对象描述及地价影响因素分析

①估价对象描述基本与"土地估价报告（文字式）"相同，但需要增加"土地权利状况"中

他项权利限制以及土地利用限制等对地价造成影响的,应说明影响趋势及影响程度分析的内容。

②地价影响因素分析与土地估价报告中的因素说明有所区别,土地估价报告的影响地价的因素说明侧重于对有关影响因素的陈述,这里则侧重于对地价影响因素进行分析(尤其对地价影响大的重要因素),与本次估价相关性小或无关的因素仅为参照。因土地的特殊用途或其他原因而影响地价的特殊因素,要在这里说明并进一步分析。在对地价影响因素进行分析时,通过定性和定量分析,着重分析这些因素对地价可能产生的影响程度及影响趋势,并与土地估价过程中有关方法选择、参数确定、因素分析和比较内容等相对应,对地价影响因素的分析应与估价结果的确定相关联,做到分析合理、参数有据、估价得当,不能前后矛盾。地价影响因素分析必须做到客观描述,用语规范,内涵准确,能够定量反映的必须用定量数据表述。

3) 撰写土地估价

(1)估价原则

估价原则同"土地估价报告(文字式)"。

(2)估价方法与估价过程

要求说明估价方法选择依据和每种方法的估价过程,应根据估价对象特点及项目实际情况,依据《城镇土地估价规程》(GB/T 18508—2014)选取适宜的估价方法(市场比较法、收益还原法、成本逼近法、剩余法、基准地价系数修正法等)。要求在一项估价中所选方法不少于两种,并说明估价方法选择的依据。同时,各种估价方法的应用过程还应分别满足《城镇土地估价规程》(GB/T 18508—2014)的相应要求。在选择估价方法时,如估价对象位于城镇范围内、基准地价覆盖范围以外,可以在充分分析论证其可行性的基础上,选择采用基准地价系数修正法,参照基准地价的末级地进行评估。

(3)地价的确定

①地价确定的方法。要求说明对不同估价方法测算结果进行增值或减值调整的原因。对采用众数、简单或加权平均值、综合分析法等确定最终宗地地价的,应阐述其方法及权重选择的依据。若舍弃某种估价方法的测算结果,应说明理由。

②估价结果。应注明地价种类、总地价、单位面积地价、地价单位,总地价用大写表示。如用外币表示地价,应注明估价期日外币与人民币的比价。

4) 撰写附件

附件同"土地估价报告(文字式)"。

3.5.5　排版

①A4 纸张版式,注意页边距、页脚、页眉、页码的编排。

②封面标题"土地估价报告""土地估价技术报告"字体应为二号标宋,其他内容应为三号楷体;"土地估价报告"和"土地估价技术报告"应居中排列,其他内容左端对齐后居中排

列;正文中"土地估价报告""土地估价技术报告"及各部分标题字体应为三号标宋,其他内容字体应为四号仿宋;正文内容两端对齐后居中排列。

③土地估价结果一览表横向设置。

④在封面下一页自动插入 3 级目录。

任务 3.6 研读评析案例

本案例根据《城镇土地估价规程》的要求编写,估价项目为××工程局所属江汉市区路××号××地块 7 599.14 m² 住宅用地,依据委托估价方××工程局的估价目的,根据法律法规的有关规定,估价人员对位于江汉市区路××号××地块 7 599.14 m² 住宅用地出让土地使用权进行了评估。根据委托方提供的资料及现场查勘情况,至估价基准日 2006 年 8 月 1 日,估价对象的实际开发程度为宗地红线内、外"五通"(通路、通电、通上水、通下水、通信)和红线内场地平整,土地使用权性质为出让,证载用途为仓储用地,现状用途为仓储用地,规划用地性质为居住用地。经估价人员实地查勘、资料分析论证和对当地市场的分析,按照地价评估的基本原则和评估程序,运用基准地价系数修正法和剩余法两种估价方法分别对估价对象土地价格进行了测算,经综合分析处理,得到该地块在满足价格定义和估价假设条件下的国有出让土地使用权价格:土地总价为 1 231.67 万元,人民币(大写):壹仟贰佰叁拾壹万陆仟柒佰元整;土地单价为 1 620.8 元/m²。

案例正文

土地估价技术报告

(封面略)

第一部分 总述(略)

第二部分 估价对象描述及地价影响因素分析

一、估价对象描述

1.土地登记状况

该宗地位于江汉市区路××号,委估地块西北临西湖北路,属江汉市城区住宅Ⅳ级地段,位置详见附图(略)。

2003 年 4 月 25 日,委托方××工程局取得了江汉市国土资源管理局下发的估价对象《国有土地使用证》,证号为[江国用[2003]字第××号],证载土地面积为 7 599.14 m²,地号为××,图号为 65-8、11、12,证载用途为仓储用地,土地取得方式为划拨。2006 年 3 月 13 日,委托方取得了江汉市城市规划管理局颁发的估价对象《建设用地规划许可证》[江规岸地字[2006]××号]。

2.土地权利状况

委估地块土地所有权归国家所有。

土地使用者为××工程局,根据委托方提供的《国有土地使用证》,该宗地是××工程局于2003年4月25日以划拨方式取得该地块的土地使用权,在2006年8月委托方办理土地出让手续缴纳契税,至估价基准日2006年8月1日,剩余使用年限为70年(2006年8月1日—2076年8月1日)。

至估价基准日,待估地块无出租、担保及抵押等他项权利存在。

3.土地利用状况

根据委估方提供的有关资料,至估价基准日,委估地块开发程度为宗地红线内、外"五通"(通路、通电、通上水、通下水、通信)和宗地红线内场地平整,宗地上现有3栋仓储用房。

根据委托方提供的规划设计(土地使用)条件[江规岸选字〔2006〕×××附件一],规划用地情况:委估地块规划用地面积为7 599.14 m²,规划用地面积性质为居住用地,土地分类为城镇单一住宅用地;土地使用强度:建筑面积为13 900 m²,容积率1.85以内,建筑密度28%以内,建筑高度按批准方案确定,绿化率按《江汉市绿化条例》执行。

根据委估方提供的有关资料,拟评估土地面积为7 599.14 m²。

二、地价影响因素分析

1.一般因素(略)

2.区域因素(略)

3.个别因素

该宗地位于江汉市区路××号,委估地块西北临二七北路,属江汉市城区住宅Ⅳ级地段,位置详见附图(略)。

估价对象所在的片区,区域交通较为方便,周边有铁路第三小学、航务一院、航务二院、铁路小区、二七商场等众多物业。委估地块距离汉口火车站约6 500 m,距离新荣客运站约4 600 m,距离江汉铁路分局汉口医院约1 300 m。

委估地块实际开发程度为宗地红线内、外"五通"(通路、通电、通上水、通下水、通信)和宗地红线内场地平整,设定的开发程度为宗地红线内、外"五通"(通路、通电、通上水、通下水、通信)和红线内场地平整。委估地块土地总面积为7 599.14 m²,地势平坦,排水通畅,遇大雨无积水现象,抗震能力一般。

根据委托方提供的规划设计(土地使用)条件[江规岸选字〔2006〕×××附件一],规划用地情况:委估地块规划用地面积为7 599.14 m²,规划用地面积性质为居住用地,土地分类为城镇单一住宅用地;土地使用强度:建筑面积为13 900 m²,容积率1.85以内,建筑密度28%以内,建筑高度按批准方案确定,绿化率按《江汉市绿化条例》执行。

第三部分　土地估价

一、估价原则

地价是由土地的效用、相对稀缺性及有效需求三者相互作用、相互影响形成的,而这些因素又经常处于变动之中。要做出正确的估价,必须深入了解组成地价的各因素及各因素之间的相互作用与影响,并做出细致的分析,正确判断其变动趋势。因此,在确定估价方法,进行估价之前,首先要正确掌握土地估价的基本原则,在估价原则的指导下,认真分析影响地价的

因素,灵活运用各种估价方法,对地价做出最准确的判断。本次估价遵循以下原则:

①预期收益原则;

②替代原则;

③最有效利用原则;

④供需原则;

⑤报酬递增递减原则;

⑥贡献原则;

⑦变动原则。

此外,在评估工作中,我们还应遵循客观、公正、科学、合法以及多种方法相比较的原则。

二、估价方法与估价过程

根据地块的特点及估价人员收集的资料,经综合分析,在确定估价原则的基础上,本评估中运用的估价方法是按照《城镇土地估价规程》的规定,结合估价机构掌握的有关资料和待估宗地的自然经济状况、估价目的以及待估宗地所在的土地市场具体特点来确定。

委估地块《国有土地使用证》[江国用〔2003〕字第××号]证载用途为仓储用地,本次评估设定用途为住宅用地。

根据本次评估目的,估价人员在结合地块现状条件基础上,拟采用剩余法和基准地价系数修正法予以评估,主要基于以下几点:

①委估地块位于江汉市城区内,本次评估不适宜采用成本法进行评估。

②江汉市人民政府已于2005年2月23日正式颁布了《市人民政府关于实施江汉市市区城镇土地级别与基准地价标准(2004)的通知》(江政〔2005〕16号),委估地块位于江汉市城区基准地价覆盖区域内,故本次评估可以选用基准地价系数修正法。

③委估地块有较翔实的规划指标,适合采用剩余法进行评估。

④委估地块周边缺乏近期市场成交实例,无法采用市场比较法评估。

(一)基准地价系数修正法

1.基本原理

基准地价系数修正法是以基准地价评估成果为依据,通过对待估宗地地价影响因素的分析,利用宗地地价影响系数,对各城镇已公布的同类用途同级或同一区域土地基准地价进行修正,估算待估宗地客观价格的方法。其计算公式如下:

$$V = V_{lb} \times (1 \pm \sum K_i) \times K_j$$

式中　　V——土地价格;

　　　　V_{lb}——某一用途土地在某一土地级上的基准地价;

　　　　$\sum K_i$——宗地地价修正系数;

　　　　K_j——估价基准日、容积率、土地使用年期等其他修正系数。

2.基准地价内涵

基准地价是某一时点上,在城镇各土地级别或均质区域内,在平均容积率水平和一定开发程度下,同一用途(商业、住宅、工业等)的法定最高出让年限的完整的土地使用权的平均价格,具有全域性、平均性、时效性、分用途和有限期的特点。

江汉市基准地价评估的技术思路是采取"以土地定级为基础,用市场交易价格等资料分析商业、住宅和住宅用地评估基准地价,以级控价,以价验级"的技术路线,利用"样点地价与样点所在网格单元定级因素总分值建立数学模型"和"交易样点地价评估路线价"相结合来评估市区土地的基准地价,并采用"用级别内的样点均价评估基准地价"和"建立样点地价和土地级别的数字模型评估级别基准地价"两种方法检验基准地价。

在城市土地市场中,基准地价是开发为熟地后的完整意义上的地价,即"熟地"地价,包含成本地价、土地增值、土地出让金 3 个部分。成本地价是土地使用者取得出让土地使用权应支付的客观成本;土地增值是由于政府对城市基础设施的投入和运用城市规划管理手段依法对土地用途及其他土地使用条件行使最大处置权以及土地使用者开发土地后产生的;土地出让金为政府收取的土地纯收益。

其中,住宅用地基准地价是指设定 2004 年 1 月 1 日为评估基准日,平均容积率为 1.8,开发程度为"五通一平"(宗地外围通上水、通下水、通电力、通道路、通邮电和宗地内场地平整),出让年限为 70 年条件下单位面积土地使用权的平均价格。

江汉市城区级别基准地价见表 1。

表 1 江汉市城区级别基准地价表 单位:元/m²

土地级别	用途类别		
	商业用地	住宅用地	工业用地
Ⅰ	10 835(722)	4 398(293)	1 161(77)
Ⅱ	6 678 (445)	3 221(215)	892(59)
Ⅲ	4 457 (297)	2 330(155)	727(48)
Ⅳ	3 301 (220)	1 715(114)	625(42)
Ⅴ	2 524 (168)	1 278(85)	557(37)
Ⅵ	1 932 (129)	945(63)	
Ⅶ	1 478 (99)	686(46)	
Ⅷ	1 085 (72)		
Ⅸ	733(49)		

3.宗地地价的测算

(1)确定估价对象的土地级别及基准地价 V_{lb}

根据《江汉市市区土地定级与基准地价评估》对市区土地级别范围的划分,估价对象为Ⅳ级住宅用地,对应的基准地价标准为 1 715 元/m²。

（2）确定估价对象所在地价区位影响因素总修正系数 $\sum K_i$

按照《城镇土地估价规程》和《江汉市市区土地定级与基准地价评估》，确定了江汉市市区住宅用地地价影响因素有商服繁华度、交通条件、基础公用设施状况、环境状况、人口状况，在此基础上编制了"Ⅳ级住宅用地宗地地价区位影响因素指标说明表"（见表2）和"Ⅳ级住宅用地宗地地价区位因素修正系数表"（见表3）。

根据估价对象的实际情况，将影响估价对象宗地地价的各因素条件与"Ⅳ级住宅用地宗地地价区位影响因素指标说明表"和"Ⅳ级住宅用地宗地地价区位因素修正系数表"进行对照比较，得出估价对象地价影响因素说明及修正系数表（见表4），并由此测算出估价对象地价影响因素总修正系数 $\sum K_i = -0.015$。

表2　Ⅳ级住宅用地宗地地价区位影响因素指标说明表

因素	因子	优	较优	一般	较劣	劣
商服繁华度	距市级商服中心距离/m	≤500	(500,1 500]	(1 500,3 000]	(3 000,4 000]	>4 000
	距区级商服中心距离/m	≤400	(400,700]	(700,1 200]	(1 200,1 500]	>1 500
	距小区级商服中心距离/m	≤200	(200,400]	(400,600]	(600,700]	>700
	距街区商服中心距离/m	≤50	(50,100]	(100,200]	(200,400]	>400
	商服密度状况	密集	比较密集	一般	较不密集	不密集
交通条件	临街道路状况	混合型主干道	生活型主干道	生活或交通型主干道	交通型次干道	支路
	临公交站点状况(条)	≥14	[12,14)	[10,12)	[8,10)	<8
基础公用设施状况	排水状况	好	较好	一般	较差	差
	距大学距离/m	≤2 007	(2 007,3 000]	(3 000,4 000]	(4 000,5 000]	>5 000
	距中学距离/m	≤250	(250,350]	(350,550]	(550,800]	>800
	距小学距离/m	≤250	(250,350]	(350,550]	(550,800]	>800
	距幼儿园距离/m	≤300	(300,450]	(450,600]	(600,800]	>800
	距农贸市场距离/m	≤300	(300,450]	(450,600]	(600,800]	>800
	距医院距离/m	≤300	(300,600]	(600,900]	(900,1 200]	>1 200
	距邮局距离/m	≤200	(200,400]	(400,700]	(700,900]	>900
	距电信营业厅距离/m	≤200	(200,400]	(400,700]	(700,900]	>900
	距公园距离/m	≤300	(300,550]	(550,900]	(900,1 200]	>1 200

因素	因子	优	较优	一般	较劣	劣
环境状况	大气环境	无污染	基本无污染	轻度污染	污染较重	严重污染
	声环境	无污染	基本无污染	轻度污染	污染较重	严重污染
	水环境	无污染	基本无污染	轻度污染	污染较重	严重污染
	视觉环境	好	较好	一般	较差	差
	人文环境	好	较好	一般	较差	差
	地质状况	坚固类场地土体,抗震能力强	硬塑类场地土体抗震能力较强	抗震能力一般	软塑类场地土体,抗震能力弱	软散类场地,抗震能力较弱
人口状况	居住人口密度状况	适合住宅	比较适合住宅	一般	较不适合住宅	不适合住宅
	客流人口密度状况	适合住宅	比较适合住宅	一般	较不适合住宅	不适合住宅

表3　Ⅳ级住宅用地宗地地价区位因素修正系数表

因素	权重	因子	权重	优	较优	一般	较劣	劣
商服繁华度	0.166	距市级商服中心距离	0.015	0.004	0.002	0	-0.002	-0.004
		距区级商服中心距离	0.026	0.007	0.004	0	-0.004	-0.007
		距小区级商服中心距离	0.03	0.008	0.004	0	-0.004	-0.008
		距街区商服中心距离	0.02	0.006	0.003	0	-0.003	-0.005
		商服密度状况	0.075	0.021	0.010	0	-0.010	-0.020
交通条件	0.224	临街道路状况	0.095	0.026	0.013	0	-0.013	-0.026
		临公交站点状况	0.129	0.035	0.018	0	-0.018	-0.035
基础公用设施状况	0.304	排水状况	0.073	0.020	0.010	0	-0.010	-0.020
		距大学距离	0.023	0.006	0.003	0	-0.003	-0.006
		距中学距离	0.025	0.007	0.003	0	-0.003	-0.007
		距小学距离	0.03	0.008	0.004	0	-0.004	-0.008
		距幼儿园距离	0.033	0.009	0.005	0	-0.005	-0.009
		距农贸市场距离	0.028	0.008	0.004	0	-0.004	-0.008
		距医院距离	0.025	0.007	0.003	0	-0.003	-0.007
		距邮局距离	0.018	0.005	0.002	0	-0.002	-0.005
		距电信营业厅距离	0.024	0.007	0.003	0	-0.003	-0.007
		距公园距离	0.025	0.007	0.003	0	-0.003	-0.007

续表

因素	权重	因子	权重	优	较优	一般	较劣	劣
环境状况	0.234	大气环境	0.033	0.009	0.005	0	−0.005	−0.009
		声环境	0.032	0.009	0.004	0	−0.004	−0.009
		水环境	0.035	0.010	0.005	0	−0.005	−0.010
		视觉环境	0.032	0.009	0.004	0	−0.004	−0.009
		人文环境	0.045	0.012	0.006	0	−0.006	−0.012
		地质状况	0.057	0.016	0.008	0	−0.008	−0.016
人口状况	0.072	居住人口密度状况	0.025	0.007	0.003	0	−0.003	−0.007
		客流人口密度状况	0.047	0.013	0.006	0	−0.006	−0.013

(3) 确定估价对象宗地个别因素修正系数的乘积 K_j

住宅用地宗地个别因素修正包括容积率修正、使用年期修正、交易期日修正、宗地面积状况修正、宗地形状修正、建筑物朝向修正、宗地基础配套程度修正,根据估价对象的实际情况分别进行上述个别因素的修正,从而确定出估价对象的个别因素修正系数,确定过程如下:

①确定容积率修正系数 K_1。根据委托方提供的有关资料,本次估价对象规划容积率为1.85,根据《江汉市市区土地定级与基准地价评估》中的"住宅用地容积率修正系数表",Ⅳ级住宅用地容积率[1.5,2.0]对应的修正系数为1.0,确定 K_1 为1.0。

②确定使用年期修正系数 K_2。本次估价对象为国有出让土地,终止日期为2076年8月,本次评估设定基准日为2006年8月1日,则估价对象的剩余使用年期为70年,根据《江汉市市区土地定级与基准地价评估》中的"住宅用地使用年期修正系数表",剩余使用年期为70年对应的修正系数为1.0,估价对象使用年期修正系数 K_2 为1.0。

③确定交易期日修正系数 K_3。《江汉市市区土地定级与基准地价评估》设定的基准地价估价基准日为2005年2月23日,估价对象的估价基准日为2006年4月19日。在2005至2006年期间,江汉市住宅用地土地价格无明显变化,故确定交易期日修正系数 $K_3=1$。

④确定宗地面积状况修正系数 K_4。估价对象面积为7 599.14 m²,对土地利用有一定影响,根据《江汉市市区土地定级与基准地价评估》中的"住宅用地宗地面积状况修正系数表",确定宗地面积状况修正系数 K_4 为0.97。

⑤确定宗地形状修正系数 K_5。估价对象宗地形状对土地利用无不良影响。根据《江汉市市区土地定级与基准地价评估》中的"住宅用地宗地形状修正系数表",确定估价对象的宗地形状修正系数 K_5 为1.0。

⑥建筑物朝向修正系数 K_6。根据估价人员实地查勘的情况及委托方提供的有关资料,委估地块上拟建建筑物的朝向为东,根据《江汉市市区土地定级与基准地价评估》中的"建筑物朝向修正系数表",确定建筑物朝向修正系数 K_6 为1.0。

⑦确定宗地基础设施配套程度修正系数 K_7。本次估价对象设定开发程度已经达到"五通一平",与基准地价设定的开发程度相同,故确定宗地基础设施配套程度修正系数 K_7 为1。

4.确定估价对象宗地价格

将以上计算出的各因素修正系数代入基准地价计算公式,则得出估价对象单位面积土地价格为:

$$V = V_{lb} \times (1 \pm \sum K_i) \times K_j$$
$$= 1\ 715 \times (1 - 0.015) \times (1 \times 1 \times 1 \times 0.97 \times 1 \times 1 \times 1)$$
$$= 1\ 638.60 (\text{元}/\text{m}^2)$$

土地出让估价
案例答疑

(二)剩余法

1.基本原理

土地之所以有价,完全在于其可以开发、利用、建房,并可从中获取收益。为了获得土地而支付的地价,显然是在预计的不动产总价中扣除成本费用和社会平均预期收益后的"剩余价格",即地价等于土地与建筑物出售价格减去建筑物本身的价格。因此,剩余法是在估算开发完成后不动产正常交易价格的基础上,扣除建筑物建造费用和建筑物建造、买卖有关的专业费、利息、利润、税收等费用后,以价格余额来确定估价对象土地价格的一种方法。

2.取值依据

(1)估算完成后的不动产价值 A

根据待估宗地的最有效利用方式和江汉市房地产现状及未来变化趋势,采用市场比较法与长期趋势法结合估算完成后的不动产价值 A。

根据相同结构、相同地段等级、同一供需圈内住宅楼的销售价格,采用市场比较法确定估价对象在估价基准日建成状态下的住宅楼平均售价为 M 元/m^2(具体见表4、表5、表6、表7)。参考《2003年江汉市房地产市场情况分析报告》《2004年江汉市房地产市场情况分析报告》《2005年江汉市房地产市场情况分析报告》及武房指数,近3年新建商品房销售价格攀升,住宅价格2003年平均价格比2002年上涨4.1%,2004年平均价格比2003年上涨5.01%,2005年平均价格比2004年上涨7.25%,即年平均上涨5.45%。若保持该增长速度,则 n_1 年后的不动产价格为 $M \times (1 + 5.45\%)^{n_1}$,$n_2$ 年后的不动产价格为 $M \times (1 + 5.45\%)^{n_2}$。

表4　估价对象地价修正因素说明及修正系数表

宗地修正因素		修正因素说明	优劣程度	修正系数
商服繁华度	距市级商服中心距离/m	>4 000	劣	−0.004
	距区级商服中心距离/m	1 300	较劣	−0.004
	距小区级商服中心距离/m	400	较优	0.004
	距街区商服中心距离/m	100	较优	0.003
	商服密度状况	一般	一般	0
交通条件	临街道路状况	生活或交通型主干道	一般	0
	临公交站点状况	临近无公交站点	劣	−0.035

续表

宗地修正因素		修正因素说明	优劣程度	修正系数
基础公用设施状况	排水状况	较好	较优	0.010
	距大学距离/m	2 200	较优	0.003
	距中学距离/m	920	劣	−0.007
	距小学距离/m	250	优	0.008
	距幼儿园距离/m	700	劣	−0.009
	距农贸市场距离/m	500	一般	0
	距医院距离/m	1 300	劣	−0.007
	距邮局距离/m	600	一般	0
	距电信营业厅距离/m	900	劣	−0.007
	距公园距离/m	>1 200	劣	−0.007
环境状况	大气环境	基本无污染	较优	0.007
	声环境	基本无污染	较优	0.005
	水环境	基本无污染	较优	0.005
	视觉环境	一般	一般	0
	人文环境	一般	一般	0
	地质状况	抗震能力一般	一般	0
人口状况	居住人口密度状况	比较适合居住	较优	0.007
	客流人口密度状况	比较适合居住	较优	0.013
合　计				−0.015

表5　可比实例资料

（选取与估价对象房地产所处地区相近、用途相同的交易案例作为住宅楼售价的可比实例）

项　目		实例 A	实例 B	实例 C	估价对象
交易日期		2006 年 4 月	2006 年 4 月	2006 年 4 月	2006 年 4 月
交易情况		正常	正常	正常	正常
坐　落		江岸××花园 18 号	江岸发展大道× ×号	江岸黄浦路与建设大道交汇处	黑泥湖路××号
区域因素	繁华程度	一般	一般	一般	一般
	交通便捷度	较好	一般	较好	一般
	环　境	较好	较好	一般	一般
	公共设施配套完备程度	较完备	较完备	较完备	较完备
	地段等级	三级	三级	三级	四级

续表

项　目		实例 A	实例 B	实例 C	估价对象
个别因素	新旧程度	—	—	—	—
	建筑装修	—	—	—	—
	设施设备	—	—	—	—
	平面布置	—	—	—	—
	建筑结构	—	—	—	—
	工程质量	—	—	—	—
	楼　层	—	—	—	—
	朝　向	—	—	—	—
交易价格		3 100 元/m²	3 100 元/m²	2 760 元/m²	—

表 6　比较因素条件指数表

项　目		实例 A	实例 B	实例 C	估价对象
交易日期		100	100	100	100
交易情况		100	100	100	100
区域因素	繁华程度	100	100	100	100
	交通便捷度	101	100	101	100
	环　境	101	101	100	100
	公共设施配套完备程度	100	100	100	100
	地段等级	101	101	101	100
个别因素	新旧程度	100	100	100	100
	建筑装修	—	—	—	—
	设施设备	—	—	—	—
	平面布置	—	—	—	—
	建筑结构	100	100	100	100
	工程质量	100	100	100	100
	楼　层	—	—	—	—
	朝　向	—	—	—	—

表 7　比较因素修正系数表

（将以上修正后的系数代入公式计算）

项　目	实例 A	实例 B	实例 C	估价对象
交易日期	100/100	100/100	100/100	—
交易情况	100/100	100/100	100/100	—

续表

项 目		实例A	实例B	实例C	估价对象
区域因素	繁华程度	100/100	100/100	100/100	—
	交通便捷度	100/101	100/100	100/101	—
	环 境	100/101	100/101	100/100	—
	公共设施配套完备程度	100/100	100/100	100/100	—
	地段等级	100/101	100/101	100/101	—
个别因素	新旧程度	100/100	100/100	100/100	—
	建筑装修	—	—	—	—
	设施设备	—	—	—	—
	平面布置	—	—	—	—
	建筑结构	100/100	100/100	100/100	—
	工程质量	100/100	100/100	100/100	—
	楼 层	—	—	—	—
	朝 向	—	—	—	—
交易价格		3 100 元/m²	3 100 元/m²	2 760 元/m²	—
比准价格M		3 008.83 元/m²	3 038.92 元/m²	2 705.62 元/m²	2 917.79 元/m²

(2)确定开发周期和投资进度安排

根据委托方拟定的工程进度并结合住宅小区开发规模,假设工程在估价基准日开工,工期为 $n_1 = 2$ 年,管理费、建安费、专业费及相关配套费在建设过程中均匀投入。工程竣工时销售50%, $n_2 = 3$ 年后即可全部售完。

(3)确定开发成本

开发成本是项目开发建设期间所发生的一切费用,包括房屋建造成本、管理费用、投资利息和销售税费。

①房屋建造成本 B。

● 建安费 K

根据江汉市工程造价管理站发布的《江汉地区建筑安装工程2005年四季度造价指数》,结合估价对象具体情况,确定建设该类多层钢混结构房屋建筑安装费为950元/m²(包括土建830元/m²,桩基础60元/m²,消防15元/m²,水电25元/m²,勘察、设计费用20元/m²)。

● 专业费用(见表8)

表8　专业费用表

序 号	项目名称	文件依据	收费标准
1	城市建设工程招(投)标服务费	江价费地字〔1992〕232号	中标价的0.6‰
2	标底审查费	江价费地字〔1992〕232号	中标价的1‰

序　号	项目名称	文件依据	收费标准
3	工程质量监督费	江政〔1997〕20 号	工程造价的 1.8‰
4	安全监督费	江财综发〔1997〕269 号	工程造价的 0.8‰
5	工程预算定额测定费	江政办〔1998〕65 号	工程造价的 0.6‰
6	技术审查费	江价房地字〔2007〕88 号	工程造价的 1.4‰
7	勘探设计费	国家计委计〔2002〕10 号	工程造价的 2.5%
8	工程监理费	国家物价局、建设部〔1992〕价费字 479 号	工程造价的 2%
9	工程预决算编制费	江价房地字〔2001〕51 号	工程造价的 4‰
合　计			工程造价的 5.52%

● 配套费用 H(见表 9)

表 9　配套费用表

序　号	项目名称	文件依据	收费标准
1	城市基础设施配套费	江政〔1997〕20 号	80 元/m^2
2	公共消防设施配套费	江价费字〔1998〕220 号	多层 1.3 元/m^2 高层 5 元/m^2
3	人防易地建设费	江政〔2006〕125 号	7 000 m^2 以下 18 元/m^2 7 000 m^2 以上 24 元/m^2
4	垃圾处理费	江政办〔1997〕65 号	12 元/m^2
5	白蚁防治费	江政办〔1998〕65 号	1.2 元/m^2
6	抗震设防审查费	江价房地字〔1993〕9 号	0.05 元/m^2
7	水电增容		120 元/m^2
8	小区绿化、道路、化粪池、围墙等其他配套设施		105
合　计			347.25

● 管理费用 L

管理费确定为建安费的 3%,则管理费为:$K×3\% = 28.50$(元/m^2)。

②销售税费 C(见表 10)。

表 10　销售税费表

序 号	项目名称	文件依据	收费标准
1	营业税	《中华人民共和国营业税暂行条例》	销售收入的5%
2	城市维护建设税	《中华人民共和国城市维护建设税暂行条例》	营业税的7%
3	教育费附加	江税发〔2001〕21 号	营业税的3%
4	堤防费	江政〔1992〕62 号	营业税的2%
5	地方教育发展费	省政府《关于征收地方教育发展费的通知》	销售收入的1‰
6	平抑副食品价格基金	江政〔1988〕76 号	销售收入的1‰
7	印花税	《中华人民共和国印花税暂行条例》	销售收入的0.3‰
8	销售代理、广告费		销售收入的4%
合　计			销售收入的9.83%

③投资利息 D。利息率取估价基准日同期银行一年期贷款利率5.85%。

(4)利润 E

投资利润率参照江汉市同类房地产开发平均利润率,取20%。

3.评估过程

● 单位面积楼价 A

$A = M \times (1+5.45\%)^{n_1} \times (1+5.85\%)^{-n_1} \times 50\% + M \times (1+5.45\%)^{n_2} \times (1+5.85\%)^{-n_2} \times 50\% = 2\,890.31$（元/m²）

● 房屋建造成本 B

$B = [K \times (1+5.52\%) + H + L] \div (1+5.58\%)^{n_1/2} = 1\,305.35$（元/m²）

● 销售税费 C

$C = A \times 9.83\% = 284.12$（元/m²）

● 利息 D

由于已将各项费用折算到基准日,实际上已考虑了利息因素,故在此不单独计算利息。

● 利润 E

E =（房屋建造成本利润+楼面地价）×利润率

$\quad$ =（$B + P$）×20% = 261.07 + 0.20P（元/m²）

● 楼面地价 P

$P = A - B - C - D - E = 2\,890.31 - 1\,305.35 - 284.12 - 261.07 - 0.20P$

则　$P = 866.48$（元/m²）

● 土地单价

估价对象的土地单价为:$866.48 \times 1.85 = 1\,602.99($元$/m^2)$

(三)土地使用权价格的确定

本次评估中用基准地价法求得的结果为 1 638.6 元$/m^2$,用剩余法求得的结果为 1 602.99 元$/m^2$,由于两种方法的评估结果差异不大,故本次评估取两种方法的算术平均值为最后的估价结果。则

土地单价 $= 1\,638.6 \times 50\% + 1\,602.99 \times 50\% = 1\,620.8($元$/m^2)$

估价对象总地价 $= 1\,620.80 \times 7\,599.14 = 1\,231.67($万元$)$

三、地价的确定

经估价人员实地查勘、资料分析论证和对当地市场的分析,按照地价评估的基本原则和评估程序,运用基准地价系数修正法和剩余法两种估价方法分别对估价对象土地价格进行了测算,经综合分析处理,得到该地块在满足价格定义和估价假设条件下的国有出让土地使用权价格为:

土地总价:1 231.67 万元

人民币(大写):壹仟贰佰叁拾壹万陆仟柒佰元整

土地单价:1 620.8 元$/m^2$

(详见"土地估价结果一览表")

第四部分　附件(略)

案例评析

一、该报告为国有建设用地使用权出让价格评估报告,基本上遵循了土地估价报告的规范格式,具有以下优点:

1.该报告目的明确,遵循土地估价原理、原则,选取的估价方法恰当,技术路线正确。

2.该报告符合土地估价报告的总体要求,全面、公正、客观、准确地记述了估价的过程、结论。

①完整地反映了估价所涉及的事实、推理过程、结论,正文内容和附件资料翔实、齐全,估价结论能被报告使用者理解、接受;

②报告站在中立立场上对影响估价对象的因素进行了客观介绍、分析,结论依据充分;

③文字简洁,概括性较强;

④语言准确、清楚。

3.运用基准地价修正系数法估价的过程、依据比较详细。

4.剩余法中开发完成后的房地产总价值的确定,选择 3 个市场可比实例,采用市场比较法的有关程序和要求确定比较有说服力。

5.剩余法中对专业费、前期费、配套费、销售税费等规费取费确定有依据、标准,并予以说明,显得比较严谨。

二、该报告也有不足之处:

1.剩余法中工期确定理由不充分。

2.地价影响因素中有些数据过时,不合时宜,应该更新。

实训活动

1.收集本市近期国有建设用地招拍挂公告信息,从中选定某宗地作为估价对象,根据发布的公告、红线图、出让合同等资料,参照教材案例,列出选定宗地出让价格评估所需的资料清单。

2.精读教材案例,模仿撰写选定宗地出让价值评估技术报告中的部分内容——估价对象描述(要求:区位、实物、产权表述准确)。

课后训练

1.某房地产开发公司于2022年12月31日以出让方式取得一宗国有土地使用权用于商品房开发,总面积为19 882.4 m²,使用年期为70年,规划建筑容积率为3.225,预计该建设工程需要一年半完成。据调查,与该宗地处于同一供需圈,且区位条件相近的商品房平均销售价格为5 000元/m²。经测算,同类建筑的建筑安装费及专业费为1 800元/m²。在建设期间,建筑安装及专业费前一年投入60%,后半年投入40%,银行贷款年利率为4.90%,开发利润为总售价的15%,销售税费为售价的7.6%。根据以上条件,试分析:

(1)该公司为融资需要将该宗地抵押,以贷款5 000万元,该公司能否如愿(根据有关规定,该公司最高贷款额为标底价值的70%)?

(2)该公司拟将其中部分土地抵押以获取贷款5 000万元,请测算抵押面积至少为多少?

2.某市土地储备中心拟于2022年10月31日出让A宗地的国有土地使用权,委托土地估价机构对其进行评估。A宗地土地面积为3 241.70 m²,规划用途为工业用地,拟出让年期为50年,现已达到"五通一平"的开发程度。

经调查,A宗地周边有3宗条件相似的工业用地,具体情况如下:

B宗地:面积120亩(1亩≈666.667 m²),于2021年4月30日以征地方式取得国有土地使用权,用途为工业,使用年期为50年,当时根据所在区域的市场行情,共支付了84.76万元征地及其相关税费,经开发建设,现已达到"七通一平"的开发程度,共花费土地开发费180万元。经调查,从2021年4月30日—2022年10月31日,征地费用和达到"七通一平"的土地开发费均上涨5%。

C宗地:面积2 950 m²,于2021年10月31日以出让方式取得国有土地使用权,用途为工业,使用年期为50年,宗地已达到"三通一平"的开发程度,按照2022年10月的市场行情,该宗地若出租经营,每年土地净收益可达30万元。

D宗地:占地4 663.87 m²,于2021年10月以国家作价入股方式取得,40年期,"五通一平"的开发程度下作价1 580元/m²。

B,C,D三宗地与A宗地之间除开发程度等差别外,其他因素的差别如表3.4所示。

表中数值表示B,C,D宗地与A宗地的比较,负值表示案例宗地比A宗地对应条件差,正值表示案例宗地比A宗地对应条件较优。

根据当地2022年1月的土地市场状况,从征地到完成"七通一平"的土地开发需要1年时间,土地开发费分季度投入,在每季度内均匀投入,设定土地开发资金的贷款季利率为

1.2%；土地开发的投资回报率为10%，土地增值收益率为8%，土地还原率取6%。

表3.4　B，C，D三宗地与A宗地的差别

宗　　地	交易情况	区域因素	个别因素
B	-3%	-1%	6%
C	0	5%	1%
D	2%	-7%	9%

相对A宗地而言，其50年土地使用权因开发程度不同而有所差异：达到"七通一平"时地价比"五通一平"高100元/m²，达到"五通一平"时地价比"三通一平"高60元/m²。

根据以上条件，试回答：

（1）测算B，C两宗地于2022年10月31日的价格。

（2）以B，C，D作为案例，利用市场比较法测算宗地A于2022年10月31日的价格。

3.某市政府拟于2022年11月30日以出让方式取得一宗地国有土地使用权，规划用途为商业、住宅用地，总面积18 596.18 m²，使用年期为商业40年，住宅70年。该宗地内拟建小高层住宅楼和商铺，商业建筑面积29 605.4 m²，住宅建筑面积36 846.7 m²，预计该建设工程需要2年完成。

经过土地估价师的调查分析，考虑到待估宗地的使用年限，以及拟开发房地产竣工日期，最终确定该不动产在销售期间商业用房平均销售价格为7 050元/m²，住宅用房平均销售价格为3 500元/m²。经测算，同类建筑的建筑安装费及专业费为1 800元/m²，在建筑期间，建筑安装及专业费前一年投入60%，后一年投入40%（均匀投入），银行贷款年利率为4.90%，开发利润为总售价的30%，销售税费为售价的7.58%。该公司为核定资产的需要，委托估价机构评估基准日2022年11月30日土地资产价格。

根据以上条件，计算该宗地的总价格。

4.现在一宗占地面积为8 000 m²的城镇建设用地，使用者先以行政划拨方式取得，后于2017年7月28日通过补办出让手续取得该宗地50年期的土地使用权，同时建成一座总建筑面积为30 000 m²的商用楼，现全部用于出租。2022年7月28日进行的市场调查情况如下：

（1）在当地，规模档次相同的商用楼，按建筑面积的平均年租金为620元/(m²·年)，月均费用（按可出租面积计）为20元/m²，可出租面积占建筑面积的90%，空租率为0。此外出租时可收取一个月的租金作为押金，押金收益率为4%。

（2）该商用楼的使用年期为50年，残值率为0，建筑物重置价为3 200元/m²。

（3）土地还原利率为6%，建筑物还原利率为8%。

根据以上条件，评估该宗地于2022年7月28日的市场价。

学习情境 4
房地产综合体转让评估

【知识目标】

掌握房地产所有权转让评估的定义、特点和相关法律法规。

【能力目标】

能正确选用估价方法进行房地产转让估算和判断，并撰写合格的房地产转让估价报告。

任务 4.1　认识房地产转让价格评估

任务导入

近年来以房地产作价入股、与他人成立企业法人的案例逐渐增多，小明希望了解房地产作价入股价值如何评估。

相关知识

1）房地产转让价格评估

房地产转让价格评估是依据相关法律法规，结合不同的估价对象的特点和估价目的，选取适宜的估价方法，确定其公开市场价值，为委托人提供价值参考。

2）房地产转让价格评估的相关法律法规

《中华人民共和国城市房地产管理法》第三十七条规定："房地产转让，是指房地产权利人通过买卖、赠与或者其他合法方式将其房地产转移给他人的行为。"《城市房地产转让管理规定》对此概念中的其他合法方式作了进一步细化，规定其他合法方式主要包括下列行为：

①以房地产作价入股、与他人成立企业法人，房地产权属发生变更的；

②一方提供土地使用权，另一方或者多方提供资金，合资、合作开发经营房地产，而使房地产权属发生变更的；

③因企业被收购、兼并或合并，房地产权属随之转移的；

④以房地产抵债的；

⑤法律、法规规定的其他情形。

3）房地产转让价格评估的特点

房地产转让估价具有以下方面的特点：

①从估价时点上看，房地产转让估价多数是在转让前进行，估价时点则在估价作业日期之后。

②从委托人和评估主体上讲，房地产转让估价可以委托社会上任何一家值得委托人信任的估价机构评估，委托人既可能是买方和卖方单独委托，也可能是买卖双方共同委托，这是一种自愿行为。

③从估价目的和要求上讲，房地产转让评估只是为了了解、掌握房地产交易行情而进行的评估，其目的只是在进行房地产交易时有一个参考价格，它带有一种咨询性，如买方需要了解购买一宗房地产时可能实现的最低价格，而卖方则需要了解出售房地产时可能实现的最高价格。作为估价机构，对该宗房地产进行评估时，其估价结果可能是有一定摆动幅度的价格区间，估价人员只对估价信息和结论符合估价技术规范和职业规范负责，而对房地产转让定价决策不负直接责任。

4）估价方法在房地产转让价格评估中的技术要求

房地产转让价格评估，宜采用比较法和收益法，也可采用成本法，其中待开发房地产的转让价格评估应采用假设开发法。

（1）比较法

《房地产估价规范》（GB/T 50291—2015）第4.1.2条规定，估价对象的同类房地产有较多交易的，应选用比较法。

①在综合分析当地房地产市场历年交易实例的基础上，优先选用正常市场环境下的实际交易实例。

②各比较实例修正后的比准价格相差不能超过40%，即

$$\frac{高比准价格-低比准价格}{低比准价格}\leqslant 40\%$$

对超过40%的，应另选实例予以替换。实例不足无法替换的，应对各实例进行可比性分析，并作为确定取值权重考虑因素之一。

③各比较实例的修正幅度不能超过30%，即

$$\frac{实例修正后的比准价格-实例价格}{实例价格}\leqslant 30\%$$

（2）收益法

①确定房地产收益，应通过调查市场实例进行比较后得出，符合当前市场的正常客观收益水平，并假设该收益水平在房地产剩余经济寿命内保持稳定。

②确定各项费用时，应采用当前市场的客观费用。

③确定还原利率时应详细说明确定的方法和依据，应充分考虑投资年期与收益风险之间的关系。

（3）成本法

①土地取得成本及土地开发成本的计算见学习情境9。

②建筑物的重置价格或重建价格,应是重新取得或重新开发、重新建造全新状态的估价对象所需的各项必要成本费用和应纳税金、正常开发利润之和,建筑物的重置价格或重建价格可采用成本法、比较法求取,或通过政府确定公布的房屋重置价格扣除土地价格后的比较修正来求取,也可按工程造价估算的方法具体计算。

③同一宗房地产,重置价格或重建价格在采取土地与建筑物分别估算、加总时,必须注意成本构成划分和相互衔接,防止漏项或重复计算。

④在计算建筑物的折旧时,无论采用哪种折旧方法求取建筑物现值,估价人员都应亲临估价对象现场,观察、鉴定建筑物的实际新旧程度,根据建筑物的建成时间,维护、保养、使用情况,以及地基的稳定性等,最后确定应扣除的折旧额或成新率。

⑤新建房地产在用成本法估价时,一般不应扣除折旧,但应考虑其工程质量和周围环境等因素给予适当修正。

（4）假设开发法

①在假设项目开发情况时,按规划建设条件评估。容积率、绿化率等规划建设指标是区间值的,在区间上限、下限值中按最有效利用原则择一进行评估。

②假设的项目开发周期一般不超过3年。

③对于开发完成后拟用于出售的项目,售价取值为出让时当地市场同类不动产正常价格水平,不能采用估算的未来售价。

④开发完成后用于出租或自营的项目,按照前述收益还原法的有关技术要求评估。

⑤利润率宜采用同一市场上类似不动产开发项目的平均利润率。利润率的取值应有客观、明确的依据,能够反映当地不动产开发行业平均利润水平。

任务4.2 制订房地产转让价格评估作业方案

任务导入

2013年11月26日,××公司代表曾女士拟委托估价公司对其公司拥有的一栋4层综合楼的转让价格进行评估。该估价对象建筑面积1 362.36 m²,占地面积656.83 m²。一、二层原用途主要为酒店和夜总会经营,三层北半部为夜总会舞厅经营,现已停业。三层南半部和四层为办公用房。综合楼为框架结构,中档次酒店类型的内外装饰,位置临街,处于某市中心城区河东区范围。业务员小覃接待了曾女士(见图4.1),经过沟通后,曾女士填写了房地产估价委托书(见图4.2),委托××房地产估价咨询有限公司评估其转让价格。××房地产估价咨询有限公司分派房地产估价师刘××、估价员李××具体负责该业务。

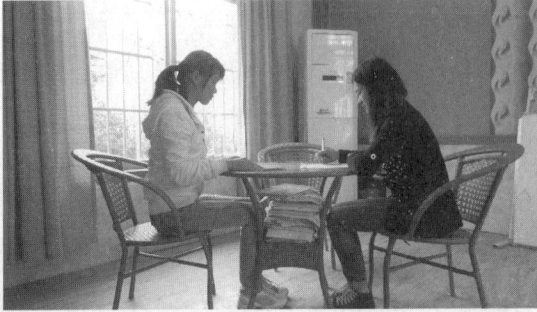

图 4.1　业务员接受估价业务

房地产评估委托书

委托人（单位）	广西XX投资有限公司　（以下简称甲方） 领勘人：曾XX　电话：139XXXXXXXX	
受托单位	XX市XX房地产评估有限公司（以下简称乙方） 业务电话：XXX	
委估物业	产权人：广西XX投资有限公司	
	房屋坐落：XX市河东区桂中大道XX号	
	评估范围：1√按权属证件载明的范围 2.	
	房产证号：柳房权证字第XXX号	土地证号柳国用（2009）第XXX号
评估目的	1、抵押贷款　2、公积金贷款　3、司法、纠纷　4、转让	
主要事项	1√甲方自愿委托乙方对上述物业按上述项目进行房地产价格评估，并有义务支付评估费用（评估费收取按有关规定执行且甲方已经清楚知道）； 2√乙方有义务客观、公正、科学、合理地对委托业务进行评估； 3√房产证、土地证、身份证等评估相关材料及领勘地点的真实性由甲方负责； 4√甲方自愿交付评估押金，领取评估报告时退还，自评估报告完成之日起半年内，甲方未付款领取的，评估押金由乙方处理。	
说明	有选项的内容请打"√"选择	

委托人（单位）：广西XX投资公司

2013年1.7月26日

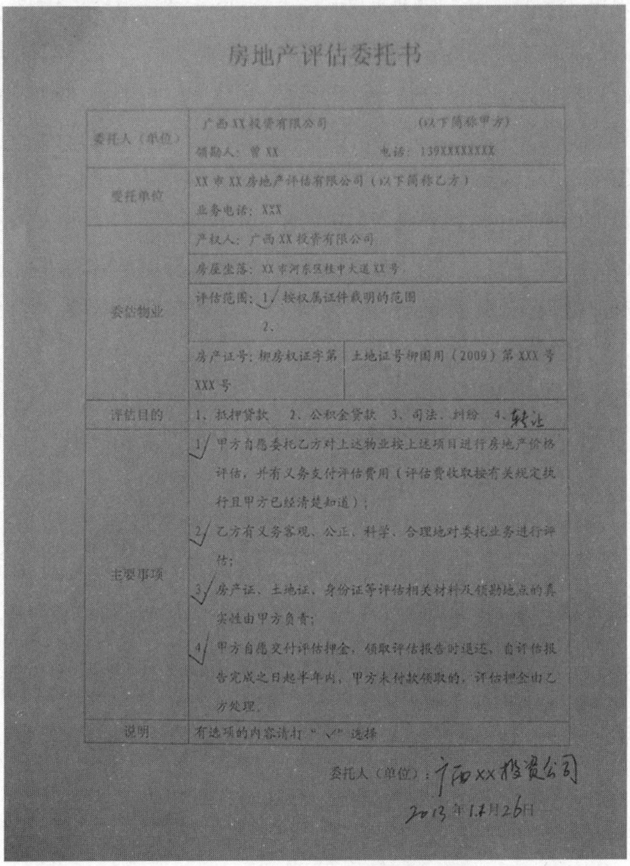

图 4.2　签订估价委托书

相关知识

4.2.1　分析明确房地产估价的基本事项

1）明确本任务的估价目的

本任务是由××公司委托，对其拥有的综合楼的转让价格进行评估，因此按估价规范规定，本任务的估价目的应描述为为房地产进行市场转让提供价值依据。

2）明确本任务的估价时点

本估价对象接受委托时间为 2013 年 11 月 26 日。经与该公司沟通,其预期的转让时间为 2013 年 12 月 12 日。本任务的估价时点定在 2013 年 11 月 27 日。

3）明确估价对象

（1）估价对象的实体状况

本项目为框架结构,按综合营业楼设计,外形设计比较新颖,一层正面为全玻璃门窗,二至四层正面与西面为玻璃幕墙与石材相间。一层一部分为××银行租用,浅色抛光砖,墙面白色乳胶漆,白色喷漆立体吊顶。其余部分做酒店大堂,装修档次比较高,艺术吊顶,装有豪华装饰灯,大厅内柱、隔断、楼梯扶手、吧台均为不锈钢或金箔板装饰;内墙、楼梯踏步为大理石贴面,一层地面及二层走廊地面为花岗岩。二层有雅座 9 间,均为木质艺术装饰,磨光地面砖,其中两大间为 KTV 房间。三层舞厅装饰豪华,灯光、音响及包厢均高档。四层至顶层为办公用房,抛光砖地面、夹板门、塑钢窗,水、电、空调配套齐全。经营效益比较好。

（2）估价对象的地理区位状况

依据××市《河东北片区控制性详细规划》,河东北片区的定位是:××市高新技术开发区的研发基地,××市文化教育和体育活动中心,是配套设施完善、居住条件优越、山水景观独特的综合城区。房地产发展与城市发展息息相关,××市"重点向东"发展的总体方针不变,河东板块依然是未来几年内发展的热上。

（3）估价对象的交通区位状况

本项目所处××市河东区桂中大道东侧,系河东区中心地段范围,交通便利,周围商业环境较好,如图 4.3 所示。估价对象具体位于河东区桂中大道中段,门牌号为××号,西邻桂中大道,东邻东环大道,南邻体育路,交通非常方便。周边往南 200 m 即至该市第二大商务区,周边项目多为高档社区。该房地产位置优越,特别是随着该市第二大商圈的逐步成熟,该区域将成为本城区繁华的商业经营的黄金地段。

图 4.3　交通区位图

（4）估价对象的经济区位状况

××市河东区是该市发展中的大型商务办公金融中心,发展潜力不可估量。周边有银行、高级商务办公、酒店阳光100、王座、居上V8、潭中金融一条街、华信国际、华锡大厦等商业综合体,是发展中的大型商务办公金融中心区。××市"重点向东"的规划和人口迁移将为本区域的发展提供良好的客户资源。

(5)本任务产权状况

本次估价对象是位于河东区桂中大道中段的某综合营业楼,其产权证的登记状况如下:产权证的登记权利人为××投资公司。房屋所有权证编号为×房权证字第××号,登记建筑面积为2 972.72 m²,房屋结构为框架结构,房屋总层数为33层,估价对象为其中的裙楼部分,共4层,建筑面积1 362.36 m²,占地面积656.83 m²。尚未办理国有土地使用证。

(6)本项目的估价条件

经与委托公司沟通,本次估价条件是独立估价。

4)明确估价日期

经与委托公司沟通,该公司要求的估价报告交付日期为2013年12月6日,结合房地产估价咨询有限公司人员安排,最后估价的作业日期确定为2013年11月27日—2013年12月6日。

4.2.2 制订估价作业方案的步骤

(1)确定拟采用的估价技术路线,初步选择适用于估价对象的估价方法

从理论上讲,本估价对象适合采用市场比较法、收益法和成本法,但通过认真分析每种估价方法的适用性,房地产估价师刘××最终确定采用市场比较法和成本法进行本次估价,以市场比较法为主、成本法为辅。原因如下:

①本区域为商业成熟区域,商业房地产交易案例较多,从估价目的考虑,决定以市场比较法为主。

②该综合楼是经营性商业房地产,收益中包含商业利润,较难精确分离,且该综合体经营类型较多,对未来预期收益的估算较难,因此收益法不太合适。

③如果说单套房屋的评估因为考虑到在分摊整个项目基础设施、配套设施方面的计算过于复杂而放弃的话,本估价对象是整体转让,不存在这个难题。并且从房地产转让双方的角度考虑,了解该房地产的成本价也符合双方的想法。

(2)拟调查搜集的资料及其来源渠道

房地产估价师刘××、估价员李××在确定了估价方法的基础上,罗列了具体要搜集的资料及搜集渠道,详见任务4.3。

(3)人员安排

本估价对象为商业综合体,相对于单纯的土地或住宅估价有一定难度,因此××房地产估价咨询有限公司派出刘××(估价师)和李××(估价员)完成本次估价任务。

(4)估价作业步骤和时间进度安排

主要是对后续各项工作做出具体安排,包括对作业内容、作业人员、时间进度、所需经费

等的安排,以便控制进度及协调合作,通常最好附以流程图、进度表等,特别是对于那些大型、复杂的估价项目。

【实践操作】

估价人员刘××、李××根据委托方提供的《关于委托咨询房地产转让价格的函》、估价对象区域状况以及对市场状况掌握的资料,制订以下估价作业方案,见表4.1。

表4.1 估价作业方案表

时 间	工作内容	人 员
2013.11.27	初步选定市场比较法、成本法进行估价,签订委托协议	刘××
2013.11.28	搜集所需背景资料,委托方提供相关资料	李××
2013.11.30	现场调查、拍照	刘××、李××
2013.12.1—12.4	撰写估价报告	李××
2013.12.07	审核报告,与委托方沟通	刘××
2014.1.6	出具估价报告,收费,资料归档	李××

任务4.3 分析估价所需的资料内容和收集方法

4.3.1 分析本估价任务所需资料内容

估价所需要的资料分为一般性资料和特定资料。一般性资料包括对房地产价格有普遍影响的一般资料和对估价对象所在区域房价有影响的区域资料。特定资料包括反映估价对象状况的资料和相关实例资料。以上资料一般通过政府网站、土地储备中心网站、房地产相关网站(搜房网、房产街等)进行搜集。

1)一般性资料

(1)搜集相关法律法规政策信息

房地产估价应遵守国家相关政策、法律法规及部门规章制度、条例的规定,关于这部分的资料平时就应注意搜集。

(2)对房地产价格有普遍影响的一般资料(与估价报告中的一般因素相对应)

①本市的社会、经济、政府和环境等因素的各种信息,主要指待估对象所在城镇的税收、产业政策及自然条件、经济发展等宏观环境方面的资料。

②城市基础设施状况。

③房地产制度(含土地制度、住房制度、地价政策等)与房地产市场状况、产业政策(含税收政策等)。

④城市规划与发展目标、城市社会经济发展状况(包括城市经济布局、发展水平、综合实力、社会储蓄与投资、物价变动等内容)等资料。

(3)对估价对象所在区域房价有影响的区域资料(与估价报告中的区域因素相对应)

收集待估对象所在城镇内部区域条件对房价影响的资料,包括:区域概况,包含区域位置、人口、级别、经济发展、区域优势等;交通条件,包含区域内公共交通状况、对外交通条件等;基础设施条件,指区域内供水、排水、供电、通信、通暖、通气及学校、医院等配套设施的完善程度;环境条件,包含区域人文环境和自然环境;产业集聚状况;规划限制等。

2)特定资料

(1)反映估价对象状况的资料

①权属资料及其内容。主要是产权登记资料,包括土地使用证、房屋所有权证和房屋管理部门的房屋登记卡、表、图、册等。

②建筑物平面图的基本要素。从平面图中估价师可以了解地上建筑物形状、户型布局、面积分布等信息。

(2)相关实例资料

交易实例收集的内容主要包括交易面积,交易时间,坐落位置,周围繁华程度,周围交通状况,周围人流量、车流量,室内装修,室内设备设施利用状况。

3)其他辅助资料

其他辅助资料的内容包括:

①本市房地产价格历史资料;

②有关经济指数及建筑材料价格变动指数;

③有关开发和经营的政策法规、条例、规定;

④有关房地产的税收种类、税率等;

⑤城镇规划等有关资料;

⑥企业法人营业执照副本原件及复印件。

估价所需资料
的收集

4.3.2　收集所需资料的渠道和方法

【实践操作】

估价员李××根据委托方提供的估价对象的基本资料和初步选定的估价方法,按如下步骤收集所需背景资料。

一、收集一般资料

操作方法:通过登录××市政府网站、房产街、搜房网、国土资源局网站得到如下资料。

1.收集相关法律法规政策及估价规范信息

(1)相关法律法规政策及部门规章制度

①《中华人民共和国宪法》(2004年3月14日第十届全国人民代表大会第二次会议通过的《中华人民共和国宪法修正案》修正)。

②《中华人民共和国民法通则》(中华人民共和国主席令第 37 号,1986 年 4 月 12 日第六届全国人民代表大会第四次会议通过)。

③《中华人民共和国物权法》(中华人民共和国主席令第 62 号,2007 年 3 月 16 日第十届全国人民代表大会第五次会议通过)。

④《中华人民共和国城市房地产管理法》(中华人民共和国主席令第 72 号,根据 2009 年 8 月 27 日第十一届全国人民代表大会常务委员会第十次会议《关于修改部分法律的决定》第二次修正)。

⑤《中华人民共和国土地管理法》(中华人民共和国主席令第 28 号,2004 年 8 月 28 日第十届全国人民代表大会常务委员会第十一次会议修正)。

⑥《中华人民共和国土地管理法实施条例》(中华人民共和国国务院令第 256 号,根据 2011 年 1 月 8 日《国务院关于废止和修改部分行政法规的决定》修订)。

⑦《中华人民共和国城乡规划法》(中华人民共和国主席令第 74 号,2007 年 10 月 28 日第十届全国人民代表大会常务委员会第三十次会议通过)。

⑧《中华人民共和国房产税暂行条例》(国发〔1986〕90 号,2011 年 1 月 8 日根据《国务院关于废止和修改部分行政法规的决定》修订)。

⑨《中华人民共和国城镇土地使用税暂行条例》(中华人民共和国国务院令第 17 号,2013 年 12 月 4 日根据《国务院关于修改部分行政法规的决定》第三次修订)。

⑩《住宅室内装饰装修管理办法》(中华人民共和国建设部令第 110 号)。

(2)收集相关技术依据资料

①《房地产估价规范》(GB/T 50291—1999)。

②房地产估价报告评审标准(试行)。

2.对房地产价格有普遍影响的一般资料(与估价报告中的一般因素相对应)

(1)××市宏观因素的信息

××市的社会、经济、政治和环境等因素的各种信息,主要指待估对象所在城镇的税收、产业政策及自然条件、经济发展等宏观环境方面的资料。

①地理位置、行政区域和人口。××市地处广西中部偏东北,柳江中游,地处北纬 23°54′~24°50′,东经 108°50′~109°44′。市辖城中区、柳北区、柳南区、鱼峰区 4 个区和柳江、柳城、三江、融安、融水、鹿寨 6 个县。全市面积 5 307.25 km²,其中市区面积 650.39 km²。东与桂林市的龙胜、永福和荔浦为邻,西接河池市的环江毛南族自治县、罗城仫佬族自治县和宜州市,南界新设立的来宾市金秀瑶族自治县、象州县、兴宾区和忻城县,北部和西北部分别与湖南省通道侗族自治县,贵州省黎平县、从江县相毗邻。

②交通状况。××市是中南、西南地区的铁路枢纽,湘桂、黔桂、枝柳等铁路干线交汇于此,可直达北京、上海、西安、广州、武昌、郑州等全国各主要大中城市以及广东湛江和广西区内的北海、防城等天然优良港口。国道 209,322,323 穿行而过,连接湖南、广东、云南、贵州等省。已建成通车的桂海高速公路,是××市与桂林市和南宁市以及广西北海市连接的重要通道,成为纵贯广西和中南地区的交通大动脉,以及西南地区出海通道的重要干线。××市是国家一级口

岸,××港可直通广州、香港地区和澳门地区,港内建有××港鹧鸪江作业区,年吞吐量250万t;××白莲机场距离市区13 km,可全天候起降除747以外的各类客机,目前已开通××至北京、上海、广州、汕头等国内大中城市的航空线路。

③社会经济状况。2012年,经济社会发展全面完成各项指标:地区生产总值1 846亿元,按可比价格计算,比上年增长11.7%。其中,第一产业增加值144.67亿元,增长6.3%;第二产业增加值1 199.05亿元,增长12.6%,其中工业增加值1 107.40亿元,增长12.6%;第三产业增加值502.28亿元,增长11.1%。按常住人口计算,人均地区生产总值48 462元。全年居民消费价格比上年上涨4.0%。全年财政收入260.18亿元,比上年增长13.32%,其中一般预算收入113.55亿元,增长26.94%,各项税收收入80.16亿元,增长23.81%。一般预算支出220.48亿元,增长19.66%。2012年全社会固定资产投资1 683.13亿元,比上年增长28.9 %。其中,城镇固定资产投资1 615.22亿元,增长29.1%;农村固定资产投资133.16亿元,增长23.2%。在城镇固定资产投资中,基本建设投资538.49亿元,增长25.3%;更新改造投资761.37亿元,增长40.6%,其中工业更新改造投资586.7亿元,增长39.4%;房地产开发投资230.27亿元,增长15.6%。全年商品住宅投资108.93亿元,比上年增长2.1%。商品房施工面积1 796.71万m²,增长5.8%,其中住宅1 359.16万m²,增长5.5%。商品房竣工面积237.92万m²,下降28.4%,其中住宅191.92万m²,下降28.5%。商品房销售面积349.45万m²,增长9.4%,其中住宅322.23万m²,增长6%。商品房销售额165.75亿元,增长24.4%,其中住宅138.33亿元,增长15.9%。

全年各类保障性住房投资43.23亿元,增长83.57%;保障性住房施工面积444.77万m²,下降72.12%;保障性住房竣工面积59.76万m²,增长27.8%;保障性住房竣工7 576套,增长13.4%。

2013年××市经济社会发展的主要预期目标是:地区生产总值增长10%以上;工业总产值增长15%以上;全社会固定资产投资增长10%以上;财政收入增长8%以上;××市城镇居民的人均可支配收入逐年增长,在广西稳居前两位,说明××市市民的购买力相对较强。这是房地产快速发展的有利保障。

(2)城市基础设施状况

2013年,××市将进一步完善城市功能,加强城市基础设施建设。城市快速公交系统(BRT)一号线、209国道沙塘至沙埔道路改造,柳江绕城线(××市西南快速出口通道)、雒容至东泉公路工程、××至肇庆铁路(广西段)火车站扩建工程、××—江口—导江公路、××至江口二级公路、209国道融安绕城公路、322国道柳江绕城道路改造或建设及西堤路壶西大桥至白露大桥段道路工程、五岔路口改造工程、文昌路东环路交叉口下穿通道工程建设正在抓紧施工,无疑会很好地改善城市道路交通通行能力及增强周边地区的客源导入能力。

同时启动会展中心二期、新区文化广场、华侨城文化综合体项目建设,开发新区中央休闲板块。全力推进城中区静兰片区改造,加快打造城市东大门的门户景观。同时,深入推进城乡统筹发展新格局战略,围绕打造"一小时经济圈""两小时经济带",将融安、鹿寨县布局成××市的次中心和逐步推进××县撤县建区,把××城市框架进一步拉大。再加上"柳来河一体化"战略的实施,也将有利于××城镇化发展推进。

（3）房地产制度与房地产市场状况（含土地制度、住房制度、地价政策等）及产业政策（含税收政策等）

2010年以来，住宅市场被限购、限贷和限价等"大山"压得难以喘息。2013年两会后，中央再次表明继续调控的基调，住宅投资的获利空间已被严控。而楼市调控犹如跷跷板，压下了住宅一头，却抬起了商业地产投资的另一头。

2012年下半年以来，××市商业项目如盛丰国际、文轩大厦、九洲国际和双渔汇等陆续推出，特别是今年一季度，随着九洲国际、双渔汇相继推出，××市商业地产市场投资物业形式愈发丰富，商铺、精品酒店和写字楼等投资品广受关注。而××市地王国际财富中心、正菱大厦、秀品天地、窑埠古镇、碧园CBD、中房·文化产业大厦等在建或即将建设的项目出现在人们面前，蓄势待发的商业地产，让投资者对××市商业地产的未来信心满满。

2013年1—4月投资继续较快增长，房地产开发投资53.7亿元，同比增长16.9%，其中商品住宅投资增长42.7%。土地购置面积成倍增长。本年购置土地面积21.02万 m^2，同比增长1.21倍。房地产资金充裕。本年资金来源合计186.39亿元，同比增长47.8%，其中本年资金来源合计111.66亿元，增长73.3%。

从以上分析可以看出，××市在2013持续加大对市政基础设施的建设投入，改善了××市投资环境及市容市貌，提高了××市的知名度，促进了××市经济的全面和高速发展，××市商业地产仍处在起步阶段，发展潜力还很大。

（4）城市规划与发展目标、城市社会经济发展状况（包括城市经济布局、发展水平、综合实力、社会储蓄与投资、物价变动等内容）等资料

"十八大"报告和中央经济工作会议强调，城镇化是扩大内需的最大潜力所在，是促进经济增长的新引擎。未来，城镇化和市民化齐头并进，会形成巨大的内部需求，同时也将推动房地产行业的迅猛增长。按照广西壮族自治区工业化城镇化的部署及建设"五美五好"××行动纲要内容显示，至2015年，××市超大城市建成区面积将达230 km^2、常住人口达到230万人，城镇化率要达到58%，2015年××市要在广西率先全面建成小康社会；至2020年，××市超大城市建成区面积将达300 km^2、常住人口达到300万人。这些规划的逐步实施无不在提醒××市房地产市场——东风已到。××楼市势必会随着规划蓝图，随着新一轮城镇化被一次次提上日程，而迎来一个又一个新的发展契机！深入推进城乡统筹发展新格局战略，围绕打造"一小时经济圈""两小时经济带"，将融安县布局成××市的次中心和逐步推进××县撤县建区，把××城市框架进一步拉大。2013年对旧机场片区、柳东水厂片区、西鹅北片区以及双冲桥东片等片区的新规划进行评审，未来这些片区功能更加完善，居民居住起来更加舒适。

3.对估价对象所在区域房价有影响的区域资料（与估价报告中的区域因素相对应）

根据××市远期规划，××市将形成以三门江森林公园为绿心，主城和官塘新城为一体的"一心二城"城市新格局。"重点向东"是本市的发展战略，而估价对象所在的河东片区更是被定位为××市的行政中心、金融商贸中心、产业服务中心、文化中心、体育中心、休闲旅游观光区和环境示范区。

河东片区面积约75.5 km^2，目前居住人口约10万人。河东片区新建和在建的房地产项

目有30多个,随着这些在建楼盘的相继落成并投入使用,未来5年河东片区的人口预计超过20万人。该区域正在成为金融科研中心和高新产业与现代居住集聚地。周边生活配套齐全,拥有景行小学、十二中、××高中等名校。全市最大、最好的医院也在这个片区。

河东拥有着全城最为通达的交通路网。桂中大道、文昌路、桂柳路、学院路等多条交通要道,多为六车道,宽敞通达的道路使得整个河东区域的交通畅通无阻。通达的交通路网拉近了区域与市中心的距离,迅速加快了区域的发展,也使得居住在此的市民的生活更为便捷。

目前××市已初步形成"1+6"的商业形态布局;各区域商圈各有特色,河东区是发展中的大型商务办公金融中心,发展潜力不可估量。办公公寓投资建设较活跃,供应量充足,租售状况较好;集中商业以阳光100为主,但目前商业氛围尚未形成;酒店市场以丽笙酒店为主要代表,竞争不算激烈;阳光100商圈商业氛围正在逐渐形成,目前商家入驻或确定入驻已经过半;各大写字楼办公公寓租售状况良好,供需两旺;桂中大道东侧已经入驻并在经营。

房地产发展与城市发展息息相关,××市"重点向东"的发展方向未变,河东板块依然是未来几年内发展的热土。

二、搜集特殊资料

1.搜集委托方提供资料

操作方法:请委托方提供如下资料,主要是产权登记页的相关资料。

①房地产估价委托书(原件);

②房屋所有权证(复印件);

③国有土地使用证(复印件);

④有关建筑面积的评估说明(复印件);

⑤委托方企业营业执照或组织机构代码证(复印件);

⑥委托方身份证(委托方为个人的)(复印件)。

(以上复印件为一式4份)

本估价对象因尚未办理国有土地使用证,因此只收集到了房屋所有权证的原件及复印件(见图4.4)。

 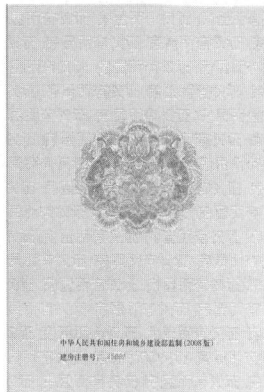 

　　房产证封面　　　　　　　　房产证扉页　　　　　　　登记机构盖章

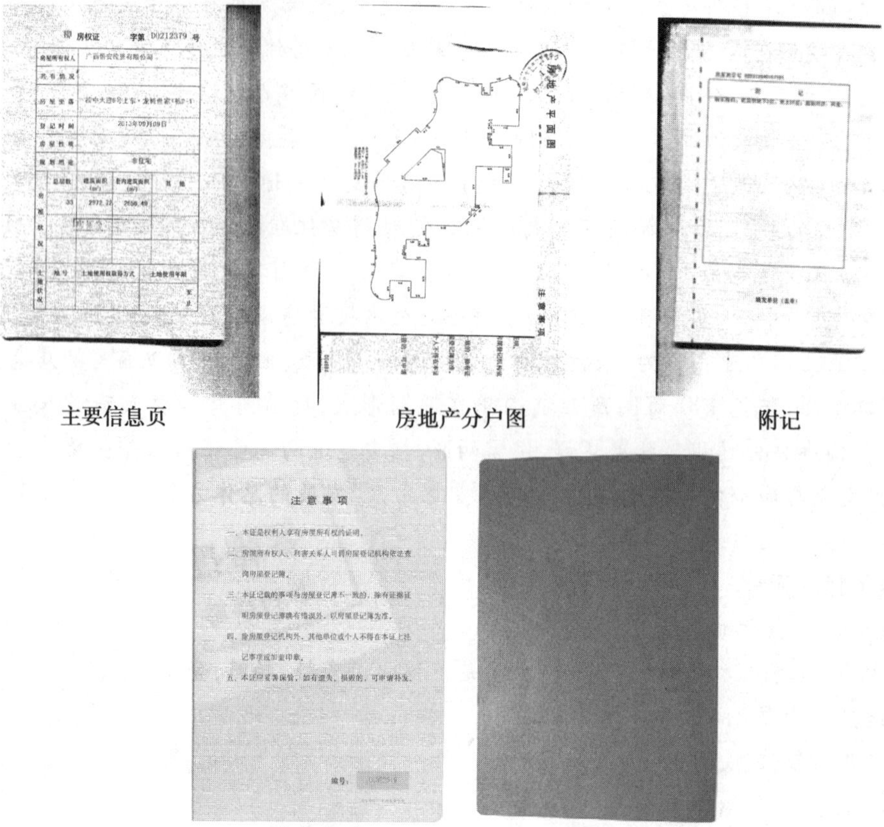

| 主要信息页 | 房地产分户图 | 附记 |

注意事项　　　　　　　封底

图4.4　房屋所有权证照片样图

2.搜集交易实例信息

本估价对象采用市场比较法进行评估,需要搜集大量的交易实例的信息。主要从以下3个方面搜集市场信息。

(1)房地产专业门户网站

①搜房网;

②安居客;

③房价网;

④房王网;

⑤广西房产街;

⑥××房产街。

(2)房地产行政管理部门网站

①国土资源和房屋管理局网站:在这两个网站上查询近期成交走势,以及估价对象周边新开发楼盘销售情况。

②规划局网站:了解估价对象所在区域或板块的控制性规划。

（3）估价机构自建数据库查询

在估价机构自建数据库内查询一年内完成的同一个片区的商业综合体的评估报告,看报告中收集的可比实例是否可用。

操作方法:在××房产街页面上找到楼市地图按钮,单击进入,根据估价对象的地址找到其在××市楼盘地图上的位置,查看周边房地产项目。从楼市地图上可以看到估价对象周边最近的商业综合体项目有中房世纪广场、荣和项目。在网页搜索栏依次输入上述楼盘名字得到如下两条信息:

扩大搜索范围,在网页搜索栏选择估价对象所处的河东区,搜索后得到如下 7 条信息。通过与估价对象的建筑结构、规模、档次等方面进行对比,选出中房世纪广场、万和·新希望、恒隆会 3 个可比实例,并做好 3 个可比实例属性数据和价格数据的记录。对信息准确性有疑问的,可以电话联系开发商的售楼处或者放盘的中介。

把搜集的交易实例进行筛选得到如下 3 个可比实例的资料,如表 4.2 所示。

表4.2 3个可比实例的资料

实例代号	实例A(居上广场)	实例B(万和新希望)	实例C(中方世纪广场)
坐落位置	桂中大道中段	桂中大道中段	桂中大道南段
用 途	营业	商住房	商住房
建筑面积	2 080 m²	190 m²	110 m²
成交单价	16 000 元/m²	6 900 元/m²	9 100 元/m²
交易日期	2013 年 1 月	2012 年 6 月	2012 年 5 月
交易类型	市场转让	政府收购	市场转让
竣工时间	2010 年	2009 年	2009 年
建筑结构	混合	混合	混合
层 数	三层	二层	二层

4.3.3 通过实地查勘搜集资料

1)设计实地查勘表

估价人员刘××、李××实地查勘出发前,设计了一份适合该估价对象的收集资料清单、估价对象具体情况申报表和实地查勘表。

①收集资料清单,如表4.3所示。

②估价对象具体情况申报表,如表4.4所示。

③实地查勘表,如表4.5所示。

表4.3 收集资料清单

资料清单	
A 周边环境影像资料	D 估价对象外立面照片
B 估价对象形象图	E 各层内部装修影像资料
C 实地查勘表4份(估价对象1份,3个可比实例各1份)	F 估价对象具体情况申报表

表4.4 估价对象具体情况申报表

建筑结构		框架 砖混 砖木	建筑朝向	东西 南北	所在层数/房屋总层数	
竣工时间			最近翻新时间		最近装修时间	
装修情况	外墙	马赛克、条形砖、批灰、霹立砖、干粘米石、清水墙、仿石纹墙砖、外墙涂料				
	内墙	刮泥子、喷塑、贴墙纸、批灰、乳胶漆、木墙裙、瓷砖墙裙、墙布、墙毯、石头漆				
	顶棚	拼花木吊顶、石膏假吊、刮泥子、披灰、铝扣板吊顶、塑扣板吊顶、轻钢龙骨复合板吊顶				
	地面	(普通、高级)地板砖、水泥地面、木地板、耐磨砖、玻化砖、水磨石、釉面砖、油漆、花岗岩、抛光砖				

装修情况	门窗	木门窗、(一般、高级)防盗门、(一般、不锈钢)防盗网、铝合金推拉窗、夹板门、包门窗、塑钢窗	
	厨卫	防滑地砖、地板砖、马赛克地面、水磨石地面、塑扣板吊顶、铝扣板吊顶、石膏板吊顶、(花、白)瓷砖(墙裙、到顶)	
	其他		申报人： 　　　　年　　月　　日
请委托方如实填写,若因委托书提供资料有误而导致结果失实,责任不在估价方			

表 4.5　实地查勘表

估价对象实地查勘表							
查勘时间			查勘人				
建筑结构	钢结构、砖混、砖木、钢混			朝　　向	南北、东西	层次/层数	
建成年代		成新率		装修时间		户　型	房 厅 厨 卫 阳
一　　梯	户	电梯配置		车　库		杂物房	
目前普通住宅常用到装修材料	外墙:马赛克、条形砖、干粘米石、石灰水刷白、涂料 地面:普通地砖、耐磨地砖、抛光砖、防滑地砖、大理石、花岗岩、木地板、水磨石、水泥地面 墙面:木质墙裙、瓷砖墙裙、瓷砖至顶、刮泥子、刮泥子并刷乳胶漆 顶棚:木质吊顶、石膏吊顶、石膏线走边、木线条走边、艺术吊顶、泥子、刮泥子并刷乳胶漆 室内门:木门、夹板门、实木门、包窗框、包门框 窗:木窗、铝合金推拉窗、塑钢窗、铁窗 入户门:防盗门、木门、铁门 楼梯:木楼梯、铁艺楼梯、不锈钢栏杆、扶手						
普通住宅	小区状况:小区规模、物业管理、绿化、环境等 区域状况:超市、学校、市场、公交线路、医院、银行网点、临路状况等						
别　　墅	人文环境、建筑密度与间距、容积率、绿化率、景观、花园的面积						
工业厂房	层高、跨度、墙厚、结构、是否有牛腿柱、吊车梁、交通状况(是否可以进货车、对外交通便捷程度)、基础设施状况(距货物集散地距离、道路档次)、环境状况(污染排放状况、距危险设施或污染源状况)、产业集聚状况						
商　　铺	临街宽度、进深、客流数量与质量、交通状况(道路状况、交通便捷度)、繁华程度(距商业中心距离、商务设施的种类规模与集聚度、经营类别与规模)						
写字楼	建筑物形象、交通便捷度(公共交通、对外交通)、商务设施、种类规模与集聚度、基础设施与公用设施、物业管理、附属设施、设备、进驻企业						
估价对象							

2）实地查勘前准备工作

首先做好调查前准备：明确调查对象，包括估价对象及所选可比实例具体位置，确定效率较高的调查路线（可以用百度地图完成，见图 4.5），带好地图、指南针、查勘笔、签字笔、记事本、手机、房产证复印资料、数码相机等物品，以备需用。

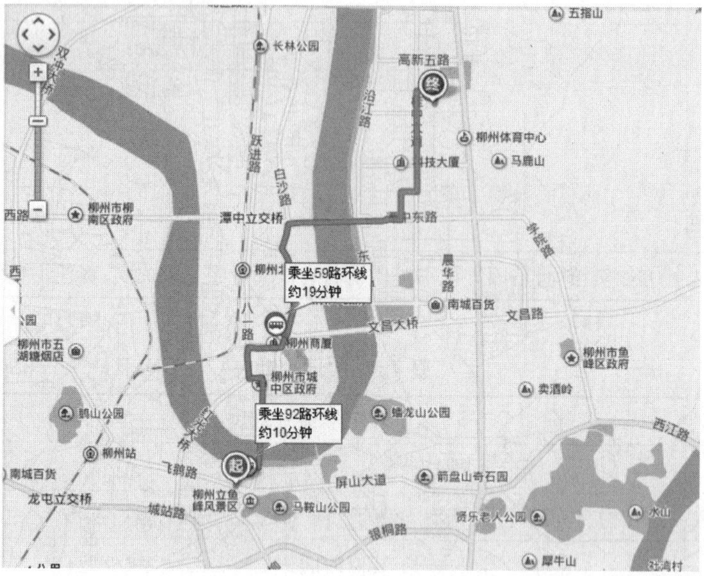

图 4.5　估价对象交通路线图

任务 4.4　房地产转让价格评估的实地查勘

1）查证核实

核对估价对象土地使用证中登记的宗地坐落、街道、街坊、门牌号、土地面积等内容以及房产证中登记的建筑物名称、建筑结构、建筑物面积、建筑物用途等是否与现场一致。

填写与委托方协助人员的现场沟通记录，包括客户的要求、评估范围的变化、估价对象分割、客户的承诺、问题及沟通结果。

2）房地产实体状况查勘

①填写现场观察记录实体状况：外立面风格、所用材料、新旧程度、室内布局、室内装修、室内设施设备完善程度及新旧程度等。

②绘制草图：在全面查勘丈量的基础上，将估价对象的位置、形状、四至、临街的宽度、进深以及周边的基本情况（如周围的道路、商服中心和生活设施等）用草图记录下来。

3）周边环境状况调查

周边环境状况调查内容主要包括估价对象所在区域的商服繁华状况、人流量、商业聚集度、交通便捷度、停车便捷度、周边环境状况、生活服务配套、人口状况、经营类型构成状况等。

注:实地查勘中对重要的评估项目要进行拍照或录像。拍照或录像能直观地反映评估对象的特征,尤其是文字叙述未能达到对标的物理想的描述目的时,通过拍照或录像可以弥补其不足。拍照、录像对那些即将拆迁、有可能发生纠纷项目的评估很有必要。

【实践操作】

估价人员刘××、李××于 2013 年 11 月 28 日来到地块实地查勘,核实查证,拍照取证,了解周边环境。

操作方法:

①按照事先确定的调查线路依次到达估价对象及选取的可比实例现场。

②对委托方提供的房产证上登记的内容进行现场核实,确保委托人提供资料的真实性。

③对估价对象及可比实例的周边环境、人流量、室内布局及装修情况进行拍照、登记,如图 4.6 和图 4.7 所示。

(说明:正常情况下,照片要求竖拍,一般每页排 4 张,大小为高度 10 cm。

a.每页竖拍 2 张或 4 张,大小为高度 10 cm;

b.每页横拍 3 张的,大小为高度 7 cm;

c.每页横拍 2 张的,大小为高度 10 cm。

操作方法:导入照片设为浮于文字上方后,双击照片→设置图片格式→大小→高度 10 cm)

估价对象周边环境

估价对象外立面

估价对象一楼西侧

估价对象一楼东侧

二楼酒店卡座

二楼 KTV

三楼北部舞厅

三楼南部办公区

四楼办公区

四楼办公区墙壁

卫生间

图 4.6　估价对象图片

可比实例 1 照片　　　　　　　　可比实例 2 照片

可比实例 3 照片

图 4.7　可比实例图片

任务 4.5　研读转让价格评估案例

本次估价标的为某市××公司四层综合楼一栋,建筑面积 1 362.36 m²,占地面积 656.83 m²。原用途一、二层主要为酒店和夜总会经营,三层北半部为夜总会舞厅经营,现已停业。三层南半部和四层为劳动服务公司办公用房,综合楼为框架结构,中档次酒店类型的内外装饰,位置临街,处于某市中心城区河东区范围。本次估价目的是为房地产进行市场转让提供价值依据,估价时点为 2013 年 11 月 27 日,估价方法采用市场比较法和成本法,以市场比较法为主。最终估价结果为 1 468.85 万元,人民币大写:壹仟肆佰陆拾捌万捌仟伍佰元整,平均每平方米 10 781.69 元(含舞厅装修投资现值)。

案例正文

房地产估价结果报告

一、委托方(略)

二、估价方(略)

三、估价对象

本次估价对象为某市××公司综合楼,建筑面积 1 362.36 m²,占地面积656.83 m²。该房地产坐落于河东区桂中大道××号,属某市××投资公司所有,有宗地征用和建房规划等手续,但尚未办理土地使用权证书,权属清楚,无纠纷。

该房地产建成于 2013 年,房屋产权证登记时间为 2013 年 9 月 9 日。框架结构,共 4 层,按综合营业楼设计,内外装饰具有一定档次,水、电、暖等配套设施比较齐全。估价前一、二层为酒店经营,三层北半部为夜总会舞厅经营,现已停业。三层南部及四层为服务公司办公用房。

估价对象所处某市中心城区河东区桂中大道××号。系该市中心地带范围,交通方便,周围商业环境条件较好,一面临街,具体位置比较优越。根据市政府规划,该区域将建成金融、商业中心。

四、估价目的

委托方拟将估价对象进行市场转让,委托评估其市场现值,为委托方提供市场交易价格参考依据。

五、估价时点

2013 年 11 月 27 日。

六、价值定义

估价房地产的市场转让价值,采用公开市场价值标准。

七、估价原则

①合法原则;

②替代原则;

③最高最佳使用原则;

④估价时点原则;

⑤客观、公正、公平原则。

八、估价依据

①《房地产估价规范》(GB/T 50291—1999);

②房地产估价委托书;

③房地产估价合同书;

④政府部门有关计价和税费标准及目前本地区房地产价格信息;

⑤委托方提供和估价人员现场勘验调查取得的全部资料。

九、估价方法

根据估价目的和估价对象实况及本地区房地产交易市场情况,确定采用市场比较法和成本法进行估价,以市场比较法为主,成本法为辅。

①估价基本思路。分别按照上述两种方法对估价对象的价值进行估算,然后对两种方法分别求取的估价结果进行加权平均,求得最终评估值。

②市场法的技术思路:收集多个市场上类似房地产交易实例,选取可比实例与评估对象进行比较,对其交易时间、交易情况、区域因素、个别因素等进行修正后测算出比准价格,求取估价对象的评估值。

③成本法的技术思路:假设在估价对象所处地段上,使用社会现行的建筑材料、施工工艺

及有关费用标准,测算在估价时点建造与估价对象相同结构、建筑风格、装修标准和同等效用的全新状态建筑物所需的各项社会必要成本费用,如利息、利润、税金后扣除折旧,测算其积算价格,求取估价对象的现行价值。其基本公式如下:

$$评估值＝取得土地费用+建筑物建造成本+利息、利润、税金-折旧$$

十、估价结果

估价人员根据估价目的,遵循估价原则,按照估价方法和工作程序,结合估价经验对估价对象进行分析、测算,确定某市××公司综合楼(建筑面积 1 362.36 m²),在估价时点 2013 年 11 月 27 日的市场转让评估值为 1 468.85 万元,人民币大写:壹仟肆佰陆拾捌万捌仟伍佰元整,平均每平方米 10 781.69 元(含舞厅装修投资现值)。

十一、估价人员

参加估价人员:×××　×××

项目负责人(房地产估价师):×××

领导审签(房地产估价师):×××

十二、估价作业日期

2013 年 11 月 27 日至 2013 年 12 月 6 日。

十三、估价报告有效期

本估价报告有效期为一年,即自 2013 年 12 月 7 日至 2014 年 12 月 6 日止。在有效期内如房地产价格发生较大变动,该结果应随之调整。

房地产估价技术报告

一、估价对象及个别因素分析

该房地产建筑为框架结构,按综合营业楼设计,外形设计比较新颖,一层正面为全玻门窗,二至四层正面与西面为玻璃幕墙与石材相间。内部布局作为酒店经营比较合理。一层为大厅,装修档次比较高,艺术吊顶,装有豪华装饰灯,大厅内柱、隔断、楼梯扶手、吧台均为不锈钢或金箔板装饰;内墙、楼梯踏步为大理石贴面,一层地面及二层走廊地面为花岗岩;二层有雅座 9 间,均为木质艺术装饰,磨光地面砖,其中两大间为 KTV 房间;三层舞厅装饰豪华,灯光、音响及包厢均上档次。办公用房布局灵活,多为玻璃隔断,采光好;木质地板、白色漆面墙及天花板;二层以上均为双层保温铝合金窗,夹板门;水、电、暖、空调配套齐全。

二、区域因素分析

估价对象所处某市中心城区河东区的桂中大道××号,系河东区中心地段范围,交通便利,目前周围商业环境一般,但按照该市城市规划,本区域是该市重点打造的商业金融中心。估价对象具体位于河东区桂中大道北端,门牌号为××号。周边聚集着荣和天誉、中房世纪广场、双渔汇、万和·新希望、恒隆会、百盛国际等商业综合体。估价对象西邻桂中大道,东邻体育路,北面是××商业街,南面是中房世纪广场综合体。该房地产坐落位置较优越,特别是随着河东区行政中心、商业中心开发的日趋成熟,该处将成为繁华的商业经营黄金地段。

三、市场背景分析

根据××市远期规划,"重点向东"是本市的发展战略,而估价对象所在的河东片区更是被定位为××市的行政中心、金融商贸中心、产业服务中心、文化中心、体育中心、休闲旅游观光区和环境示范区。本片区面积约 75.5 km²，目前居住人口约 10 万人。河东片区新建和在建的房地产项目有 30 多个，但目前因为新建居住区入住率还较低，所以人口不够密集，人流量不够大，导致商业氛围不够浓。但是随着这些在建楼盘的相继落成并投入使用，未来 5 年河东片区的人口预计超过 20 万人，房地产价格上涨有一定空间。

四、最高最佳使用分析

估价对象为中型建筑，其酒店娱乐为中档规模，就估价时点现状而言，酒店娱乐经营是其设计的最高最佳使用用途，目前其规模档次在这一地段附近独此一家，加之坐落位置比较优越，估价对象设计合理，具有较明显的优越性。

五、估价方法选用

根据估价目的和估价对象类型，对该房地产评估应首选收益法为宜，但因现已停业，资料难以收集，经营性房地产商业利润难以较准确的剥离。且转让改造后的具体用途在估价时不易确定，因此估价应遵循相对保守的原则，故采用市场比较法和成本法进行评估，以市场比较法为主，以成本法为辅，然后将两种方法估价的结果进行加权平均，求取最终评估值。

六、估价测算过程

1.市场比较法

（1）选取可比实例（见表1）

表1　可比实例情况分析表

实例代号	实例 A	实例 B	实例 C
坐落位置	桂中大道中段	桂中大道中段	桂中大道南段
用途	营业	商住房	商住房
建筑面积	2 080 m²	190 m²	110 m²
成交单价	16 000 元/m²	6 900 元/m²	9 100 元/m²
交易日期	2013 年 1 月	2012 年 6 月	2012 年 5 月
交易类型	市场转让	政府收购	市场转让
竣工时间	2010 年	2009 年	2009 年
建筑结构	混合	混合	混合
层数	三层	二层	二层
装修档次	中档	中档	中档
设施	中档	中档	中档
临街状况	临街	临街	临街

（2）确定修正系数

①交易情况。A、C 为正常交易，不必修正。B 例为政府收购，价格偏低，以估价对象正常交易为基准，则 B 修正系数取-5%。

②交易日期修正。交易实例均早于估价对象,根据政府"重点向东"的规划,该区域房地产价值增值较快的情况,对 3 个实例均应修正,以可比实例交易价格为基准,则修正系数实例A 为 5%,B 为 8%,C 为 10%。

③区域因素修正。估价对象周边配套成熟,繁华程度好于可比实例,以估价对象为基准,则 A、B、C 3 例修正系数分别为-3%。

④个别因素修正。3 个实例分别为二、三层,结构、装饰等情况比较接近,估价对象建成时间略晚于可比实例,在建筑结构、建筑规模、设计用途、装修标准、配套设施等方面均优于可比实例,故需作较大修正,以估价对象为基准,实例修正系数 A 为-8%,B、C 为-10%。

(3)计算比准价格(见表 2)

表2　可比实例比准价格分析表

项　目	A	B	C
交易价格	16 000	6 900	9 100
交易情况	100/100	100/95	100/100
交易日期	105/100	108/100	110/100
区域因素	100/97	100/97	100/97
个别因素	100/92	100/90	100/90
比准价格	18 825.64	8 985.35	10 423.82

评估单价=(18 825.64+8 985.35+10 423.82)÷3=12 744.94(元/m²)

评估总值=12 744.94×1 362.36=17 363 194.59(元)

由于评估对象三楼设有舞厅,而可比实例均无舞厅,无可比性,在修正中不宜确定修正系数,故在上述评估结果中不含舞厅的装修价值,应另行估价。

2.成本法

(1)测算取得土地使用权费用

采用基准地价修正法对该宗土地进行评估。根据某政办发〔2008〕110 号文件规定,估价对象占用土地为××市三级商业用地,基准地价为 1 700 元/m²。根据该宗土地用途、商业和环境条件,以及商业效用和发展前景均较好等因素,参考市场行情对该宗土地的价值在基准地价基础上作上调修正,经分析评定综合修正系数为 14%,评估该宗土地价格为 1 938 元/m²。估价对象占用土地总面积为 656.83 m²,取得土地使用权总费用为 1 938×656.83=1 272 936.54(元),折合楼面地价 934.36 元/m²。

(2)测算建筑物开发建造成本费用

①建安造价:根据建安费用标准和类似结构建筑的社会平均水平费用比较测定,估价对象土建、安装以及装修费用(不含舞厅装修)为 1 200(建安)+500(装修)=1 700(元/m²)。

②前期工程(建筑场地三通一平等):按市场类似工程测定 50 元/m²。

③专业费用(勘探、设计、监理等):根据政府有关规定,按建安造价的 3%计取,为 51 元/m²。

④建设管理费:按建安造价2.5%计取,为42.5元/m²。

⑤综合开发费:按政府规定计取,为240元/m²。

⑥其他费用(消防、排污、人防、公路建设附加费等):按政府规定计取,为32.50元/m²。

⑦投资利息:按建设期均匀性投资,贷款年利率为5.85%,建设期1.5年,建成后即投入使用计(含土地投资利息),则

$$投资利息=(1)\times[(1+5.85\%)^{1.5}-1]+\sum(①\sim⑥)\times[(1+5.85\%)^{0.75}-1]$$
$$=175.35(元/m²)$$

⑧开发建造成本$=\sum(①\sim⑦)=3\ 225.71(元/m²)$。

(3)测算利税

①利润按当地类似房地产开发社会平均利润率16%计取:

$$利润=[(1)+(2)]\times16\%=4\ 160.0\times16\%=665.61(元/m²)$$

②税费(两税一费)取重置全值的5.5%计,设重置全值为P,则

$$税费=5.5\%\times P$$

(4)重置全值P

$$P=\sum(①\sim③)$$
$$P=4\ 825.68+5.5\%\times P$$
$$P=5\ 106.54(元/m²)$$

(5)测算折旧

评估对象为商业用房,按国家商业用地40年规定,其折旧年限最长不能超过40年,该房地产已使用,假设估价对象转让后不损坏其一般综合营业的经济寿命情况下,采用年限折旧法和实际观察法评定其成新率为99%。

成本法评估单价$=5\ 106.54\times99\%=5\ 055.47(元/m²)$

评估总值$=5\ 055.47\times1\ 362.36=6\ 887\ 376(元)$

3.测算"夜总会"歌舞厅装修价值(包括灯光设施,不含音响)

因舞厅未来使用用途具有不确定性,故估价时只计算其投资现值和转让税费。计算公式为:

$$评估现值N=现行投资费用\times(1-折旧率)+转让税费$$

①根据委托方提供的综合投资费用数据以及调查社会类似舞厅的投资情况,测算评定舞厅现行投资费用为46.56万元。

②折旧:评定舞厅装饰设施总耐用年限为10年,已用0.5年,直线法折旧率为5%。

③转让税费$=5.5\%\times N$。

④舞厅现值$N=46.56\times(1-5\%)+5.5\%\times N$,则

$$N=46.81(万元)$$

4.对以上两法评估结果进行加权平均求取最终评估值

根据估价目的、估价对象状况和估价思路,结合估价经验分析确定,取市场比较法结果权

数为70%,成本法结果权数为30%,另加舞厅装修投资现值。

评估房地产现值＝17 363 194.59×70%+6 887 376×30%+468 100

＝14 688 549.01(万元)

七、估价结果的确定

经以上估价测算,结合市场调查和估价经验分析,认为上述估价结果公正、合理、切合市场实际,故确定:某市××公司综合楼1 362.36 m²,占地面积656.83 m²,在估价时点2013年11月27日的房地产市场价评估总值为1 468.85万元,人民币大写:壹仟肆佰陆拾捌万捌仟伍佰元整,平均每平方米10 781.69元(含舞厅装修投资现值)。

案例评析

1.本估价对象在转让后用途及未来收益都不定的情况下,采用市场比较法和成本法估价转让价格,思路与方法正确合理。

2.市场比较法中可比实例B和C的交易日期距估价时点间隔较远,不宜作为可比实例。

3.估价时点应在估价作业日期以后,而本报告的估价时点是2013年11月27日,是作业日期的开始之日,显然不合理。

案例延伸

不同类型用途的房地产要选择不同的估价方法进行估价,这是估价的一般原则。在实践中,具体到每一个估价项目都有其自身的特点,因此,还要根据估价对象的具体情况去选择和运用与之相适宜的估价方法。只有这样才能使估价结果更贴近市场,更具合理性。

本次估价对象,在估价时点前的设计用途和实际用途为酒店经营,按一般原则要求选择收益法和市场比较法评估最适宜,但估价中却选择了市场比较法和成本法。之所以这样做,原因是该房地产有其自身的特点,即未来具体用途存在着不确定性。房地产的价格取决于该房地产的使用价值,其估价时点的价值是建立在过去使用价值和未来使用价值的基础之上的,其未来使用价值必然要受其自身条件、周围环境、社会经济发展等多种因素的影响。估价对象估价前为酒店设计和经营,自身的条件和周围环境均与之相适应,经营效益也一直较好。但经与委托方沟通,其购入后将对估价对象的整体进行改建,具体用途待定,故在估价中遵循相对保守的原则,没有选择适于酒店房地产估价的收益法,而是选择了市场比较法和成本法。这样做切合估价对象的特点,其估价结果更贴近市场。

在估价方法的具体运用中,也充分考虑到估价对象的自身特点,即估价对象未来具体用途不确定和转让价值受周围商业综合体价值影响的实际情况,选取可比实例时选取了临近的一般性综合营业楼,而没有选取酒店经营楼的实例,这样做是符合可比性原则和实际情况的。

在技术路线的具体操作中,运用市场比较法和成本法估算时,均将估价对象舞厅装修及配套设施部分的价值单独进行测算。原因如下:一是舞厅的装修和配套设施是附加在估价对象局部建筑之上的,其价值相对于估价对象整体价值而言又是相对独立的;二是舞厅的装修与配套设施费用构成因素与估价对象整体费用构成因素有所不同,其使用寿命和折旧与估价对象整体也有较大区别。因此,在使用市场比较法计算比准价格时,在选取的可比实例均无舞厅的情况下,将其单独计价是合理的,这样不仅使估价对象和可比实例更具可比性,同时也便于修正系数的确定,使比准价格更贴近市场价格。在使用成本法计算价格时,将这一独立的附加价值不与整个建筑一起测算,而另行计价,从技术上讲是科学的,而且也是切合实际的,可使成本法测算的计算价格更具合理准确性。

总之,在房地产估价中,要对估价对象的个别因素、区域因素、市场背景、最高最佳使用、发展趋势等情况以及委托事项进行全面的调查了解,并进行综合认真地分析,判定其共性和特性,在遵循估价一般原则的基础上,针对估价对象的自身特点,灵活选择和运用估价方法,具体事物具体对待,这样做会使估价结果更趋科学性、合理性、准确性。

实训活动

1.收集本市上个月新建商品住宅转让信息,从中选定某个单位作为估价对象,利用周末开展实地查勘训练。

2.精读教材案例,对选定的新建商品住宅单位应用比较法展开测算,并撰写技术报告中的部分内容——估价测算过程(要求:可比实例和修正因素选择适当)。

课后训练

一、单项选择题

有一个大型购物中心,总建筑面积 100 000 m^2。现有一投资商欲整体购买该购物中心用于自营或者出租,开发商也有意整体出售该购物中心,现委托房地产估价机构对其公开市场价值进行评估。根据市场调查结果,当地商业房地产市场已趋于饱和;根据城市规划,该购物中心周边同一供需圈内未来还将兴建两个大型购物中心。当地有关部门发布的当年房地产资本化率如表 4.6 所示。

表 4.6 当年房地产资本化率表

房地产类型	低风险	高风险
住宅	3%~4%	5%~6%
商业	5%~6%	7%~8%
工业	4%~5%	6%~7%

(1)如果采用收益法评估该购物中心,资本化率的合理取值范围应是(   )。

A.4%~5%　　　B.5%~6%　　　C.6%~7%　　　D.7%~8%

(2)根据市场调查结果及该商业房地产的自身特点和区域因素,结合估价的需要,根据你的经验,判断该商业房地产最可能的净收益流量类型是(   )。

A.前若干年内等额或等比增长,剩余经营期内维持在一定水平

B.在全部经营期内持续增长

C.在全部经营期内保持不变

D.前若干年内递增,之后递减,最终将稳定在一定水平

二、简答题

1.某新建商业房地产出租经营,欲评估其转让价格。现选择 3 个经营规模不同的类似出租商业房地产作为可比实例,测算估价对象房地产的净收益。已知每个可比实例在估价时点前连续三年的平均年净收益分别为 280 万元、300 万元和 350 万元;依据最高最佳使用原则选取了 350 万元作为估价对象房地产的年净收益。

请问:

(1)这种做法有哪些错误?

(2)若估价对象的年净收益保持不变,具体可采用哪些方法求取估价对象的年净收益?

2.张某看中一处房地产,该房地产位于城市边缘,紧靠一条新兴商业街。虽然是城市边缘,属于城市四级地段,但该地产的建筑物为三层,总建筑面积为 700 m²,张某拟购入后将一楼用于开设商铺,二、三楼用于居住。原业主开出的总售价为 140 万元,张某为摸清该售价的合理性,找估价师咨询。

请问估价师接受委托后,在估价前需要了解估价对象的哪些情况?

3.某公司欲将其位于商业区的一栋自建 4 层厂房转让给某集团改建为百货超市。根据该公司提供的房地产权证,该厂房为框架结构,建筑面积为 6 000 m²,竣工日期为 1990 年 5 月。

现委托某估价公司评估其转让价格,请问该估价公司应收集哪些资料?

学习情境 5
在建工程抵押价值评估

【知识目标】

掌握房地产抵押价值评估的定义、特点和相关法律法规。

【能力目标】

能正确选用估价方法进行估算和判断，并撰写合格的在建工程抵押估价报告。

任务 5.1　认识房地产抵押价值评估

相关知识

5.1.1　房地产抵押价值评估

房地产抵押是抵押人以其合法的房地产以不转移占有的方式向抵押权人提供债务履行担保的行为。房地产抵押价值是以抵押方式将房地产作为债权担保时的价值。房地产抵押价值评估实质上是评估抵押房地产在设定抵押权时某估价时点的公开市场价值，作为抵押贷款活动的价值参考。房地产抵押估价是指为确定房地产抵押贷款额度提供价值参考依据，对房地产抵押价值进行分析、估算和判定的活动。

根据《城市房地产抵押管理办法》，在建工程抵押是指抵押人为取得工程继续建造资金的贷款，以其合法方式取得的土地使用权连同在建工程的投入资产抵押给银行，作为偿还贷款履行担保的行为。

由于房地产抵押的性质和成为抵押物的房地产产生的特点，房地产抵押价值评估在适用法律规定、考虑因素、相关参数选择、报告说明等方面与其他估价目的的估价有所不同。

5.1.2　房地产抵押价值评估的法律规定

（1）适用法律法规

房地产抵押价值评估，应依据《中华人民共和国城市房地产管理法》《中华人民共和国担保法》《城市房地产抵押管理办法》《房地产抵押估价指导意见》《房地产估价规范》及最高人

民法院的若干司法解释,以及当地和其他有关规定进行。

(2)与房地产抵押价值估价有关的规定

依法不得抵押的房地产,没有抵押价值;首次抵押的房地产,该房地产的价值为抵押价值;再次抵押的房地产,该房地产的价值扣除已担保债权外后的余额部分为抵押价值;以划拨方式取得的土地使用权连同地上建筑物抵押的,评估其抵押价值时应扣除预计处分所得价款中相当于应缴纳的土地使用权出让金的款额;以具有土地使用权年限的房地产抵押的,评估其抵押价值时应考虑剩余年限对价值的影响;以享受国家优惠政策购买的房地产抵押,其抵押价值为房地产权利人可处分和收益份额部分的价值;以按份额共有的房地产抵押,其抵押价值为抵押人所享有份额部分的价值;以共同共有的房地产抵押,其抵押价值为该房地产的价值。

5.1.3   房地产抵押价值评估的特点与风险分析

1)房地产抵押价值评估的特点

由于房地产抵押的性质和成为抵押物的房地产产生的特点,房地产抵押价值评估在适用法律法规、考虑因素、相关参数选择、报告说明等方面与其他估价目的的估价有其不同特点。

①房地产抵押价值评估的服务对象主要是金融机构,金融机构需要的是安全、稳定、谨慎;

②房地产估价机构和房地产估价人员处于中介的位置,应当规避抵贷双方的风险和房地产估价机构及估价人员的风险;

③在抵押房地产价值评估中要严格执行《房地产抵押估价指导意见》和《房地产估价规范》,应当遵守独立、客观、公正、合法、谨慎的原则,切记不实估价和高(虚)估冒算。

2)房地产抵押价值评估的风险分析

按照《房地产估价规范》的要求,房地产抵押价值评估应采用公开市场价值标准,可参照设定抵押权时的类似房地产的正常市场价格进行,但应在估价报告中说明未来市场变化风险和短期强制处分等因素对抵押价值的影响。因此,抵押价值评估提供的是抵押物在设定抵押权时的正常市场价格,但应注意分析以下问题:

(1)抵押房地产本身风险

①预期风险。房地产抵押价值评估业务一般估价时点为当前的某一日期,而抵押期限一般会有一年以上的时间,一旦发生处分清偿,需实现抵押权时,是在未来的某一时点,因此要注重预期风险。在估价时,对预期会降低估价对象价值的因素要充分考虑,如房地产市场变动或泡沫破裂造成市场价值下降;抵押房地产在估价时点后的价值和现金流与估价时运用收益法和假设开发法估价时,预测的未来收益、开发完成后的价值和未来运营成本及续建费用不同,造成价值下降,而对预期不确定的收益或升值因素较少或不予考虑。

②市场变现风险。抵押权方大多在抵押人不能履行债务时,要将抵押房地产变现,而不

是收回实物。这时因处置抵押物的短期性、强制性、变现能力差和处置税费等将形成降价甚至资不抵债的风险。不同类型特点的房地产在不同的市场条件下其变现能力是有差异的,如住宅、写字楼、商业中心、饭店、休闲设施、工厂、特殊物业等的市场变现能力一般由强变弱;抵押物位置较差、剩余使用年限较短、具有长期低租金租约、拖欠工程款等的,可能变现不易。因此,房地产抵押价值评估时,要对抵押物的市场变现能力进行分析,尤其对有价无市的状况进行分析。

③考虑抵押期间的耗损风险。由于房地产抵押的性质,抵押物仍由抵押方占有、使用。在抵押期间正常使用会造成抵押物的一般耗损;不当使用或空置,在建房地产闲置、停滞,质量隐患,管理维护不善,甚至火灾等造成其价值的严重减损,引起价值的变化,在估价时应予以分析、考虑。

④适宜性风险。并不是所有的房地产都适宜作为抵押物,它受上述相关法律法规的限制。作为担保物的房地产必须具有合法性、房地产权利人可享有的处分和收益权、可转让(流通或拍卖)性、可抵押登记生效的基本条件,才能成为可以抵押的房地产,如果全部或部分不适合设定抵押,就存在风险。

(2)抵押贷款总风险折扣

在抵押贷款实务中,银行或金融机构一般按照估价机构评估的抵押房地产市场价值或实际成交价格中较低者(≤80%)为借款额,即考虑了成交价格中较高者(≥20%)的折扣风险(首付款、资本金)。这个总折扣风险一般包括各方形成的内容:

①抵押房地产本身的风险;

②政治、经济、社会、自然和国际等风险;

③信用、道德、政策、市场、利率、流动、操作、经营类风险。

总之,这些风险可以通过对贷款人(还款能力)的审查限制、首付比例、资本金比例、抵押率、担保公司担保、增加保险种类、评估公司估价、跟踪贷款和抵押物、收回抵押物等方式分散化解风险。

(3)房地产抵押估价的风险

房地产估价机构和房地产估价人员应当了解抵押贷款的风险,从而了解抵押评估的风险。

①价值高估的风险。房地产估价机构的估价对抵贷双方起到重要的参考作用,由于房地产千差万别,目前银行更加倚重估价机构的估价结果作为贷款数额的衡量指标。在竞争激烈的市场中,房地产估价机构受到各个方面的压力,银行要吸引客户、促成贷款或续贷,抵押人欲多借款、少出抵押物,一些相关的中介公司、担保公司、律师为促成贷款,都希望估价机构在价值上高估。估价机构为了不失去客户,受到利益驱使,迎合了客户的不合理要求,就形成了房地产抵押价值高估的风险。

②要承担相应的损失责任风险。做房地产抵押评估的估价机构要获得银行的认可,一般通过投标方式获得,并且每年要通过其审查。根据《商业银行房地产贷款风险管理指引》要求

"因中介机构的原因造成的银行业务损失应有明确的赔偿措施",在双方签订合同时有相应条款;同时《关于规范与银行信贷业务相关的房地产抵押估价管理有关问题的通知》(建住房〔2006〕8号)规定:商业银行及其工作人员不得以任何形式向房地产估价机构收取中间业务费、业务协作费、回扣以及具有类似性质的不合理或非法费用;任何单位和个人不得非法干预房地产抵押估价活动和估价结果;房地产估价机构应当坚持独立、客观、公正的原则,严格执行房地产估价规范和标准,不得以迎合高估或者低估要求、给予"回扣"、恶意压低收费等不正当方式承揽房地产抵押估价业务;房地产管理部门要定期对房地产估价报告进行抽检,对有高估或低估等禁止行为的房地产估价机构和注册房地产估价人员,要依法严肃查处,并记入其信用档案,向社会公示。

因此,房地产估价机构的抵押价值评估具有较高的风险,应当通过内部管理、提高估价水平、职业道德水平加以控制。

5.1.4 房地产抵押价值评估的常见类型与方法

房地产作为抵押物的类型较多,选用估价方法时,一般尽量将成本法作为一种估价方法,常见的抵押物主要如下:

①以获得土地使用权和房屋具有完全产权的房地产作为抵押物进行评估时,可根据情况采用成本法、比较法或收益法估价。这种情况的房地产类型包括商品房、自建自营的饭店、招待所、高尔夫球场、工厂、写字楼、宾馆等房地产。

②对出让方式获得的土地使用权作为抵押物进行评估,可以采用基准地价修正法、比较法和假设开发法。

③以行政划拨土地上的建成使用房产作为抵押物进行抵押价值评估时,市场交易性较强的,可先假设估价对象为具有完全产权的商品房,选用比较法或收益法为一种方法进行估价,从得出的客观市场价值中减去需要补交的土地出让金或出让毛地价价值;再选用成本法为另一种方法,估价结果中不含土地出让金或出让毛地价,这类包括原国有企业事业单位、社会团体的各类房地产、廉租房、经济适用房、房改房、合作建房等;市场性较差的可采用房产与土地分别估价再综合的方法,估价结果中不含土地出让金或出让毛地价,这类包括市场狭小的、特殊的房地产。

④对已建或使用的部分(局部)房地产作为抵押物进行抵押价值评估时,应注意该部分(局部)房地产在整体房地产中的作用,它的相应权益能否独立使用、是否可以独立变现,并注意到土地的分摊和公共配套设施、人流、公共部分的合理享用问题,估价方法可选用成本法、比较法或收益法。这类有部分栋号、层、单元、综合物业中某部分用途物业等。

⑤以乡镇、村企业厂房等建筑物及其占用范围内的集体土地使用权作为抵押物进行抵押价值评估时,应注意到其占地面积的土地征用批准权限和政府规划管理部门对该用地的规划限制条件。根据不同地区政府相关部门土地征用面积批准权限和规划限制条件,获得权限内政府相关部门的认可(应注意到未经法定程序不得改变土地集体所有和土地用途),方可设定

抵押。在估价过程中应考虑补交土地征用补偿费用、土地出让金等因素,扣减与国有土地价值的差异,估价方法可选用成本法、比较法或收益法。

⑥以在建工程已完工部分作为抵押物或连同以合法取得的土地使用权一起抵押的,进行抵押价值评估时,应充分考虑后续工程的成本、费用,确定开发成本中开发商利润的取值时,因其利润在完全竣工时才可能全部体现,应采取保守原则;要全面掌握估价对象状况,注意实际进度和形象进度以及相应可以实现的权益。此时评估只能反映房屋未建成时的某一时点的价值,估价方法可选用成本法、假设开发法。

⑦预购商品房贷款抵押中抵押物评估的内容。

A.对抵押物的合法性进行核查,并在估价报告中如实揭示。遵循房地产估价的合法原则,房地产估价应以估价对象的合法权益为前提进行。合法权益包括合法产权、合法使用、合法处分等方面。在预售商品房贷款抵押物的评估中,要特别注意估价对象的合法产权。由于预售商品房贷款抵押只发生在商品房的预售阶段,所以对该抵押物主要核查其报建手续是否完整。估价人员应对估价对象的每一项报建手续的原件和复印件进行核对,对于核对无误的复印件给予认可;未能核对或发现错误的复印件,在报告中进行揭示。尤其要对估价对象的《商品房买卖合同》(期房)及"五证"即国有土地使用证、建设用地规划许可证、建设工程规划许可证、建设工程施工许可证、商品房预售许可证进行仔细核查。

B.评估抵押物的抵押价值。

a.关于估价时点。

虽然房地产抵押价值评估时希望了解的是当抵押人不履行债务、抵押权人依法以提供担保的房地产折价或者拍卖、变卖该房地产时,该房地产所能实现的客观合理价格折算到设定抵押时的价值,但由于这种预期价值评估难以准确把握,实际评估的抵押价值是房地产设定抵押权时的价值。由前面的分析可知,预售商品房贷款抵押评估时,估价对象的状况为未来某时点(估价对象房地产竣工时点)的状况,房地产的市场状况为现在(抵押权设定时)的状况。可见,房地产的市场状况与估价对象的状况不在同一时点。值得注意的是,预售商品房贷款抵押物的评估不同于在建工程的评估。在建工程评估中,估价对象的状况及房地产的市场状况均为估价时点时的状况,即房地产的市场状况与估价对象的状况处在同一时点。

b.关于建筑面积。

预售商品房贷款抵押评估中经常遇到的一个问题是,实际建筑面积超过建设工程规划许可证规定的面积。遵循房地产估价中的合法原则,应根据不同的情况进行处理。

• 规划部门已经同意的,并补交了相关费用的,可按规划部门最终确定的建筑面积进行评估;

• 已经规划部门处理,尚需补交费用的,应扣除该项费用,并在估价报告中说明;

• 未经规划部门同意的,按建设工程规划许可证上规定的建筑面积考虑,并在估价报告中说明超面积部分的不合法性。

c.对预售商品房的工程形象进度和完成投资额进行审查。

按照中国人民银行发布的《关于规范住房金融业务的通知》要求,借款人申请个人住房贷款购买期房的,所购期房必须是在多层住宅主体结构封顶、高层住宅完成总投资的 2/3 的条件下销售。

综上所述,房地产预售商品房贷款抵押物的评估报告中,重点应揭示抵押物的报建手续是否齐全、合法,提示贷款银行注意有关抵押物的风险因素,给出在设定抵押权时的客观、合理的市场价值,对抵押物的有关建筑面积公摊的技术经济指标、其他规划内容以及工程形象进度进行核实和披露。

5.1.5　房地产抵押价值评估的注意事项

①银行及金融机构在具体操作抵押项目时,仍根据抵押贷款比例来确定其放款额度,即

$$放款额 = 房地产抵押价值 \times 抵押贷款成数$$

②抵押估价报告需要注明《房地产抵押估价指导意见》出台背景,以及房地产抵押估价报告依据的法律法规。如《中华人民共和国城市房地产管理法》《中华人民共和国担保法》《房地产估价规范》《商业银行房地产贷款风险管理指引》《房地产抵押估价指导意见》。

③各类房地产抵押估价活动指相关的土地、建筑物、构筑物以及以房地产为主体的整体资产评估。其中的土地评估,因牵涉目前的土地估价人员和房地产估价人员两种执业资格,可按照以下分类方法:土地在出让之前,由国土资源部管理,由土地估价人员评估;土地出让转让后,由国家建设行政主管部门(城市规划管理部门)管理,由房地产估价人员评估。城市规划区范围内的土地评估,由房地产估价人员评估;城市规划区范围之外的,由土地估价人员评估。

④房地产抵押价值为抵押房地产在估价时点的市场价值,等于假定未设立法定优先受偿权利下的市场价值减去房地产估价人员知悉的法定优先受偿款。抵押房地产包括拟抵押房地产和已抵押房地产。

a.其市场价值不同于一般情况下的市场价值,在一般的房地产评估情况下,其市场价值是不考虑其他权利负担的。在本意见中的市场价值也不等同于快速变现价值,而是基于谨慎原则下的市场价值。可简单理解如下:完全市场价值 >抵押价值 > 快速变现价值。法定优先受偿款是指假定在估价时点实现抵押权时,法律规定优先于本次抵押贷款受偿的款额,包括发包人拖欠承包人的建筑工程价款、已抵押担保的债权数额以及其他法定优先受偿款。

b.法定优先受偿款分一般优先权和特别优先权。一般优先权是指依法律规定就债务人的全部财产优先受偿的权利,其又可分为公法上的优先权与私法上的优先权。一般优先权主要有以下几种:诉讼费用、医疗费用、丧葬费用、受雇人员的工资和各种补贴、补偿金、税收、各种保险费等。特别优先权是指依法律规定就债务人特定的动产或不动产优先受偿的权利,依客体的不同,可分为特定动产优先权和特定不动产优先权。房地产抵押估价中的法定优先受偿款,仅指特定不动产优先权利,即仅考虑与不动产相关的债权人就债务人的特定不动产的价值优先受偿的权利,主要包括不动产保存人优先权、不动产修建人优先权、不动产出卖人优

先权、不动产资金贷与人优先权、共同继承人就补偿金对其他继承人取得的不动产之优先权、共有物分割人就补偿金对原共有的不动产之优先权等。在抵押评估中也就是指法律规定优先于本次抵押贷款受偿的款额,包括发包人拖欠承包人的建筑工程价款、已抵押担保的债权数额等。而处分房地产的费用以及税金是一般优先受偿权,在抵押估价报告中不予考虑。

　　c.房地产抵押估价中的发包人拖欠承包人的建筑工程价款仅指未竣工验收的在建工程项目,如果该项目已经完成竣工验收,即工程竣工验收后则不考虑该欠款。

　　⑤房地产估价机构、房地产估价人员与房地产抵押当事人有利害关系或者是房地产抵押当事人的,应当回避。

　　⑥从事房地产抵押估价的房地产估价人员,应当具备相关金融专业知识和相应的房地产市场分析能力。

　　⑦房地产估价人员应当勤勉尽责,了解抵押房地产的法定优先受偿权利等情况;必要时,应当对委托人提供的有关情况和资料进行核查。

　　⑧房地产抵押估价目的应当表述为"为确定房地产抵押贷款额度提供参考依据而评估房地产抵押价值"。

　　⑨房地产抵押估价时点,原则上为完成估价对象实地查勘之日,但估价委托合同另有约定的除外。估价时点不是完成实地查勘之日的,应当在"估价的假设和限制条件"中假定估价对象在估价时点的状况与在完成实地查勘之日的状况一致,并在估价报告中提醒估价报告使用者注意。

　　⑩法律法规规定不得抵押的房地产,不应作为抵押估价对象。

　　⑪房地产抵押估价报告应当全面、详细地界定估价对象的范围和在估价时点的法定用途、实际用途以及区位、实物、权益状况。遇上法定用途与实际用途等相差较大的情况,各种情况都做一遍。

　　⑫房地产估价人员了解估价对象在估价时点是否存在法定优先受偿权利等情况的,房地产抵押相关当事人应当协助。法定优先受偿权利等情况的书面查询资料和调查记录,应当作为估价报告的附件。

　　⑬房地产估价人员应当对估价对象进行实地查勘,将估价对象现状与相关权属证明材料上记载的内容逐一进行对照,全面、细致地了解估价对象,做好实地查勘记录,拍摄能够反映估价对象外观、内部状况和周围环境、景观的照片。内外部状况照片应当作为估价报告的附件。由于各种原因不能拍摄内外部状况照片的,应当在估价报告中予以披露。实地查勘记录应当作为估价档案资料妥善保管。

　　⑭在存在不确定因素的情况下,房地产估价人员作出估价相关判断时,应当保持必要的谨慎,充分估计抵押房地产在处置时可能受到的限制、未来可能发生的风险和损失,不高估市场价值,不低估知悉的法定优先受偿款,并在估价报告中作出必要的风险提示。

　　a.在运用比较法估价时,不应选取成交价格明显高于市场价格的交易实例作为可比实例,并应当对可比实例进行必要的实地查勘。

b.在运用成本法估价时,不应高估土地取得成本、开发成本、有关税费和利润,不应低估折旧。

c.在运用收益法估价时,不应高估收入或者低估运营费用,选取的报酬率或者资本化率不应偏低。

d.在运用假设开发法估价时,不应高估未来开发完成后的价值,不应低估开发成本、有关税费和利润。

⑮房地产估价行业组织已公布报酬率、资本化率、利润率等估价参数值的,应当优先选用;不选用的,应当在估价报告中说明理由。

a.谨慎原则的充分考虑;

b.报酬率、资本化率、利润率等估价参数值,可由各地房地产估价管理机构公布。

⑯估价对象的土地使用权是以划拨方式取得的,应当选择下列方式之一评估其抵押价值:

a.直接评估在划拨土地使用权下的市场价值。

b.评估假设在出让土地使用权下的市场价值,然后扣除划拨土地使用权应缴纳的土地使用权出让金或者相当于土地使用权出让金的价款。

选择上述方式评估抵押价值,均应当在估价报告中注明划拨土地使用权应缴纳的土地使用权出让金或者相当于土地使用权出让金价款的数额。该数额按照当地政府规定的标准测算;当地政府没有规定的,参照类似房地产已缴纳的标准估算。

⑰评估在建工程的抵押价值时,在建工程发包人与承包人应当出具在估价时点是否存在拖欠建筑工程价款的书面说明;存在拖欠建筑工程价款的,应当以书面形式提供拖欠的数额。优先受偿款中的拖欠工程款项,由总包方出具相应的承诺函(书面说明),一般情况下,总包方提供的甲方欠款额总比甲方上报的大。

⑱房地产估价人员知悉估价对象已设定抵押权的,应当在估价报告中披露已抵押及其担保的债权情况。

⑲房地产估价人员不得滥用假设和限制条件,应当针对房地产抵押估价业务的具体情况,在估价报告中合理且有依据地明确相关假设和限制条件。已作为假设和限制条件,对估价结果有重大影响的因素,应当在估价报告中予以披露,并说明其对估价结果可能产生的影响。对估价报告结果有重大影响的因素,在报告中必须披露,特别是该参数是写进假设限制条件中的情形,如待开发的土地,在报告中所使用的规划参数,其假设和限制条件不得滥用。不得随意假设该地块的规划参数,如容积率、规划用途等。即便是采用的参数合理,符合当地的规划条件,在报告中也必须注明,其参数变化时,对估价结果可能产生影响,并提醒报告使用方注意。

⑳房地产抵押估价报告应当包含估价的依据、原则、方法、相关数据来源与确定、相关参数选取与运用、主要计算过程等必要信息,使委托人和估价报告使用者了解估价对象的范围,合理理解估价结果。估价人员对所采用的数据、参数要说明其来源,说明其估价过程是客观、

合法、合理的,目的是让委托人和估价报告使用者了解估价对象的范围,合理理解估价结果,但不需要提供技术报告。

㉑房地产抵押估价报告应当确定估价对象的抵押价值,并分别说明假定未设立法定优先受偿权利下的市场价值,以及房地产估价人员知悉的各项法定优先受偿款。房地产抵押估价报告中的估价结果必须包括3项内容:

$$C = A - B$$

式中　A——未设立法定优先受偿权利下的市场价值;

　　　B——各项法定优先受偿款;

　　　C——估价对象的抵押价值。

㉒房地产抵押估价报告应当向估价报告使用者作如下提示:

a.估价对象状况和房地产市场状况因时间变化对房地产抵押价值可能产生的影响;

b.在抵押期间可能产生的房地产信贷风险解释点;

c.合理使用评估价值;

d.定期或者在房地产市场价格变化较快时对房地产抵押价值进行再评估。

㉓房地产抵押估价应当解释房地产抵押价值未来下跌的风险,对预期可能导致房地产抵押价值下跌的因素予以分析和说明。在评估续贷房地产的抵押价值时,应当对房地产市场已经发生的变化予以充分考虑和说明。重点分析房地产市场的发展规律(宏观层次)、房地产市场发展的周期性等。

㉔房地产抵押估价报告应当包括估价对象的变现能力分析。变现能力是指假定在估价时点实现抵押权时,在没有过多损失的条件下,将抵押房地产转换为现金的可能性。变现能力分析应当包括抵押房地产的通用性、独立使用性或者可分割转让性,假定在估价时点拍卖或者变卖时最可能实现的价格与评估的市场价值的差异程度,变现的时间长短以及费用、税金的种类、数额和清偿顺序。对估价对象房地产的通用性、独立使用性、可分割转让性作出分析,该分析主要为定性分析。在报告中予以说明,并提醒报告使用方注意。

㉕在实际房地产估价中最常见的问题是所有权(使用权)人名称与委托人现名称不一致;权证上的法定用途和规划面积与实际不一致;出让合同的建筑面积与规划批准不符;已全部或部分设定抵押权,并未到期;有共有权人但没有共有权人同意抵押的声明;不可抵押的人防面积不清;房产证房地产登记表上的违章建筑;房屋使用多年却没有所有权证等。这时应及时将意见反馈给委托人,提出和商议依法解决办法。但是,如果缺少土地或房屋的权证,在建工程没有或缺少合法建设批件,房屋已竣工使用多年未办竣工和产权证,属于不合法的或其他不得抵押的房地产范畴的,应促其解决;解决不了的,只好不评估。

㉖在处置房地产时,应当评估房地产的公开市场价值,同时给出快速变现价值的意见及其理由。

㉗估价报告应用有效期从估价报告出具之日起计,不得超过1年;房地产估价人员预计估价对象的市场价格将有较大变化的,应当缩短估价报告应用有效期。超过估价报告应用有

效期使用估价报告的,相关责任由使用者承担。在估价报告应用有效期内使用估价报告的,相关责任由出具估价报告的估价机构承担,但使用者不当使用的除外。

㉘房地产抵押估价报告的名称应当为《房地产抵押估价报告》,由房地产估价机构出具,加盖房地产估价机构公章,并有至少两名专职注册房地产估价人员签字。指导意见所完成的房地产估价报告,规范其报告名称为《×××房地产抵押估价报告》。

任务 5.2　制订在建工程抵押估价作业方案

任务导入

2009 年 9 月 17 日,××公司拟委托估价公司对其在建的某房地产项目价格进行评估,估价目的是为确定房地产抵押贷款额度提供价格参考依据而评估房地产抵押价值。估价对象位于××市中环路,在建工程(W2-1、W3-1、W1-2、W1-3、W3-5、W3-6、W3-7、W3-8、W4-6、W4-7、W4-8 等),规划建筑面积为 110 552.76 m^2,分摊土地使用权面积为 61 418. 20 m^2。

××房地产估价咨询有限公司分派房地产估价师张××、估价员李××具体负责该业务。

相关知识

5.2.1　分析明确房地产估价的基本事项

房地产估价师张××、估价员李××接到公司委派的估价任务后,分析明确以下估价基本事项:

1)明确本任务的估价目的

本任务是由××公司委托,对其拥有的在建工程的抵押价格进行评估,因此,按估价规范规定本任务的估价目的应描述为为确定房地产抵押贷款额度提供价格参考依据而评估房地产抵押价值。

2)明确本任务的估价时点

本估价对象接受委托时间为 2009 年 9 月 17 日,经与该公司沟通其抵押工程的形象进度截止到 2009 年 9 月 17 日,因此本任务的估价时点定在 2009 年 9 月 17 日。

3)明确估价对象

(1)估价对象的实体状况

估价对象为××国际华城的在建工程(W2-1、W3-1、W1-2、W1-3、W3-5、W3- 6、W3-7、W3-8、W4-6、W4-7、W4-8 等),依据××市城市规划管理部门审定的土地规划条件,规划容积率为 1.8,建筑密度设定为 30%,规划建筑面积为110 552.76 m^2,分摊土地使用权面积为 61 418. 20 m^2。

其具体情况见表 5.1。

表5.1　估价对象的具体情况表

估价对象	结构	建成年份	层数	规划用途	实际用途	建筑面积/m²	现场查勘现状情况
在建工程	钢筋混凝土	在建	多层、小高层	居住	住宅、人防	110 552.76	W2-1、W3-1、W1-2、W1-3整板基础部分已经完工；W3-5、W3-6、W3-7、W3-8、W4-6、W4-7、W4-8孔桩施工完成；W1-2、W1-3、W1-5、W3-4、W6-1、W6-2、W6-3、W6-4、W6-5、W6-6、W6-7未开工

（2）估价对象的宏观区位因素分析

××市地处湖北省东部，大别山南麓，长江中游北岸，京九铁路中段。现辖一区、二市、七县，版图面积为1.74万km²，总人口为730万人。地理位置为东经114°25′~116°8′，北纬29°45′~31°35′。北接河南，东连安徽，南与鄂州、黄石、九江隔江相望。××市党、政、军机关驻地，是中外闻名的文化古城，西距省会武汉78 km。

（3）微观区位因素分析

估价对象所在区域为××新城区，目前附近商服网点较少，商服繁华度一般。周边公共配套设施，区域内道路、供水、供电、排水、通信等公用服务设施完善，能保障区域内居民生活的正常需要。估价对象位于××城区交通主干道，城市交通网健全，道路条件好，交通便利。

（4）本任务产权状况

估价对象在建工程所有权属××置业有限公司所有，××市国土资源局于2007年5月28日核发建设用地规划许可证（编号：用地2006—130）；××市规划局于2008年3月19日核发建设工程规划许可证（编号：建字第GJ2007-54-14~GJ2007-54-44号）；××市建设委员会2009年7月2日核发建筑工程施工许可证（编号：438000200907020101）；至估价时点止，未设立抵押、典当等他项权利，无任何权属纠纷。

估价对象土地使用权均属××置业有限公司拥有，××市国土资源局2007年1月16日核发的国有土地使用证（证号为：××国用〔2007〕字第000202919号），土地用途为商业住宅用地，使用权类型为国有出让。依据××市城市规划管理部门审定的土地规划条件，估价对象规划容积率为1.8，建筑密度设定为30%，建筑总面积为110 552.76 m²，按照建筑面积分摊土地面积61 418.20 m²。至估价时点止，未设立抵押、典当等他项权利，无任何权属纠纷。

（5）市场背景分析

近年来，××城区经济建设不断加快，人均生活水平不断提高，人均购买力也不断增强，人们对生活的质量要求不断提高，对房地产消费需求也不断增强，房地产市场逐步得到挖掘，各类型房地产价格呈上涨趋势。

2008年以来受国际金融危机和全国房地产市场低迷的影响，房地产开发增长势头明显减弱。2008年下半年，作为扩大内需、促进经济增长的重点，中央及地方政府连续出台了多项鼓励住房消费、活跃房地产市场的调控政策。再加上××城市环境的不断改善，特别是随着武汉城际铁路的即将兴建,××市区位优势日趋明显,外地和下属各县进城的投资置业者逐渐增多。

(6)最高最佳使用分析

估价对象为在建工程,规划用途为住宅,从估价对象地理位置和所处区域的配套设施功能,估价人员认为在估价时点保持在现状基础上继续按照规划开发建设使用为其最高最佳使用。

4)明确估价日期

经过与委托公司沟通,该公司要求的估价报告交付日期为 2009 年 9 月 29 日,结合本房地产估价咨询有限公司人员安排,最后估价的作业日期确定为 2009 年 9 月 17—29 日。

5.2.2　制订估价作业方案的步骤

(1)确定拟采用的估价技术路线,初步选择适用于估价对象的估价方法

根据估价人员调查,由于估价对象是在建工程,土地处于××市基准地价范围之内,土地价格可采用基准地价系数修正法进行测算,在建工程采用重置成本法;同时由于该地块规划条件清楚,房地产市场交易资料比较容易收集,因此也可以采用假设开发法估价。故房地产估价师张××、估价员李××采用成本法和假设开发法进行测算。

(2)拟调查收集的资料及其来源渠道

房地产估价人员张××、李××在确定了估价方法的基础上罗列了具体要收集的资料内容及收集渠道,详见任务 5.3。

(3)人员安排

本估价对象为在建工程,估价人员应具备良好的建筑工程管理相关经验,因此××房地产估价咨询有限公司派张××(估价师)和李××(估价员)完成本次估价任务。

(4)估价作业步骤和时间进度安排

在规定的时间内,对后续各项工作做出具体安排,包括对作业内容、作业人员、时间进度、所需经费等的安排,以便控制进度及协调合作,通常附以流程图、进度表等。

【实践操作】

估价人员张××、李××根据委托方提供的《关于委托咨询房地产抵押价格的函》及对估价对象区域状况和市场状况掌握的资料,制订以下估价作业方案,见表 5.2。

表 5.2　估价作业方案表

时　　间	工　作　内　容	人　　员
2009.9.17	初步选定假设开发法、成本法进行估价,签订委托协议	张××
2009.9.18	收集所需背景资料,委托方提供相关资料	李××
2009.9.20	现场调查、拍照	张××、李××
2009.9.21—9.25	撰写估价报告	李××
2009.9.26	审核报告,与委托方沟通	张××
2009.9.27	出具估价报告,收费,资料归档	李××

任务5.3 分析估价所需的资料内容和收集方法

5.3.1 在建工程抵押评估所需资料

1)在建工程抵押评估所需资料清单

(1)委托方资料

①委托方企业法人营业执照复印件、税务登记证、组织机构代码证、房地产开发资质证;

②规划审批的设计方案;

③项目可行性研究报告。

(2)规划、设计资料

①国有土地使用权出让合同;

②国有土地使用证;

③建设用地规划许可证;

④项目规划总平面图;

⑤建设工程规划许可证;

⑥建筑工程施工许可证;

⑦建安工程概、预算书;

⑧拟抵押在建工程建筑面积(须与"商品房销售窗口表"中的面积一致);

⑨商品房销售许可证;

⑩评估委托书;

⑪法定优先受偿权调查记录;

⑫拟抵押在建工程施工进度情况说明;

⑬拟抵押在建工程施工款支付情况说明;

⑭地价款是否交齐,如有欠付,应予以说明;

⑮前期费是否交齐,如有欠付,应予以说明;

⑯如已办理过抵押尚未还清的,应提供抵押"他项权证"复印件,并说明情况;

⑰已经预售备案的,已售的套数及其建筑面积(并列明分摊土地面积)和金额情况应予以说明;

⑱施工合同复印件;

⑲已完工程的造价情况(如桩基工程、挖土工程等)。

2)在建工程房地产开发贷款抵押价值评估所需资料

①"五证"一图。

a.土地使用权证、建设用地规划许可证、建设工程规划许可证、建筑工程施工许可证、商品房预售许可证；

　　b.建设项目总平面审批图。

　　②目前各楼号形象进度及相应完成工作量报表。

　　③实际投入成本明细表(土地价款、前期报建税费、前期工程费、已支付工程款、设备款)。

　　④已缴纳建审费用凭证(劳保统筹、城建配套等原始发票、收据复印件等,装订成册)。

　　⑤施工单位出具的欠(或不欠)付工程款证明。

　　⑥土地使用权出让合同(或股权转让合同)。

　　⑦预测量建筑面积报告(或人防建筑面积审批文件)。

　　⑧已销售房屋汇总表(姓名、房号、建筑面积、合同价款等)。

　　⑨项目营销与宣传资料。

　　⑩项目概况和可行性研究报告。

　　⑪备案登记时提供董事会决议和公司章程(工商局调档盖章)。

【实践操作】

　　估价员李××根据委托方提供的估价对象的基本资料和初步选定的估价方法,设计了一份收集资料清单和一份查勘记录。

　　资料清单如下：

　　①估价对象位置图、内外部概貌图；

　　②估价对象现场查勘记录；

　　③法定优先受偿权利等情况的书面查询资料和调查记录；

　　④关于湖北××置业有限公司国际华城二期工程房地产开发项目核准的通知(×发改投资〔2008〕017号)(复印件)；

　　⑤土地使用权证书(复印件)；

　　⑥委托方公司营业执照以及组织机构代码证(复印件)；

　　⑦估价机构营业执照以及资质证、估价师注册证(复印件)；

　　⑧建设用地规划许可证；

　　⑨建设工程规划许可证(副本)(复印件)；

　　⑩建筑工程施工许可证(复印件)；

　　⑪商品房预售许可证、商品房预售情况说明；

　　⑫建筑工程施工合同(复印件)；

　　⑬工程预算资料(复印件)；

　　⑭工程图纸、房屋测绘资料(复印件)；

　　⑮项目情况简介；

　　⑯工程进度证明,发包方、承包方的工程款支付证明、未付工程款证明(复印件)；

　　⑰土地出让金缴款证明(复印件)；

　　⑱委托评估房屋清单。

5.3.2 查勘记录表

在建工程实地查勘记录表,见表5.3。

表 5.3 在建工程实地查勘记录表

项目坐落			开发公司				
在建项目名称			项目栋号				
施工单位			监理单位				
土地证号		土地用途		使用权类型		土地使用权剩余年限	
土地使用权面积	m²	拟抵押土地面积:			m²	土地开发程度	
建筑面积	m²	其中:住宅 m² 层高 商业 m² 层高 其他 m² 层高					
拟抵押建筑面积	栋号:		已预售	套数: 建筑面积: m²			
	建筑面积 m²			销售均价:			
四至	东			南			
	西			北			
建设用地规划许可证		建设工程规划许可证编号			项目容积率		
建筑工程施工许可证		商品房预售许可证编号			规划容积率		
工程预算总投资	万元	已完成投资			规划绿化率		
已付款工程款	万元	已付款比例			规划小区环境		
开工日期		预计完工日期			区域环境		
设计结构		设计总高度			规划小区设施		
设计总层数		已完成层数			临街状况		

估价基准日形象进度					
项 目	结 构	装 饰		设 备	
设计标准					
现场状况					

其他所批文件								
商业繁华度	距商业中心	□中心内 □较近 □一般 □较远 □远		办公集聚度	距商务区距离	□近 □较近 □一般 □较远 □远		
	规模	□大 □较大 □一般 □较小 □小			距政府部门	□近 □较近 □一般 □较远 □远		
	客流量	□多 □较多 □一般 □较少 □少			小区规模	□大 □较大 □一般 □较小 □小		
	主要商业				主要写字楼			

续表

交通便捷度	公交线路	站名：　　线路：	公共设施	银行	
	火车站	距离：		超市	
	飞机场	距离：		餐饮	
	主要交通干线	名称：　　距离：		医院	
				学校	
周边房价、租金					
他项权利状况					
法定优先受偿款	□拖欠建设工程款＿＿元　□拖欠土地出让金＿＿元　□拖欠报建费＿＿元 □拖欠税费＿＿元　　　　□已抵押担保的债权数额＿＿元 □其他法定优先受偿款＿＿元				
备　注					

在查勘表背面绘制现场平面草图及记载市场案例调查情况,表内未涉及的内容可在表的背面加以详细记录,此表必须归入报告档案内。

产权人(签字):　　　　　　　　领勘人(签字):　　　　　　　第三方证人(签字):

查勘人(签字):　　　　　　　　估价师(签字):

产权人地址及联系方式:　　　　　　　　　　　　　　　　　查勘日期:

任务 5.4　研读评析在建工程抵押价值评估案例

　　本次估价标的为某市房地产开发的住宅工程,位于××市中环路,在建工程(W2-1、W3-1、W1-2、W1-3、W3-5、W3-6、W3-7、W3-8、W4-6、W4-7、W4-8 等),规划建筑面积为 110 552.76 m²,分摊土地使用权面积为 61 418.20 m²。本次估价目的是为确定房地产抵押贷款额度提供价格参考依据而评估房地产抵押价值,估价时点为 2009 年 9 月 17 日。

案例正文

房地产估价报告(节选)

一、(略)

二、(略)

三、估价的假设和限制条件

(一)估价假设条件

抵押估价案例
预习成果

（1）产权方面假设条件

①假定估价对象建成后拥有合法、完整的产权。

②假设估价对象土地使用权剩余使用年限为 67 年，其物业所有权人对该物业享有自由使用、转让、收益、处分的合法权益。

③假设估价对象按规划继续开发完成，规划不变，建成后质量符合国家规定标准，能办理权属证书；如物业的法定用途发生改变，则估价对象的价值将发生变化，须重新进行估价。

④估价人员对估价对象的现场查勘仅限于其外观和使用状况，对被遮盖、未暴露及难以接触部分，本报告假设估价对象符合国家有关技术、质量、验收规范。

⑤本次估价对象土地性质为出让，假设土地出让剩余使用年限为 67 年，如与本假设不一致，则本估价结果无效。

⑥假设委托方提供的估价资料和有关参数属实。

⑦本报告确定的房地产抵押价值为抵押房地产在估价时点的市场价值，等于假定未设立法定优先受偿权利的市场价值减去房地产估价师知悉的法定优先受偿款（法定优先受偿款是指假定在估价时点实现抵押权时，法律规定优先于本次抵押贷款受偿的款额，包括发包人拖欠承包人的建筑工程款、已抵押担保的债权数额以及其他法定优先受偿款）。至估价时点时，根据委托方提供的资料和估价人员调查，估价对象不拖欠承包人的建筑工程款，无抵押担保的债权等法定优先受偿款。

（2）公开市场价值假设条件

本估价报告中，估价结果为估价对象于估价时点的公开市场价值。

（二）估价限制条件

①本估价报告依据的有关资料由委托方提供，并对其真实性负责；因委托方提供的资料失真造成估价结果有误，估价方不承担责任。

②本报告估价目的仅为为确定房地产抵押贷款额度提供参考依据而评估房地产抵押价值，不适用于其他任何目的，若改变估价目的及使用条件需向本估价机构咨询后作必要修正甚至重新估价。

③按有关规定本估价报告自出具日起半年内有效。超过估价报告应用有效期使用估价报告的，相关责任由使用者承担。在估价报告应用有效期内使用估价报告的，相关责任由出具估价报告的估价机构承担，但使用者使用不当的除外。

④估价人员对估价对象进行现场查勘，并对实地查勘的客观性、真实性、公正性承担责任。但估价人员对估价对象的查勘限于估价对象的外观和使用状况。除非另有协议，估价人员不承担对估价对象建筑结构质量进行调查的责任，也不承担对木质工程，其他被遮盖、未暴露及难以接触到的部分进行检查的责任。此外，估价人员也没有组织对空调或其他设备等服务性设施进行测试的责任。

⑤其他需要说明的问题。

本报告必须完整使用（尤其是价格）方为有效，对使用本报告中的部分内容导致可能发生的损失,受托机构不承担责任。

⑥估价师提示。

a.随着时间推移,房地产市场状况和估价对象自身情况发生变化,估价对象的市场价值将发生相应变化,估价结果也需做相应调整。

b.估价对象房地产使用范围内的土地为国家出让用地。根据《中华人民共和国城市房地产管理法》和《房地产抵押管理办法》,一旦涉及房地产转让问题,房地产使用范围内的土地使用权需作相应处置,办理土地分割手续。

房地产估价结果报告(节选)

(十四)风险提示

①估价对象状况和房地产市场状况因时间变化对房地产抵押价值可能产生影响,在估价对象实物状况及区位状况不受意外损害,能正常维护使用,房地产市场没有大的波动的情况下,预计在本估价报告使用有效期内,房地产抵押价值基本保持稳定。

②对抵押期间可能产生的房地产信贷风险,本估价报告的使用者应予以关注,如估价对象可能会因为国家经济、政治等环境变化,房地产市场价格波动,房地产税费调整等导致房地产抵押价值减损。

③本估价报告使用者应持谨慎原则,在运用本报告时,应在考虑未来市场波动风险、房地产变现的不确定性和变现费用、房地产转让时应缴纳的有关税费等因素对估价对象价值的影响和本估价结果报告对估价对象的价值定义后,合理使用评估价值,确定贷款额。

④报告所称"市场价值"是指估价对象在保持现有用途并持续经营,以及在保持估价时点之状况和外部经济的前提下,为本报告所确定的估价目的而提出的公允估价意见。该估价意见是指假定在充分发达的公开市场条件下,交易双方在交易地位平等、充分了解估价对象相关市场信息及交易双方在独立和理智判断的前提下,形成的公平市场价格。该价格并不代表具体资产在涉及产权变动或资产形态变化时的实际交易价格。

⑤考虑贷款时间内房地产市场的变化,建议贷款人在1年后适时对抵押房地产价值变化状况进行再评估,以控制贷款风险。

⑥目前金融机构贷款风险管理办法等规定涉及抵押物变现价值的计算,并考虑报告使用人按其内部规定自行判断将来可能的变现损失,为避免重复扣减,故本次估价结果未扣除未来可能的变现费用,委托人及相关报告使用人在使用本报告时应予以充分的考虑和重视。

⑦抵押权利双方应按规定到有关管理部门进行抵押登记。

⑧根据委托人提供的相关证明材料及估价人员经验,其抵押价值还受到以下几个方面的影响或限制:

a.抵押期限内可能会增加的法定优先受偿款,主要是指抵押权实现费用、企业所欠职工工资、劳动保险费用及企业所欠税款三类情况;

b.经济衰退或房地产政策调整,致使区域范围内房地产市场价值整体下跌。

(十五)变现能力分析

(1)变现能力

①房地产的通用性。所谓通用性,就是是否常见,是否普遍使用。委估对象证载用途为

商业、住宅用房,实际为住宅、车库、储藏室用房,该类用房在××城区房地产市场上较常见,使用范围较广,因此其通用性较强。

②房地产的独立使用性。所谓独立使用性,就是能否单独地使用而不受限制。委估对象单独使用不受限制,因此其独立使用性较强。

③房地产价值的大小。一般来说,价值越大的房地产,所需的资金越多,越不容易找到买家,变现能力就越弱。

④房地产的可分割转让性。所谓可分割转让性,是指在物理上、经济上是否可以分离开使用,从估价对象的设计用途上看,估价对象的分割转让性较强。

⑤房地产的区位。估价对象处于××城区商业用地四级、住宅用地三级地段,周边配套设施齐全,交通便利,区位优势较为明显。

综上所述,估价对象作为商业住宅用房,单独使用不受限制,且可分割转让性、独立使用性较强,估价对象房地产价值较大,市场上不易找到买家,综上分析,估价对象的变现能力一般。

(2)快速变现价值

假定在估价时点强制处分估价对象,因卖方价外手续费、竞价空间、双方无合理的谈判空间、快速变现的付款方式及目前拍卖市场成交活跃程度等因素,将产生一定的价格减损,根据估价对象一和二的具体情况,预计估价对象一和二可实现的快速价值分别为市场价值的80%和70%左右。

(3)清偿顺序

在估价时点委估对象未设定任何抵押权,若进行拍卖变现,其变现时间较短,但变现价格一般较低,变现成本较高,要支付拍卖佣金(成交价的5%)、交易费(成交价的0.5%)、营业税(成交价的5.5%)、土地增值税(成交价的2%)等。

拍卖所得价款,一般按照下列顺序分配:支付拍卖抵押房地产的费用,抵押房地产应缴纳的各种税金,偿还抵押债权本息及违约金,赔偿由债务人违反合同而对抵押权造成的损失,剩余金额交给抵押人。

房地产估价技术报告(节选)

(七)估价测算过程

1.利用成本法测算估价对象的价格

首先运用基准地价系数修正法测算土地价格,再根据工程的投资进度和施工进度评估在建工程已建部分价格,然后两部分累加就是在建工程价格。测算公式为:

$$在建工程价值=土地价值+已完工建筑物价值$$

根据地块的特点及估价人员收集的资料,经综合分析,在确定估价原则的基础上,本评估运用的估价方法是按照《城镇土地估价规程》的规定,结合估价机构掌握的有关资料和待估宗地的自然经济状况、估价目的以及待估宗地所在的土地市场具体特点来确定。估价对象的设定用途为住宅用地,坐落区有完善的基准地价修正体系,故可采用基准地价系数修正法进行评估。

（1）基准地价内涵

基准地价是指在城镇规划区范围内，在设定的土地开发程度和设定容积率条件下，对现状利用条件及现状开发条件不同级别或不同均质地域的土地，按照商业、住宅、工业等用途，分别评估在某一估价期日法定最高出让年期土地使用权的单位土地面积的区域平均价格。地价构成包括土地取得费用（征地补偿费或城市拆迁补偿费）、土地开发费用、土地所有权收益等。

根据《××省国土资源厅办公室关于开展新一轮基准地价更新工作的通知》（×土资办文〔2006〕53号文件）的规定，本次基准地价基准日为2006年6月30日；土地级别是基准地价的空间载体，各类用地基准地价对应的区位条件是各级别区域内平均的区位条件；土地还原利率：商业7.17%，住宅6.37%，工业5.77%。

根据以上规定，结合××市具体情况，确定2006年××城区基准地价内涵定义见表1，××城区级别基准地价见表2。

表1 ××城区基准地价内涵表

用 途	估价基准日	平均容积率	开发程度	年 限	使用权类型
商业	2006年6月30日	1.8	五通一平	40	国有出让土地使用权
住宅	2006年6月30日	1.5	五通一平	70	国有出让土地使用权
工业	2006年6月30日	0.8	三通一平	50	国有出让土地使用权

注："五通一平"指红线外通路、通电、通气、通上水、通下水及红线内场地平整。

"三通一平"指红线外通路、通电、通水及红线内场地平整。

表2 ××城区级别基准地价表　　　　　　　　单位:元/m²

土地级别	I	II	III	IV	V
商业用地	1 212	935	722	523	338
住宅用地	738	564	432	334	260
工业用地	535	396	275	181	—

（2）计算公式

根据《城镇土地估价规程》与《2006年××市××城区土地定级与基准地价更新技术报告》，基准地价系数修正法评估宗地地价的计算公式为：

$$基准地价设定开发程度下的宗地地价 = 基准地价 \times (1 \pm \sum K) \times \prod S$$

式中 $\sum K$——宗地所在地价区位影响因素总修正值；

$\prod S$——宗地个别因素修正系数的乘积。

如果评估设定的待估宗地的开发程度与基准地价设定的开发程度存在差异,则需进行开发程度修正,得到评估设定待估宗地开发程度条件下的宗地地价,即:

设定开发程度条件下的宗地地价=基准地价设定开发程度下的宗地地价+开发程度修正幅度

(3)确定待估宗地的土地级别及基准地价

本次评估待估宗地位于××市中环路南侧,该宗地处于××城区Ⅲ级住宅用地区域,根据《省物价局省国土资源厅关于××市市辖城区基准地价的批复》(×价房服[2008]12号),××城区Ⅲ级住宅用地基准地价为432元/m²。

(4)编制待估宗地区位影响因素说明、优劣程度及修正系数表,确定区位因素修正系数$\sum K$

根据《2006年××市××城区土地定级与基准地价更新技术报告》、××城区Ⅲ级住宅用地宗地地价区域因素修正系数指标说明表(见表3)和Ⅲ级住宅用地宗地地价区域因素修正系数表(见表4),按照待估宗地的区域因素条件,可编制待估宗地地价影响因素说明和修正系数表,见表5。

表3 Ⅲ级住宅用地宗地地价区域因素修正系数指标说明表

因素	因子	优	较 优	一 般	较 劣	劣
繁华程度	距市级商服中心/m	≤500	(500,1 000]	(1 000,1 500]	(1 500,2 000]	>2 000
	距区级商服中心/m	≤400	(400,900]	(900,1 500]	(1 500,2 000]	>2 000
交通条件	临街道类型	生活型主干道	混合型主干道	生活型次干道	混合型次干道	支路
	临公交站点状况/条	≥5	4	3	2	1
	距长途汽车站/m	(250,350]	≤250 或(350,500]	(500,700]	(700,900]	>900
	距客运码头/m	≤500	(500,1 000]	(1 000,2 000]	(2 000,3 500]	>3 500
基础公用设施状况	供电状况/%	≥95	[85,95)	[75,85)	[65,75)	<65
	供水状况/%	≥95	[85,95)	[75,85)	[65,75)	<65
	排水状况/%	≥95	[85,95)	[75,85)	[65,75)	<65
	供气状况/%	≥95	[85,95)	[75,85)	[65,75)	<65
	距中学/m	(250,350]	≤250 或(350,500]	(500,700]	(700,900]	>900
	距小学/m	(250,350]	≤250 或(350,500]	(500,700]	(700,900]	>900
	距幼儿园/m	(250,350]	≤250 或(350,500]	(500,700]	(700,900]	>900

续表

因素	因子	优	较优	一般	较劣	劣
基础公用设施状况	距医院/m	(250,350]	≤250 或(350,500]	(500,700]	(700,900]	>900
	距公园/m	(250,350]	≤250 或(350,500]	(500,700]	(700,900]	>900
	距农贸市场/m	(250,350]	≤250 或(350,500]	(500,700]	(700,900]	>900
	距文化馆/m	(250,350]	≤250 或(350,500]	(500,700]	(700,900]	>900
	距邮局/m	(250,350]	≤250 或(350,500]	(500,700]	(700,900]	>900
	距银行/m	(250,350]	≤250 或(350,500]	(500,700]	(700,900]	>900
	距体育场/m	(250,350]	≤250 或(350,500]	(500,700]	(700,900]	>900
环境状况	大气状况(污染指数)	≤60	(60,70]	(70,80]	(80,90]	>90
	水环境	Ⅰ类水域	Ⅱ类水域	Ⅲ类水域	Ⅳ类水域	Ⅴ类及超Ⅴ类水域
	噪声状况/dB	≤48	(48,55]	(55,62]	(62,70]	>70
	绿地覆盖率程度/%	≥50	[40,50)	[30,40)	[10,30)	<10
人口状况	居住人口密度状况 /(人·km⁻²)	[9 000,10 000)	[8 000,9 000) [10 000,11 000)	[7 000,8 000)	[4 000,7 000) [11 000,13 000)	<4 000 ≥13 000
城市规划	用地规划	前景好	前景较好	无限制	限制较小	限制大
	道路规划	前景好	前景较好	无限制	限制较小	限制大

表4 Ⅲ级住宅用地宗地地价区域因素修正系数表

因素	权重	因子	权重	优	较优	一般	较劣	劣
繁华程度	0.143 0	距市级商服中心	0.074 3	0.014 1	0.007 1	0.000 0	−0.007 1	−0.014 1
		距区级商服中心	0.068 7	0.013 0	0.006 5	0.000 0	−0.006 5	−0.013 0
交通条件	0.190 9	临街道类型	0.067 2	0.012 8	0.006 4	0.000 0	−0.006 4	−0.012 8
		临公交站点状况	0.073 3	0.013 9	0.007 0	0.000 0	−0.007 0	−0.013 9
		距长途汽车站	0.033 2	0.006 3	0.003 2	0.000 0	−0.003 2	−0.006 3
		距客运码头	0.017 2	0.003 3	0.001 6	0.000 0	−0.001 6	−0.003 3

续表

因素	权重	因 子	权重	优	较优	一般	较劣	劣
基础公用设施状况	0.321 3	供电状况	0.049 2	0.009 3	0.004 7	0.000 0	-0.004 7	-0.009 3
		供水状况	0.049 8	0.009 5	0.004 7	0.000 0	-0.004 7	-0.009 5
		排水状况	0.047 4	0.009 0	0.004 5	0.000 0	-0.004 5	-0.009 0
		供气状况	0.027 9	0.005 3	0.002 6	0.000 0	-0.002 6	-0.005 3
		距中学	0.020 3	0.003 9	0.001 9	0.000 0	-0.001 9	-0.003 9
		距小学	0.023 3	0.004 4	0.002 2	0.000 0	-0.002 2	-0.004 4
		距幼儿园	0.018 6	0.003 5	0.001 8	0.000 0	-0.001 8	-0.003 5
		距医院	0.018 2	0.003 5	0.001 7	0.000 0	-0.001 7	-0.003 5
		距公园	0.010 0	0.001 9	0.000 9	0.000 0	-0.000 9	-0.001 9
		距农贸市场	0.021 0	0.004 0	0.002 0	0.000 0	-0.002 0	-0.004 0
		距文化馆	0.008 5	0.001 6	0.000 8	0.000 0	-0.000 8	-0.001 6
		距邮局	0.008 0	0.001 5	0.000 8	0.000 0	-0.000 8	-0.001 5
		距银行	0.011 2	0.002 1	0.001 1	0.000 0	-0.001 1	-0.002 1
		距体育场	0.007 9	0.001 5	0.000 7	0.000 0	-0.000 7	-0.001 5
环境状况	0.189 6	大气状况	0.038 8	0.007 4	0.003 7	0.000 0	-0.003 7	-0.007 4
		水环境	0.036 9	0.007 0	0.003 5	0.000 0	-0.003 5	-0.007 0
		噪声状况	0.029 8	0.005 7	0.002 8	0.000 0	-0.002 8	-0.005 7
		绿地覆盖率程度	0.084 1	0.016 0	0.008 0	0.000 0	-0.008 0	-0.016 0
人口状况	0.080 9	居住人口密度状况	0.080 9	0.015 4	0.007 7	0.000 0	-0.007 7	-0.015 4
城市规划	0.074 3	用地规划	0.037 0	0.007 0	0.003 5	0.000 0	-0.003 5	-0.007 0
		道路规划	0.037 3	0.007 1	0.003 5	0.000 0	-0.003 5	-0.007 1
	1.000 0		1.000 0	0.189 8	0.094 9	0.000 0	-0.094 9	-0.189 8

表5 待估宗地地价影响因素说明和修正系数表

因 素	因 子	调查情况	优劣程度	修正幅度
繁华程度	距市级商服中心/m	1 500 m	一般	0.000 0
	距区级商服中心/m	小于 1 000 m	一般	0.000 0
交通条件	临街道类型	混合型主干道	较优	0.006 4
	临公交站点状况/条	1	劣	-0.013 9
	距长途汽车站/m	>900	劣	0.004 9
	距客运码头/m	>3 500	劣	-0.003 3

续表

因　素	因　子	调查情况	优劣程度	修正幅度
基础公用 设施状况	供电状况/%	≥95	优	0.009 3
	供水状况/%	≥95	优	0.009 5
	排水状况/%	≥95	优	0.009 0
	供气状况/%	≥95	优	0.005 3
	距中学	>900	劣	−0.003 9
	距小学	>900	劣	−0.004 4
	距幼儿园	>900	劣	−0.003 5
	距医院	>900	劣	−0.003 5
	距公园	>900	劣	−0.001 9
	距农贸市场	>900	劣	−0.004 0
	距文化馆	>900	劣	−0.001 6
	距邮局	>900	劣	−0.001 5
	距银行	>900	劣	−0.002 1
	距体育场	>900	劣	−0.001 5
环境状况	大气状况(污染指数)	≤60	优	0.007 4
	水环境	Ⅰ类水域	优	0.007 0
	噪声状况/dB	≤48	优	0.005 7
	绿地覆盖率程度/%	≥50	优	0.016 0
人口状况	居住人口密度状况 /(人·km⁻²)	[9 000,10 000)	优	0.015 4
城市规划	用地规划	前景好	优	0.007 0
	道路规划	前景好	优	0.007 1
合计($\sum K$)				0.064 9

(5)编制待估宗地个别因素说明、优劣程度及修正系数表,确定个别因素修正系数$\prod S$

①容积率修正系数见表6。

表6　××城区住宅用地容积率修正系数表

容积率	Ⅰ　级	Ⅱ　级	Ⅲ　级	Ⅳ　级	Ⅴ　级
0.5	0.681 4	0.696 9	0.719 0	0.734 5	0.759 3
0.6	0.713 2	0.727 2	0.747 1	0.761 1	0.783 4
0.7	0.745 1	0.757 6	0.775 3	0.787 7	0.807 6
0.8	0.777 0	0.787 9	0.803 4	0.814 3	0.831 7

续表

容积率	Ⅰ 级	Ⅱ 级	Ⅲ 级	Ⅳ 级	Ⅴ 级
0.9	0.808 9	0.818 2	0.831 5	0.840 9	0.855 8
1.0	0.840 7	0.848 5	0.859 6	0.867 4	0.879 8
1.1	0.872 6	0.878 8	0.887 7	0.894 0	0.903 9
1.2	0.904 4	0.909 1	0.915 8	0.920 5	0.928 0
1.3	0.936 3	0.939 4	0.943 9	0.947 0	0.952 0
1.4	0.968 1	0.969 7	0.971 9	0.973 5	0.976 0
1.5	1.000 0	1.000 0	1.000 0	1.000 0	1.000 0
1.6	1.031 8	1.030 3	1.028 1	1.026 5	1.024 0
1.7	1.063 7	1.060 6	1.056 1	1.052 9	1.047 9
1.8	1.095 5	1.090 8	1.084 1	1.079 4	1.071 9
1.9	1.127 4	1.121 1	1.112 2	1.105 8	1.095 8
2.0	1.159 2	1.151 3	1.140 2	1.132 3	1.119 7
2.1	1.191 0	1.181 6	1.168 2	1.158 7	1.143 6
2.2	1.222 9	1.211 8	1.196 2	1.185 1	1.167 5
2.3	1.254 7	1.242 1	1.224 2	1.211 5	1.191 4
2.4	1.286 5	1.272 3	1.252 2	1.237 9	1.215 2
2.5	1.318 3	1.302 6	1.280 2	1.264 2	1.239 1
2.6	1.350 2	1.332 8	1.308 1	1.290 6	1.262 9
2.7	1.382 0	1.363 0	1.336 1	1.317 0	1.286 7
2.8	1.413 8	1.393 2	1.364 0	1.343 3	1.310 5
2.9	1.445 6	1.423 4	1.392 0	1.369 6	1.334 3
3.0	1.477 4	1.453 6	1.419 9	1.395 9	1.358 0
3.1	1.509 2	1.483 8	1.447 8	1.422 2	1.381 7
3.2	1.541 0	1.514 0	1.475 8	1.448 5	1.405 5
3.3	1.572 8	1.544 2	1.503 7	1.474 8	1.429 2
3.4	1.604 6	1.574 4	1.531 6	1.501 0	1.452 8
3.5	1.636 4	1.604 6	1.559 5	1.527 3	1.476 5
3.6	1.668 2	1.634 7	1.587 4	1.553 5	1.500 2
3.7	1.699 9	1.664 9	1.615 2	1.579 7	1.523 8
3.8	1.731 7	1.695 1	1.643 1	1.606 0	1.547 4
3.9	1.763 5	1.725 2	1.671 0	1.632 2	1.571 0
4.0	1.795 3	1.755 4	1.698 8	1.658 3	1.594 6

注:若容积率不在上表之中,则可利用容积率函数求取地价,然后与基准地价相比得出修正系数。

委估地块的设定容积率为 1.8,故容积率修正系数为 $S_1 = 1.0841$。

②确定期日修正系数(S_2)。

本次评估的估价基准日为 2009 年 9 月 17 日,××城区基准地价基准日为 2006 年 6 月 30 日,与估价时点相差 3 年多。

根据表 7 可知,近几年××城区的住宅地价增长指数,每年综合用地地价涨幅为 8.2%,随着××新城区的开发,市政府、二级汽车站规划的形成,以及中环路、东方广场的形成,综合分析后,该地段每年综合用地地价涨幅为 15%。因此,本次估价对象的交易期日修正系数:

待估宗地: $S_2 = 1 + 15\% \times 3 = 1.45$

表 7　2007 年 1—12 月各类用地价格表　　　　单位:元/m²

土地用途	2007 年 1—12 月	2006 年 1—12 月	增　加	涨　幅
综合用地	493.84	456.43	37.41	8.20%
商业用地	789.80	730.67	59.13	8.09%
住宅用地	420.17	391.53	28.64	7.31%
工业用地	271.56	247.07	24.49	9.91%

注:工业用地价格是通过评估计算得出的。工业用地的市场交易很少,一般都是政府招商引资企业受让。

③确定土地使用权年期修正系数(S_3)。

本次估价待估宗地土地用途为住宅,土地使用权性质为国有出让,住宅用地出让剩余年限为 67 年,而基准地价设定使用年限为住宅用途的法定最高出让年限 70 年,出让剩余年限与基准地价设定使用年限不一致,故需作年期修正。根据《2006 年××市××城区土地定级与基准地价更新技术报告》,待估住宅用地使用年期修正系数见表 8。

表 8　住宅用地使用年期修正系数表

使用年期	1	2	3	4	5	6	7	8	9	10
修正系数	0.0607	0.1177	0.1714	0.2218	0.2692	0.3138	0.3557	0.3951	0.4321	0.4669
使用年期	11	12	13	14	15	16	17	18	19	20
修正系数	0.4996	0.5304	0.5593	0.5865	0.6121	0.6361	0.6587	0.6800	0.6999	0.7187
使用年期	21	22	23	24	25	26	27	28	29	30
修正系数	0.7364	0.7530	0.7686	0.7832	0.7970	0.8100	0.8222	0.8336	0.8444	0.8545
使用年期	31	32	33	34	35	36	37	38	39	40
修正系数	0.8640	0.8730	0.8814	0.8893	0.8967	0.9037	0.9103	0.9165	0.9223	0.9277
使用年期	41	42	43	44	45	46	47	48	49	50
修正系数	0.9329	0.9377	0.9422	0.9465	0.9505	0.9543	0.9578	0.9611	0.9643	0.9672
使用年期	51	52	53	54	55	56	57	58	59	60
修正系数	0.9700	0.9726	0.9750	0.9773	0.9795	0.9815	0.9834	0.9852	0.9869	0.9885

续表

使用年期	61	62	63	64	65	66	67	68	69	70
修正系数	0.990 0	0.991 4	0.992 7	0.994 0	0.995 1	0.996 2	0.997 3	0.998 2	0.999 1	1

$$待估宗地:S_3 = 0.997\ 3$$

④住宅用地宗地面积修正系数(S_4)。

根据《2006 年××市××城区土地定级与基准地价更新技术报告》,需要对估价对象的不同面积状况进行修正,见表9。

表9　住宅用地宗地面积修正系数表

指标标准	优	较　优	一　般	较　劣	劣
指标标准说明	面积适中,对土地利用极为有利	面积对土地利用较为有利	面积对土地利用无不良影响	面积较小,对土地利用有一定影响	面积过小,对土地利用产生严重影响
修正系数	1.06	1.03	1	0.97	0.94

经估价人员实地查勘,待估宗地面积适中,对土地利用极为有利,根据表9可知,待估宗地宗地面积修正系数为:

$$S_4 = 1.06$$

⑤住宅用地形状修正系数(S_5)。

根据《2006 年××市××城区土地定级与基准地价更新技术报告》,需要对估价对象土地形状进行修正,见表10。经估价人员实地查勘,待估宗地土地利用较为合理。

表10　住宅用地宗地形状修正系数表

指标标准	优	较　优	一　般	较　劣	劣
指标标准说明	形状规则,对土地利用合理	土地利用较为合理	土地利用无不良影响	形状不规则,对土地利用不合理	形状不规则,对土地利用产生严重影响
修正系数	1.06	1.03	1	0.97	0.94

根据《2006 年××市××城区土地定级与基准地价更新技术报告》中宗地形状修正系数表可知,待估住宅宗地形状修正系数为:

$$S_5 = 1.03$$

⑥建筑物朝向修正系数(S_6)。

根据《2006 年××市××城区土地定级与基准地价更新技术报告》,需要对估价对象的住宅建筑物朝向进行修正,见表11。

表 11　住宅用地建筑物朝向修正系数表

指标标准说明	南	东南、西南	东	东北、西北	北、西
修正系数	1.06	1.03	1	0.98	0.96

待估对象地上规划有南北朝向住宅建筑物,因此建筑物朝向修正系数为:

$$S_6 = 1.06$$

⑦开发程度条件修正。

待估宗地设定开发程度与基准地价设定开发程度一致,不需要进行开发程度的修正。

根据待估宗地个别因素情况,参照上述修正系数表,建立待估宗地地价个别影响因素说明(或指标值)、优劣程度及修正系数表,见表 12。

表 12　待估宗地地价个别因素说明(或指标值)、优劣程度及修正系数表

因　素	条件说明(或指标值)	优劣程度	修正系数
容积率	1.8		1.084 1
交易期日	2009 年 9 月 17 日		1.45
使用年期	67 年		0.997 3
宗地面积状况	面积适中,对土地利用极为有利	优	1.06
宗地形状	土地利用较为合理	较优	1.03
建筑物朝向	南北		1.06
合计($\prod S$)			1.814 3

(6)计算基准地价设定开发程度条件下的宗地地价

经以上分析,待估宗地在基准地价设定开发程度条件下的土地价格:

$$住宅用地单位价格 = 基准地价 \times (1 \pm \sum K) \times \prod S$$
$$= 432 \times (1 + 0.064\ 9) \times 1.814\ 3$$
$$= 834.64(元/m^2)$$

(7)计算估价设定开发程度条件下的宗地地价

××城区本次基准地价更新商业、住宅用地设定的开发程度均为红线外"五通一平"。若宗地基础设施配套程度没有达到该程度,利用基准地价评估宗地地价时就应该减去相应的开发费用(场地平整视具体情况而定)。

根据工程造价经验和相关城市基础配套设施费用比例,可以确定本次××城区宗地开发程度修正值,见表 13。

表13 开发程度修正值范围表 单位:元/m²

开发程度	通路	供电	通气	通上水	通下水
开发费用	30	20	15	17	17

由于基准地价设定的开发程度与待估宗地设定开发程度相同,因此不需要进行开发程度修正。则待估宗地地价的评估值为:

住宅用地单位价格=834.64(元/m²)

(8)基准地价系数修正法过程(见表14)

表14 基准地价系数修正法评估一览表

宗地名称	土地等级	基准地价/(元·m⁻²)	基准地价设定年期/年	评估设定年期/年	区域因素修正系数	个别因素修正系数	土地开发程度修正幅度/(元·m⁻²)	出让土地单价/(元·m⁻²)	土地总价/万元
××华城二期	Ⅲ级	432	70	67	0.064 9	1.814 3	0	834.64	5 126.21

(9)运用重置成本法测算在建工程建筑物价格

截至估价时点,该在建工程的施工进度为 W2-1、W3-1、W1-2、W1-3 整板基础部分已经完工;W3-5、W3-6、W3-7、W3-8、W4-6、W4-7、W4-8 孔桩施工完成;W1-2、W1-3、W1-5、W3-4、W6-1、W6-2、W6-3、W6-4、W6-5、W6-6、W6-7 未开工,具体测算见表15。

表15 在建工程建筑物价格测算表

序号	工程名称	形象进度	投资进度	重置单价/(元·m⁻²)	评估单价/(元·m⁻²)	面积/m²	评估总价/万元
1	W2-1、W3-1、W1-2、W1-3 的防空地下室	桩基完成	70%	2 800	1 960	8 397.32	1 645.87
2	W3-5、W3-6、W3-7、W3-8、W4-6、W4-7、W4-8 的桩基础	孔桩施工完成	10%	1 000	100	27 755.68	277.56
3	W1-2、W1-3、W1-5、W3-4、W6-1、W6-2、W6-3、W6-4、W6-5、W6-6、W6-7	未动工	0	0	0	42 578.16	0
4	合 计						1 923.43

（10）确定估价对象的总价格

$$估价对象的总价格=土地价格+在建工程已建建筑物的价格$$
$$=5\ 126.21+1\ 923.43$$
$$=7\ 049.64(万元)$$

2.采用假设开发法评估估价对象的价格

假设开发法是在估算开发完成后不动产正常交易价格的基础上,扣除预计的正常续建开发成本及有关专业费用、利息、利润和销售税费等,以价格余额来估算待估在建工程价格的方法。计算公式如下:

$$在建工程价格=预计开发完成后不动产总价-建筑物开发成本-购地税费-$$
$$投资利息-投资利润-销售税费$$

依据××市城市规划管理部门审定的土地规划条件,本次评估容积率为1.8,建筑密度设定为30%,土地面积为61 418.20 m²,总建筑面积为110 552.76 m²。

（1）预计开发完成后不动产总价

根据相同结构,相同地段、等级、同一供需圈内住宅用地的销售价格,采用市场比较法确定估价对象在估价基准日建成状态下住宅用地的平均售价,估价人员参照××市××城区内住宅用地的平均售价,收集当地的房地产市场资料,综合估算该类建筑物平均售价为2 180元/m²。

待估宗地上总建筑面积为110 552.76 m²,则不动产总价为:

$$2\ 180×110\ 552.76/10\ 000=24\ 100.5(万元)$$

（2）建筑物开发成本

①建筑工程造价。依据××市建设工程造价管理站发布的《××市建筑安装工程二〇〇九年二季度造价信息》和《××省建筑安装工程费用定额》等测算本项目建筑工程单位建筑面积造价为800元/m²。

②电梯配套费为20元/m²。

③小区基础设施配套费,包括小区绿化、道路、围墙、景点等费用,按60元/m²计。

根据以上标准计算建筑安装费单价(包括建筑工程造价、地下室建造费、电梯配套费、小区基础设施配套费)为:

$$建筑安装费单价=建筑工程造价+电梯配套费+小区基础设施配套费$$
$$=880\ 元/m²$$

则项目建筑安装费为:

$$880×110\ 552.76/10\ 000=9\ 728.64(万元)$$

（3）前期工程费

①勘测规划设计费,估算单价为12元/m²,为:

$$12×110\ 552.76/10\ 000=132.66(万元)$$

②城市基础设施配套费,依据××政发〔2007〕43号文件为55元/m²,为:

$$55×110\ 552.76/10\ 000=608.04(万元)$$

③防空地下室异地建设费,依据×价费〔2004〕206号中的易地建设费收费标准,此处按1 200元/m²收取:

$$1\ 200×110\ 552.76×3\%/10\ 000=397.99(万元)$$

④墙体材料专项费用,依据×价房地字〔1998〕218号,按7元/m²计,为:

$$7×110\ 552.76/10\ 000=77.39(万元)$$

⑤白蚁防治费,依据××省物价局、××省财政厅《关于印发城建系统行政事业性收费项目及标准的通知》(×价费字〔1992〕232号),按1.0元/m²,为:

$$1×110\ 552.76/10\ 000=11.06(万元)$$

⑥商品混凝土交易费,依据×价房地产字〔2002〕49号,按建安费的0.9‰计,为:

$$0.9‰×9\ 728.64=8.76(万元)$$

⑦散装水泥专项基金,依据财综字〔2002〕23号,按1.5元/m²,为:

$$1.5×110\ 552.76/10\ 000=16.58(万元)$$

⑧生活垃圾处理费,依据×价费字〔1992〕232号通知,处理费为12元/m²,清运费为6元/m²,为:

$$18×110\ 552.76/10\ 000=198.99(万元)$$

⑨工程质量监督费,依据×价费〔2001〕329号通知,按建安费的0.175%计,为:

$$9\ 728.64×0.175\%=17.03(万元)$$

⑩交易服务费,依据×价房地函字〔2000〕31号通知,按建安费的1.6‰计,为:

$$9\ 728.64×1.6‰=15.57(万元)$$

⑪招标代理费,依据计价格〔2002〕1980号,按建安费的0.55%计,为5.45万元。

⑫易地绿化费,根据×价费字〔2001〕239号,未达到绿化标准(新区住宅建设的绿地率不应低于30%,旧区不低于25%)按照差额500元/m²,待估宗地已达标,故为0万元。

⑬建设工程勘察设计合同印花税,税率为0.5‰,为:

$$132.66×0.5‰=0.07(万元)$$

建安合同印花税,按建安费的0.3‰计,为:

$$9\ 728.64×0.3‰=2.92(万元)$$

前期印花税为:0.07+2.92=2.99(万元)

⑭工程造价咨询费,依据×价房地字〔2000〕51号,则工程造价咨询费为3.90万元。

前期工程费合计为:1 496.41万元。

(4)管理费用

按建安费的2%计,依据开发项目的规模取1%~3%,为:

$$9\ 728.64×2\%=194.57(万元)$$

(5)不可预见费

根据房地产市场状况及开发项目的规模,按建安费的2%计,依据开发项目的规模取2%~6%,为:

$$9\ 728.64×2\%=194.57(万元)$$

$$建筑物开发成本=9\ 728.64+1\ 496.41+194.57+194.57=11\ 614.19(万元)$$

由于该在建工程目前只完成10%的项目投资,形象进度为10%,所以

$$续建开发成本=建筑开发成本×(1-10\%)=10\ 452.77(万元)$$

(6)购地税费

购地税费包括相关法律手续费用(契税等)、评估费用、土地登记费等,按地价的4.3%计,设地价为x,则此项为0.043x万元。

(7)投资利息

依据开发项目的规模,设定项目的开发周期为1年。年投资利息率参考同期中国人民银行公布的1年期的贷款利率5.31%计。假设地价及购地税费是一次性投入,计息期为整个开发周期;开发成本费用均匀投入,计息期为开发期的一半,均按复利计息,投资利息为:

$$投资利息=建筑物续建开发成本×[(1+利息率)^{开发周期/2}-1]+$$
$$地价及购地税费×[(1+利息率)^{开发周期}-1]$$
$$=304.37+0.06x 万元$$

(8)投资利润

投资利润为全部预付资本(包括开发成本和土地成本)利润,根据近年来××市类似房地产开发项目的利润水平,投资利润率按预付资本的20%计,则投资利润为:

$$投资利润=建筑物续建开发成本×20\%+地价及购地税费×20\%$$
$$=2\,090.55+0.21x 万元$$

(9)销售税费

依据×价房服[2002]77号,销售税费包括:

①营业税及附加,按不动产总价的5.8%计,共1 397.83万元;

②交易手续费,住宅按1.5元/m^2计,共16.58万元;

③印花税,按不动产总价的0.05%计,共12.05万元;

④评估等费用,按不动产总价值的0.2%计,共48.2万元;

⑤广告宣传及代理费,按不动产总价的1%计,共241.01万元。

$$销售税费=①+②+③+④+⑤=1\,715.67(万元)$$

(10)计算宗地总地价

将上述各项代入公式:

在建工程总价=预计开发完成后不动产总价-建筑物续建开发成本-购地税费-
投资利息-投资利润-销售税费

即$x=11\,323.32-0.313x$万元,求得:在建工程总价x为8 624.01万元。

3.在建工程房地产价值的确定

通过采用成本法和假设开发法两种方法进行评估,认为估价结果相差较大,剩余法更具备市场性,因此剩余法取权重为60%,基准地价系数修正法取权重为40%,则

$$在建工程总价值=7\,049.64×0.4+8\,624.01×0.6=7\,994.26(万元)$$

4.估价师知悉的法定优先受偿款

经估价人员调查,估价对象为在建工程,在估价时点实现抵押权时,无法确定优先受偿款。

5.估价对象抵押价值

$$房地产抵押价值=假定未设立法定优先受偿权下的市场价值-$$
$$房地产估价师知悉的法定优先受偿款$$
$$=7\,994.26-0=7\,994.26(万元)$$

6.快速变现时的交易税费

处置价格(拍卖底价)受快速变现的限制和不完全公开市场条件的影响,一般会偏离公开市场价格。经调查,该市同类情况房地产处置价格与公开市场价格相比,快速变现价格一般为正常成交价格的80%左右,结合估价对象的实际情况,确定估价对象处置价格分别为评估值的70%,则

$$估价对象房地产的处置总价=7\ 994.26×70\%=5\ 595.98(万元)$$

变现时相关交易税费见表16,则估价对象快速变现价值为:

$$估价对象快速变现价值=5\ 595.98-716.07=4\ 879.91(万元)$$

表16 变现时相关交易税费

序 号	项 目	金额/万元	备 注
1	房屋交易费	16.58	1.5 元/m^2
2	营业税等	307.78	快速变现价值的5.5%
3	土地增值税	111.91	快速变现价值的2%
4	拍卖费	279.80	快速变现价值的5%
5	合计	716.07	

7.房地产估价结果的确定

经估价人员现场查勘,按照委托的内容和目的,遵循估价原则,选用合理的估价方法,在认真分析现有资料基础上,结合实际影响房地产价格的因素,评定估算出估价对象房地产在2009年9月17日的房地产抵押价值为4 879.91万元,大写(人民币)为:肆仟捌佰柒拾玖万玖仟壹佰元整。

案例评析

(1)本报告规范、严谨,内容翔实,对抵押价值的内涵把握准确。

(2)估价参数来源清楚,可信度高。

案例延伸

(1)方法选择及估价思路:在建工程具有投资开发或再开发潜力,它的估价常选用假设开发法作为估价方法。

(2)估价对象为在建工程,这就要求它的规划资料必须齐全,如两证一书、国有土地使用证、投资许可证、商品房预售许可证等,以此作为估价人员全面了解该项目规划条件的依据,在估价过程中才会得心应手。

实训活动

1.精读教材 P51、P89、P116,比较国有土地出让、房地产转让、在建工程抵押价值评估实地查勘表的不同,总结3种不同估价对象实地查勘的要点。

2.精读教材案例,撰写教材 P20"某花园农贸市场"优先受偿权调查计划书。

课后训练

1.某企业购买一个已停工 5 年的在建工程,结构封顶,其中 1~4 层为商业裙楼,5~27 层为住宅,裙楼部分已完成设备安装。现该企业拟以商业裙楼 2~3 层的部分面积和 5~8 层住宅部分向银行申请抵押贷款。请分析说明拟优先选用的估价方法及技术路线,以及确定评估价值时考虑的主要因素。

2.某公司一幢办公综合楼于 2019 年 10 月建成,为钢筋混凝土结构,共 7 层,裙楼 1 和 2 层为自营商铺,3 层以上为公司办公使用,土地使用权取得方式为划拨。该公司拟以该幢办公综合楼整体抵押贷款,需委托评估。请写出应选用的估价方法及估价技术路线。

3.某房地产估价机构接受委托评估一栋于 5 年前建成的钢筋混凝土结构的商场,该商场土地使用权以出让方式取得,用途为商业,估价目的为评估该商场的抵押价值。房地产估价师完成估价报告后,委托人发现估价报告中收益法所采用的年净收益与委托人提供的财务报表中该商场近 3 年平均年净利润不同,收益年限也与该商场建筑物的剩余经济寿命不同;成本法所采用的成本与委托人提供的成本数据不同。请分析说明房地产估价师这样做的理由。

学习情境 6
商铺租赁价格评估

掌握商铺租赁价格评估的定义、特点和相关法律法规。

【能力目标】

能正确选用估价方法进行房地产租赁价格估算和判断,并撰写合格的租赁价格估价报告。

任务 6.1 认识商铺租赁价格评估

任务导入

房产中介店铺经常发布住宅、商场、工业地产等租赁信息,小明希望了解房地产租赁价格评估应如何操作。

相关知识

1)房屋租赁价格评估

房屋租赁价格评估,指专业估价人员根据委托方对所拥有的商业物业拟采用出租,遵循估价原则,按照估价程序,选用适宜的估价方法,并在综合分析物业出租及租约期长短等对租金价格影响因素的基础上,对拟估房地产在估价时点上的客观合理的租金价格水平进行测算和判定的活动。

认识房地产租赁

2)房屋租赁价格管理的相关法律法规

(1)房屋租赁价格应以合同形式载明

《中华人民共和国城市房地产管理法》第五十四条:"房屋租赁,出租人和承租人应当签订书面租赁合同,约定……租赁价格……",租赁合同是出租人与承租人签订的用于规范租赁行为的协议。在租赁合同中,出租人与承租人之间所发生的民事关系主要是通过租赁合同确定的。租赁价格即租金标准的确定是租赁合同的核心。租赁合同应当明确规定租金标准及支付方式。同时,租金标准必须符合有关法律法规的规定。出租人除收取租金外,不得收取

其他费用。

(2)不同用途房屋租赁价格管理规定

《中华人民共和国城市房地产管理法》第五十五条:"住宅用房的租赁,应当执行国家和房屋所在城市人民政府规定的租赁政策。租用房屋从事生产、经营活动的,由租赁双方协商议定租金和其他租赁条款。"本条规定了住宅用房和生产经营性用房的不同的租赁价格政策。

对于租用房屋从事生产、经营活动的,由于其用途与住宅用房不同,所以可以由租赁双方协商议定租金标准和其他租赁条款。随着社会主义市场经济的发展,第二产业用房和第三产业用房日益增多,此类非住宅用房用途、结构、装修标准等与住宅用房有明显区别和差异,其租金标准应依靠市场调节,由租赁双方协商议定。非住宅租赁价格评估时应以市场租金、协议租金确定。

(3)私房租赁价格管理规定

《城市私有房屋管理条例》第十六条规定:"房屋租金,由租赁双方按照房屋所在地人民政府规定的私有房屋租金标准,协商议定;没有规定标准的,由租赁双方根据公平合理的原则,参照房屋所在地租金的实际水平协商议定,不得随意抬高。"如私房为住宅用房,其租赁价格的确定应符合政府有关规定标准;如私房为非住宅用房,应按市场情况协商议定其租赁价格。

3)房屋租赁价格评估的特点

房屋租赁价格(即房屋租金)是房屋承租人为取得一定时期内房屋的占有、使用、收益权而向出租人支付的代价。其价格评估具有如下特点:

(1)住宅类房屋租赁价格评估分为政策性评估和市场租赁评估两种类型

住宅类房屋租赁价格的政策性评估,估价人员应严格执行有关租赁政策,没有超越规定调整租金幅度的价格空间。这类住宅房屋的类型包括各级政府所属的直管公租房和廉租房等。住房是人们生存的基本条件和基本权利。国家和地方人民政府对这类政策性、公益性住房租金标准等都有具体规定,明确了一般标准,限定了浮动幅度。租赁行为既逐步走向市场经济的轨道,又保证居民不致承受太重的负担,体现住房所具有的一定的社会保障性质。此类政策性住房租赁价格评估时应严格遵守国家和地方政府的有关规定。

住宅类房屋的市场租赁价格评估主要涉及商品房住宅和已购房,由于该类房屋的买卖、租赁行为属于市场行为,其租赁价格为市场价格,应参照公开市场价值标准评估。

(2)租约对租金估价有一定的影响

如为合理性契约式房屋租赁价格评估,宜采用租约所确定的租金。租约期外的租金则采用正常客观的租金标准。租赁房屋已订立租约时,应对租约中所约定的租金标准的客观性、合理性进行判断。如租约所约定的租金客观合理,一般应根据该租金估价;如与市场租金标准相差较大(或高、或低),租金明显存在不合理性,则应重新评估其租金值。

划拨土地上的营利性房屋租赁价格评估应确定土地收益中的国家部分。根据《中华人民共和国城市房地产管理法》等法律、法规和政策的规定,以营利为目的出租划拨土地使用权的房屋,其租赁价格评估应同时给出租金中所含的土地收益值。房屋租赁价格中应含土地收益值,而房租中的土地收益为上缴国家部分,因此需要将土地收益值单独列示。

房地产承租权作为一项权利,在评估中必须充分了解其价格形成的过程,才能通过科学的估价途径得到其合理的价格。当承租人与房地产权属人签订了房地产租赁合同,便拥有了租赁房地产一定时间内的使用、收益等权利,同时承担按照租赁合同约定支付租金的义务。

当预计剩余租赁期内房地产市场租金价格高于租赁合同约定的租金时,如果承租人将租赁合同进行转让会获得收入,如果出租方收回出租房地产需要对承租人进行补偿,承租人转让租赁合同所获得的收入(或出租方收回出租房地产对承租人进行的补偿)金额就是承租权价格,采用收益法进行评估时为剩余租赁期内赢利租金(赢利租金即房地产市场租金价格与租赁合同约定租金的差额)的现值。

当预计剩余租赁期内房地产市场租金价格低于租赁合同约定的租金时,承租权便没有价值。但是,一般情况下由于房地产具有资源稀缺性、位置固定性、独一无二性、保值增值性等特性,而且随着时间的推移、人口和收入增加、需求增加导致稀缺性增加,以及外部经济或相互影响都会引起房地产市场租金价格上涨。

4)估价方法在房屋租赁价格评估中的技术要求

(1)比较法

比较法是房屋租赁市场公开、租赁信息充分时首选的一种方法。评估时应广开信息渠道,可查阅有关报刊中的租赁信息,收集房地产交易展示会资料,了解房地产中介租售行情等。在调查房地产租赁市场交易实例时,不仅要了解交易实例的价格及房地产状况,如坐落位置、面积、结构、交通条件等,还要记录其租赁期限、租赁用途、租赁支付方式等情况。这些因素都是房屋租赁双方进行市场比较时不可或缺的比较项目。只有全面准确地选取可比实例及其实例比较项目,并在此基础上进行适当修正调整,才能得出反映公开市场价值标准和估价对象特点的租赁价格。

(2)收益法

收益法是在租赁房屋预期收益可预测或可确定的情况下常用的估价方法。收益法评估房屋租赁价格的关键仍然是年净收益的计算和报酬率的选定。租赁净收益为租赁收入(主要为有效毛租金收入及租赁保证金、押金等的利息收入)扣除维修费、管理费、保险费和税金等4项税费。4项税费的取舍,应根据租赁契约规定的租金含义决定。如4项税费全部由出租方承担,应将其全部扣除;如部分为出租方承担,则只扣除出租方承担部分。在选定报酬率时,还应考虑不同地区、不同用途、不同时期的租赁房地产风险程度。

(3)成本法

成本法是市场难以提供类似估价对象的可比实例,也不便准确预测净收益时,易于计算、把握房屋租赁价格基本标准的方法。成本法评估房屋租赁价格由8项因素构成:折旧费、维修费、管理费、利息、税金、保险费、地租和利润。采用该方法估价时,应先求取建筑物的重置价格,一般通过政府公布的房屋重置价格标准确定;也可采用按工程造价估算等方法求取。

任务 6.2　制订商铺租赁评估作业方案

任务导入

2013 年 12 月 7 日,××购物广场有限公司拟转让其租赁的××地下商业建筑的承租权,找到了××估价公司。××估价公司领导经过与委托人沟通,认为该业务在公司评估范围且公司有能力完成,遂接受委托,并安排房地产估价师王××、估价员覃××具体负责该业务。

相关知识

6.2.1　分析明确房地产估价的基本事项

房地产估价师王××、估价员覃××接收公司委派的估价任务后,分析明确如下估价基本事项:

1)明确本任务的估价目的

本任务是受××购物广场有限公司委托,对其拥有的××地下商业建筑的承租权价格进行评估,因此,按估价规范规定本任务的估价目的应描述为为房地产承租权转让价值提供参考依据。

2)明确本任务的估价时点

本任务接受委托时间为 2013 年 12 月 7 日,经与该公司沟通其预期的转让承租权的时间为 2013 年 12 月 31 日。因此,本任务的估价时点应定在 2013 年 12 月 31 日。

3)明确估价对象

(1)项目实体状况

××购物广场有限公司拟转让的××地下商业建筑,为 1999 年建成并装修。建筑面积为 31 696.97 m²。建筑结构为钢筋混凝土,平面布置适合商场使用。地面铺花岗岩,顶棚矿棉板吊顶和黑色网格,墙面刷乳胶漆。安装有中央空调系统、送排风系统、消防系统、楼宇自控系统、综合布线系统等,但设备比较陈旧。地下汽车停车位 134 个。地下只有一层,地上没有房屋建筑物,为××广场。

(2)项目区位状况

本估价对象位于××市市级商业中心,其上是××广场,南邻五一路,东邻华天世纪大厦,西邻八一路,北距新开业的城市地标建筑地王大厦仅 50 m,商业繁华度很好(图 6.1)。与人流量很大的本市商业地下街联通,且处于南北向步行街和东西向步行街交汇的中间地段,商业氛围很浓。市内有十几条公交线路可以到达,交通便捷度高(图 6.2)。

图 6.1　估价对象位置　　　　　图 6.2　从估价公司到估价对象交通路线

（3）项目产权状况

本估价对象为××投资公司所有,房屋所有权证编号为柳房权证字第×××号,登记建筑面积为 31 696.97 m²。国有土地使用权证编号为柳国用(2008)第××××号。××购物广场有限公司承租,租期从 2013 年 12 月起 16 年。

（4）项目估价条件

经与委托公司沟通,本次估价条件是独立估价。

4）明确估价日期

经与委托公司沟通,该公司要求的估价报告交付日期为××,结合××估价公司人员安排,最后估价的作业日期确定为××。

6.2.2　制订估价作业方案的步骤

（1）确定拟采用的估价技术路线,初步选择适用于估价对象的估价方法

本估价对象为商业房地产,按照《房地产估价规范》的要求应首选收益法。因为估价对象周边有较多类似的商业房地产,所以收益法中所涉及的市场租金价格可以采用市场比较法获得。按照估价规范的要求,尽量选用两种以上估价方法估算估价对象价格,但本估价目的为为承租权转让价格提供参考依据,而附近和估价对象类似的商业建筑近一年没有整体转让承租权的交易案例,因此难以采用市场比较法估算。且估价对象为地下商业建筑,是××广场,成本资料难以明确,因此不适合采用成本法估价。同样,因为不是待开发工程,所以也不适合采用假设开发法。综合分析后,确定对该估价对象的承租权转让价格采用收益法估价。

（2）拟调查收集的资料及其来源渠道

房地产估价师王××、估价员覃××在确定了估价方法的基础上罗列了具体要收集的资料内容及收集渠道,详见任务 6.3。

（3）人员安排

本估价对象为商业房地产,需要收集较多的商业房地产的市场租金价格及交易价格,且估价作业时间较短,所以××估价公司派出王××(估价师)和覃××(估价员)共同完成本次估价任务。

（4）估价作业步骤和时间进度安排

主要是对后续各项工作做出具体安排,包括对作业内容、作业人员、时间进度、所需经费

等的安排,以便控制进度及协调合作,通常最好附以流程图、进度表等,特别是对于那些大型、复杂的估价项目。

【实践操作】

房地产估价师王××、估价员覃××根据委托方提供的《关于委托咨询房地产转让承租权价格的函》及对估价对象区域状况和市场状况的掌握资料,制订估价作业方案,具体见表6.1。

表6.1　估价作业方案表

时　间	工作内容	人　员
2013.12.8	初步选定比较法、收益法进行估价,签订委托协议	王××
2013.12.9	收集所需背景资料,委托方提供相关资料	覃××
2013.12.10	现场调查、拍照	王××、覃××
2013.12.11—12.14	撰写估价报告	覃××
2013.12.15	审核报告,与委托方沟通	王××
2013.12.16	出具估价报告,收费,资料归档	覃××

任务6.3　分析估价所需的资料内容和收集方法

相关知识

本项目需要收集的一般性资料,其收集的内容和方法同其他估价任务。因为采用收益法计算承租权的价格,收益法中涉及的预期净收益要用市场比较法求取市场租金价格以及还原利率,所以拟调查资料除了本地区政治、法律、经济(包括经济形势、产业政策)、自然条件、城市规划、基础设施、公共设施、文化教育、风土人情、消费行为等外,还应重点收集以下资料:

①估价对象产权资料及委托方身份证资料;

②关于该估价对象的租赁合同及相关资料;

③估价对象及同区域类似商业房地产的周边商业繁华度、人流量、交通便捷度、基础设施、公共配套设施、环境景观、周围物业利用类型、临街状况、装修情况、设施设备使用情况、新旧程度、平面布置、建筑结构、工程质量、停车位置及数量等;

④周边商业房地产的交易日期、交易情况、交易面积、交易价格、租赁期限及租金水平等。

【实践操作】

房地产估价员覃××根据委托方提供的估价对象的基本资料和初步选定的估价方法,收集所需背景资料。

1.一般资料的收集

具体内容详见学习情境4中任务4.3的内容。

2.特殊资料的收集

(1)收集委托方提供的资料

请委托方提供如下资料,主要是产权登记资料,并进行拍照和登记。

①房地产估价委托书(原件);

②房屋所有权证(复印件);

③国有土地使用证(复印件);

④委托方和估价对象所有者签署的租赁合同(复印件);

⑤委托方身份证(委托方为个人的)(复印件)。

(以上复印件为一式4份)

(2)收集可比实例资料

本估价对象采用收益法进行评估,收益法所涉及的租金价格和资本化率需要用市场比较法解决,所以需要收集周边与估价对象类似的商铺的租金水平,选取在地段、繁华程度、交通便捷度、规模、档次、平面布局、内部装修等方面与估价对象最接近的商业房地产作为可比实例,获取它们的租金价格、交易价格等信息。收集资料的途径和方法同前。

①通过登录××房产街及向发布信息的房地产中介机构确认,得到以下3个可比实例的资料来求取租金水平。

● 案例 A:××路 180 号

该房屋位于××路西首,临××路,总建筑面积 20 000 m²,共 4 层,使用用途为商场,主要经营棉毛内衣及床上用品。有电梯、中央空调系统、上下水、消防系统等,配套设施齐全。租金单价为 2.33 元/(m²·天)。

● 案例 B:××路 147 号

该房屋位于××路中段,临××路,总建筑面积 31 200 m²,共 4 层,使用用途为商场,主要经营电子产品。有电梯、中央空调系统、上下水、消防系统等,配套设施齐全。租金单价为 2 元/(m²·天)。

● 案例 C:××路××商业广场

该房屋位于××路西首,临××路,租赁建筑面积 17 000 m²,位于该房屋的第 2 层和第 3 层,使用用途为商场,主要经营餐饮。有电梯、中央空调系统、上下水、消防系统等,配套设施齐全。租金单价为 1.97 元/(m²·天)。

②资本化率的确定方法有市场提取法、安全利率加风险调整值法、复合投资收益率法、投资收益率排序插入法等,本次评估采用市场提取法。

通过登录××市房产街网站搜索及电话咨询房地产中介公司,选取××地下商业建筑附近若干个写字楼的市场交易价格、相同楼层对应的市场租金、房屋重置成本,具体情况见表6.2。

表 6.2　可比实例情况表

案　例	坐落位置	市场交易价格 /(元·m^{-2})	市场租金 /[元·(m^2·天)$^{-1}$]	房屋重置成本 /(元·m^{-2})
三箭·银苑	××大街与××大街交会处	6 900	2.2	4 000
金龙中心	××大街229号	8 600	2.73	4 500
泉景·恒昌大厦	××路与××路交会处	6 000	1.95	4 000
银座数码广场	××路43号	7 300	2.66	4 500
天业科技大厦	××路201号	7 000	2.25	4 500

3.通过实地查勘收集资料

房地产估价师王××、估价员覃××在实地查勘出发前,设计了针对该估价对象的收集资料清单(见表6.3)、估价对象具体情况申报表(见表6.4)、商业类租赁案例调查表(见表6.5)和实地查勘表(见表6.6)。

表 6.3　资料清单表

序号	项　目	序号	项　目
1	A.土地使用权证复印件	5	E.估价对象形象图
2	B.房屋所有权证复印件	6	F.房屋平面布局图
3	C.实地查勘表4份(估价对象1份,3个可比实例各1份)	7	J.室内装修影像
4	D.周边环境影像资料	8	H.评估对象具体情况申报表

表 6.4　估价对象具体情况申报表

建筑结构		框架 砖混 砖木	建筑朝向	东西 南北	所在层数/房屋总层数	
竣工时间			最近翻新时间		最近装修时间	
装修情况	外墙	马赛克、条形砖、批灰、霹立砖、干粘米石、清水墙、仿石纹墙砖、外墙涂料				
	内墙	刮腻子、喷塑、贴墙纸、批灰、乳胶漆、木墙裙、瓷砖墙裙、墙布、墙毯、石头漆				
	顶棚	拼花木吊顶、石膏假吊、刮腻子、批灰、铝扣板吊顶、塑扣板吊顶、轻钢龙骨复合板吊顶				
	地面	(普通、高级)地板砖、水泥地面、木地板、耐磨砖、玻化砖、水磨石、釉面砖、油漆、花岗岩、抛光砖				
	门窗	木门窗、(一般、高级)防盗门、(一般、不锈钢)防盗网、铝合金推拉窗、夹板门、包门窗、塑钢窗				
	厨卫	防滑地砖、地板砖、马赛克地、水磨地、塑扣板吊顶、铝扣板吊顶、石膏板吊顶、(花、白)瓷砖(墙裙、到顶)				

续表

装修情况	其他		申报人： 　　年　月　日

请委托方如实填写，若因委托方提供资料有误而导致结果失实，责任不在估价方。

表 6.5　商业类租赁案例调查表

交易案例		1	2	3
位　置				
性　质				
地段等级				
房屋结构				
面积/m²				
建造年代				
交易时间				
租赁价格/[元·(月·m²)⁻¹]				
用　途				
交易日期				
交易情况				
区域因素	地段位置			
	交通状况			
	繁华程度			
	环境条件			
	周边顾客流动状况			
	物业管理			
	通道状况			
	公服配套设施完备度			

续表

交易案例		1	2	3
个别因素	临街状况			
	开间及进深			
	层　高			
	装修标准			
	商场定位或经营类型			
	经营时间			
	租金缴纳方式			

调查人：　　　　　　　　　　　　　　　　　调查时间：

表6.6　实地查勘表

估价对象实地查勘表						
查勘时间			查勘人			
建筑结构		钢结构、砖混、砖木、钢混	朝　向	南北、东西	层次/层数	
建成年代		成新率		装修时间	户　型	房厅厨卫阳
一　梯	户	电梯配置		车库	杂物房	
目前普通住宅常用的装修材料	● 外墙：马赛克、条形砖、干粘米石、石灰水刷白、涂料 ● 地面：普通地砖、耐磨地砖、抛光砖、防滑地砖、大理石、花岗岩、木地板、水磨石、水泥地面 ● 墙面：木质墙裙、瓷砖墙裙、瓷砖至顶、刮腻子、刮腻子并刷乳胶漆 ● 顶棚：木质吊顶、石膏吊顶、石膏线走边、木线条走边、艺术吊顶、腻子、刮腻子并刷乳胶漆 ● 室内门：木门、夹板门、实木门、包窗框、包门框 ● 窗：木窗、铝合金推拉窗、塑钢窗、铁窗 ● 入户门：防盗门、木门、铁门 ● 楼梯：木楼梯、铁艺楼梯、不锈钢栏杆、扶手					
普通住宅	● 小区的状况：小区规模、物业管理、绿化、环境等 ● 区域状况：超市、学校、市场、公交线路、医院、银行网点、临路状况等					
别　墅	人文环境、建筑密度与间距、容积率、绿化率、景观、花园的面积					
工业厂房	层高、跨度、墙厚、结构、是否有牛腿柱、吊车梁、交通状况（是否可以进货车、对外交通便捷程度）、基础设施状况（距货物集散地距离、道路档次）、环境状况（污染排放状况、距危险设施或污染源状况）、产业集聚状况					
商　铺	临街宽度、进深、客流数量与质量、交通状况（道路状况、交通便捷度）、繁华程度（距商业中心距离、商务设施的种类规模与集聚度、经营类别与规模）					

续表

写字楼	建筑物形象、交通便捷度(公共交通、对外交通)、商务设施、种类规模与集聚度、基础设施与公用设施、物业管理、附属设施、设备、进驻企业
估价对象	

任务 6.4　房地产租赁价格评估的实地查勘

1)查证核实

对本估价对象土地使用证中登记的宗地坐落、街道、街坊、门牌号、土地面积等内容以及房产证中登记的建筑物名称、建筑结构、建筑物面积、建筑物用途等内容进行查证核实,确保与现场一致。

填写实地查勘表及与委托方协助人员的现场沟通记录,包括客户的要求、评估范围的变化、估价对象分割、客户的承诺、问题及沟通结果等。

2)房地产实体状况查勘

①填写实体状况现场观察记录:外立面风格、所用材料、新旧程度、室内布局、室内装修、室内设施设备完善程度及新旧程度等。

②绘制草图:在全面查勘丈量的基础上,将估价对象的位置、形状、四至、临街的宽度、进深以及周边的基本情况(如周围的道路、商服中心和生活设施等)用草图记录下来。

3)周边环境状况调查

周边环境状况调查的主要内容包括估价对象所在区域的商服繁华状况、人流量、商业聚集度、交通便捷度、停车便捷度、周边环境状况、生活服务配套、人口状况、经营类型构成状况等。

注:实地查勘中对重要的评估项目要进行拍照或录像。拍照或录像能直观地反映评估对象的特征,尤其是文字叙述未能达到对标的物理想的描述目的时,通过拍照或录像可以弥补其不足。拍照、录像对那些即将拆迁、有可能发生纠纷项目的评估是很有必要的。

【实践操作】

房地产估价师王××、估价员覃××于 2013 年 11 月 30 日到地块现场查勘,核实查证,拍照取证,了解周边环境。

操作方法:

①按照事先确定的调查线路依次到达估价对象及选取的可比实例现场。

②对委托方提供的土地使用证、房产证及估价对象评估申报表上登记内容进行现场核实，确保委托人提供资料的真实性。

③对收集的可比实例的情况进行对比核实。

④对估价对象及可比实例的周边环境、人流量、室内布局及装修情况进行拍照、登记，如图6.3所示。

估价对象的内部电梯

估价对象的顶棚

估价对象的内部经营情况

估价对象的内部情况

估价对象的周边

可比实例1的经营情况

可比实例2的经营情况

可比实例3的经营情况

图6.3 估价对象及可比实例情景图

任务 6.5 研读评析租赁价格评估案例

本案例是××购物广场有限公司拟转让其租赁的××地下商业建筑承租权的估价报告,主要摘录了采用市场比较法测算估价时点市场租金价格和确定还原利率,根据收益法公式计算,××地下商业建筑承租权转让价格为 2 164.13 万元。

案例正文

××购物广场有限公司拟转让其租赁的××地下商业建筑承租权的估价报告(节选)

(1)××地下商业建筑估价时点市场租金的确定

采用市场比较法测算估价时点市场租金价格。

①计算公式。

估价对象市场价格=比较案例价格×交易情况修正×交易期日
修正×区域因素修正×个别因素修正

②比较案例选择。

根据估价人员进行的市场调查和本公司所掌握的市场信息,通过对周边地区近期发生交易的物业进行收集整理分析,挑选出 3 个交易案例作为比较案例。

● 案例 A:××路 180 号

该房屋位于××路西首,临××路,总建筑面积 20 000 m², 共 4 层,使用用途为商场,装修档次较高。有电梯、中央空调系统、上下水、消防系统等,配套设施齐全。租金单价为 2.33 元/(m²·天)。

● 案例 B:××路 147 号

该房屋位于××路中段,临××路,总建筑面积 31 200 m², 共 4 层,使用用途为商场。有电梯、中央空调系统、上下水、消防系统等,配套设施齐全。租金单价为 2 元/(m²·天)。

● 案例 C:××路××商业广场

该房屋位于××路西首,临××路,租赁建筑面积 17 000 m², 位于该房屋的第 2 层和第 3 层,使用用途为商场。有电梯、中央空调系统、上下水、消防系统等,配套设施齐全。租金单价为 1.97 元/(m²·天)。

③房地产价格影响因素说明见表 1。

表 1 房地产价格影响因素说明表

项 目	待估房产	实例 A	实例 B	实例 C
交易单价/ [元·(m²·天)⁻¹]	待估	2.33	2	1.97
交易情况	正常	正常	正常	正常
交易日期	2013.12	2013.5	2013.4	2013.9
租赁期限	16 年	15 年	20 年	15 年

续表

项 目		待估房产	实例 A	实例 B	实例 C
区域因素	商业繁华度	××市市级商业中心之一,商业繁华度很好	××市市级商业中心之一,商业繁华度很好	××市市级商业中心之一,商业繁华度很好	××市市级商业中心之一,商业繁华度很好
	人流量	为××市主要商业区,人流量很大	为××市主要商业区,人流量很大	为××市主要商业区,人流量很大	为××市主要商业区,人流量很大
	基础设施	达到七通	达到七通	达到七通	达到七通
	公共配套设施	区域内主要分布有商业设施,还分布有银行、学校、医院等其他公共配套设施	区域内主要分布有商业设施,还分布有银行、学校、医院等其他公共配套设施	区域内主要分布有商业设施,还分布有银行、学校、医院等其他公共配套设施	区域内主要分布有商业设施,还分布有银行、学校、医院等其他公共配套设施
	交通便捷度	区域内有城市主干道泺源大街和泉城路穿过。有多路公交路线通过。距离××机场 35 km,××火车站 2.5 km	区域内有城市主干道泺源大街和泉城路穿过。有多路公交路线通过。距离××机场 35 km,××火车站 2.5 km	区域内有城市主干道泺源大街和泉城路穿过。有多路公交路线通过。距离××机场 35 km,××火车站 2.5 km	区域内有城市主干道泺源大街和泉城路穿过。有多路公交路线通过。距离××机场 35 km,××火车站 2.5 km
	离市商服中心距离	0 km	0 km	0 km	0 km
	环境景观	位于××广场的地下一层	距离××广场约200 m	距离××广场约200 m	距离××广场约200 m
	周围物业利用类型	商场和办公	商场	商场	商场
个别因素	临街状况	临××大街	临××路	临××路	临××路
	临街级别	主干道	主干道	主干道	主干道
	使用功能	商场	商场	商场	商场
	装修情况	地面花岗岩,顶棚矿棉板吊顶,墙面刷乳胶漆	地面花岗岩,顶棚矿棉板吊顶,墙面刷乳胶漆	地面花岗岩,顶棚矿棉板吊顶,墙面刷乳胶漆	地面花岗岩,顶棚矿棉板吊顶,墙面刷乳胶漆
	设施设备	送排风系统、消防系统、楼宇自控系统、综合布线系统等,设备比较陈旧	电梯、中央空调系统、送排风系统、消防系统、楼宇自控系统、综合布线系统等,设备比较陈旧	电梯、中央空调系统、送排风系统、消防系统、楼宇自控系统、综合布线系统等,设备很新	电梯、中央空调系统、送排风系统、消防系统、楼宇自控系统、综合布线系统等,设备很新

续表

项 目		待估房产	实例 A	实例 B	实例 C
个别因素	新旧程度	2009 年建成并装修	2006 年建成,2013年 9 月部分装修改造	2012 年建成并装修	2013 年建成并装修
	平面布置	适合商场使用	适合商场使用	适合商场使用	适合商场使用
	建筑结构	钢筋混凝土	钢筋混凝土	钢筋混凝土	钢筋混凝土
	建筑面积/m²	31 696.97	20 000	31 200	17 000
	停车位	地下汽车停车位134 个	无地下停车位,地上有少量停车位	无地下停车位,地上有少量停车位	无地下停车位,地上有少量停车位
	楼 层	地下一层。地上没有房屋建筑物,为××广场	地上 1~4 层	地上 1~5 层	地上 2~3 层

④房地产价格影响因素修正系数的确定。

设定估价对象的各项影响因素比较系数为 100,以估价对象的各项影响因素与评估实例进行比较,得出房地产价格比较因素修正系数表和比较因素修正指数表,分别见表 2 和表 3。

表 2　房地产价格比较因素修正系数表

项　目		待估房产	实例 A	实例 B	实例 C
交易单价/[元·(m²·天)$^{-1}$]		待估	2.33	2	1.97
交易情况		100	100	100	100
交易日期		100	100	100	100
租赁期限		100	100	99	100
区域因素	商业繁华度	100	100	100	100
	人流量	100	100	100	100
	基础设施	100	100	100	100
	公共配套设施	100	100	100	100
	交通便捷度	100	100	100	100
	离市商服中心距离	100	100	100	100
	环境景观	100	98	98	98
	周围物业利用类型	100	101	101	101

续表

项　目		待估房产	实例 A	实例 B	实例 C
个别因素	临街状况	100	100	100	100
	临街级别	100	100	100	100
	使用功能	100	100	100	100
	装修情况	100	100	100	100
	设施设备	100	100	102	102
	新旧程度	100	99	101	102
	平面布置	100	100	100	100
	建筑结构	100	100	100	100
	建筑面积	100	98	100	98
	停车位置	100	96	96	96
	楼　层	100	105	105	101

表 3　房地产价格比较因素修正指数表

项　目		待估房产	实例 A	实例 B	实例 C
交易单价/[元·(m²·天)⁻¹]		待估	2.33	2	1.97
交易情况		100/100	100/100	100/100	100/100
交易日期		100/100	100/100	100/100	100/100
租赁期限		100/100	100/100	100/99	100/100
区域因素	商业繁华度	100/100	100/100	100/100	100/100
	人流量	100/100	100/100	100/100	100/100
	基础设施	100/100	100/100	100/100	100/100
	公共配套设施	100/100	100/100	100/100	100/100
	交通便捷度	100/100	100/100	100/100	100/100
	离市商服中心距离	100/100	100/100	100/100	100/100
	环境景观	100/100	100/98	100/98	100/98
	周围物业利用类型	100/100	100/101	100/101	100/101

续表

项　目		待估房产	实例 A	实例 B	实例 C
个别因素	临街状况	100/100	100/100	100/100	100/100
	临街级别	100/100	100/100	100/100	100/100
	使用功能	100/100	100/100	100/100	100/100
	装修情况	100/100	100/100	100/100	100/100
	设施设备	100/100	100/100	100/102	100/102
	新旧程度	100/100	100/99	100/101	100/102
	平面布置	100/100	100/100	100/100	100/100
	工程质量	100/100	100/100	100/100	100/100
	建筑结构	100/100	100/100	100/100	100/100
	建筑面积	100/100	100/98	100/100	100/98
	停车位	100/100	100/96	100/96	100/96
	楼　层	100/100	100/105	100/105	100/101
比较结果			2.41	1.97	2.01

⑤计算结果。

通过比较修正后,我们认为这 3 个比较结果都比较接近正常的市场价格,故对其采用算术平均确定××地下商业建筑的租金价格,即为 2.13 元/(m²•天)。

估价时点市场租金(季度租金)= 建筑面积×2.13×90
　　　　　　　　　　　　= 31 696.97×2.13×90
　　　　　　　　　　　　= 607.63(万元)

根据××地下商业建筑租赁的自身特点,本次估价在剩余租赁年期内不考虑市场租金的变化,也不考虑通货膨胀的影响。因此,本次估价将估价时点市场租金作为估价时点以后至租赁合同截止日的市场租金。

(2)租赁合同租金

根据租赁协议,租赁合同租金应缴金额及时间见表4。

表 4　地下商业建筑应缴租金明细表

时　间	季度付款金额/万元	付款期数
2013.12.31—2015.12.30	500	8
2015.12.31—2019.12.30	537.5	16
2019.12.31—2024.12.30	550	20
2024.12.31—2029.12.30	605	20
合　计		64

（3）市场租金与实际支付租金的差额的确定

市场租金与实际支付租金的差额计算的详细情况见表5。

表5 市场租金与实际支付租金的差额计算表

时　间	市场租金季度 付款金额/万元	合同租金季度 付款金额/万元	季度租金差额 /万元	付款 期数
2013.12.31—2015.12.30	607.63	500	107.63	8
2015.12.31—2019.12.30	607.63	537.5	70.13	16
2019.12.31—2024.12.30	607.63	550	57.63	20
2024.12.31—2029.12.30	607.63	605	2.63	20
合　计				64

（4）还原利率的确定

资本化率的确定方法有市场提取法、安全利率加风险调整值法、复合投资收益率法、投资收益率排序插入法等,本次评估采用市场提取法。

通过市场调查,选取××地下商业建筑附近若干个写字楼的市场交易价格、相同楼层对应的市场租金、房屋重置成本,具体情况见表6。

表6 可比实例情况表

案　例	坐落位置	市场交易价格 /(元·m⁻²)	市场租金/ [元·(m²·天)⁻¹]	房屋重置成本 /(元·m⁻²)
三箭·银苑	××大街与××大街交会处	6 900	2.2	4 000
金龙中心	××大街229号	8 600	2.73	4 500
泉景·恒昌大厦	××路与××路交会处	6 000	1.95	4 000
银座数码广场	××路43号	7 300	2.66	4 500
天业科技大厦	××路201号	7 000	2.25	4 500

写字楼资本化率计算过程见表7。

表7 写字楼资本化率计算表　　　　　单位:元/m²

项　目		三箭·银苑 (A)	金龙中心 (B)	泉景·恒昌大厦 (C)	银座数码广场 (D)	天业科技大厦 (E)
年总收益		2.2×365＝803	2.73×365＝996	1.95×365＝712	2.66×365＝971	2.25×365＝821
年总费用	营业税费 (收益×5.55%)	44.17	54.78	39.16	53.41	45.16
	房产税 (收益×12%)	96.36	119.52	85.44	116.52	98.52

续表

项　目		三箭·银苑 （A）	金龙中心 （B）	泉景·恒昌大厦 （C）	银座数码广场 （D）	天业科技大厦 （E）
年总费用	管理费 （收益×3%）	24.09	29.88	21.36	29.13	24.63
	房屋维修费 （重置成本×2%）	80	90	80	90	90
	保险费 （重置成本×0.2%）	8	9	8	9	9
小　计		252.62	303.18	233.96	298.06	267.31
年净收益 （收益－费用）		550.38	692.82	478.04	672.94	553.69
市场交易价格		6 900	8 600	6 000	7 300	7 000
资本化率（年净收益/ 市场交易价格）		7.98%	8.06%	7.97%	9.22%	7.91%

从表 7 可以看出，写字楼 A、B、C、E 的市场资本化率基本一致，写字楼 D 的市场资本化率偏离其他案例比较大，所以本次估价取写字楼 A、B、C、E 的市场资本化率的算术平均值为写字楼资本化率：

$$(7.98\% + 8.06\% + 7.97\% + 7.91\%)/4 = 7.98\%$$

由于××地下商业建筑的用途为商场，考虑其资本化率要高于写字楼资本化率，本次估价取其资本化率为：

$$7.98\% + 1\% = 8.98\%$$

（5）租赁转让价格的确定

①计算公式：

$$V = a_1 + a_2/(1 + R) + a_3/(1 + R)^2 + \cdots + a_{n-1}/(1 + R)^{n-1} + a_n/(1 + R)^n$$

式中　V——转让价格；

a_n——市场租金与实际支付租金的差额；

R——房地产季度还原利率，季度还原利率为：$8.98\% \div 4 = 2.25\%$；

n——房地产收益期数，本次评估按照季度付款考虑，$n = 64$。

②根据上述公式计算，××地下商业建筑承租权转让价格为 2 164.13 万元。

案例评析

本次评估的要点有以下几个方面：

①房地产承租权转让价格评估技术路线采用收益法；

②市场租金采用市场比较法确定；

③还原利率采用租售比的市场提取法；

④赢利租金概念的理解。

承租权估价
评析

案例延伸

房屋租金参考价是指城市辖区范围内正常市场条件下，按照住宅、商铺、办公、工业(主要指仓库、厂房)4 类用途划分，依据地段相同、租金相似的原则划分均质区片，并分别设定总楼层、所在楼层、建筑结构、设备、装修、朝向、景观、小区规模与物业管理、临街深度、临街宽度、容积率等标准，在此基础上以道路、住宅小区、楼宇或成片为单位，根据市场交易数据的统计分析结果，分别评估确定某一估价基准日的市场平均租金。

以广州市为例，可通过登录广州市住房和城乡建设局官方网站查询历年租金参考价的具体数据。

实训活动

1.调查本市上月小产权房和普通商品房租金价格，为同学们离校顶岗实习撰写租房参考指引。

2.实地查勘本市 TOP1 的购物广场，对周边商业环境、人流量、室内布局及装修情况进行拍照登记。

课后训练

1.有一临街商铺要转让，建筑面积 500 m²，土地使用年限 40 年，自 2021 年 10 月 13 日起计。该商铺现已出租，租金为每月 50 000 元，租期为 2 年，自 2022 年 10 月 13 日计。当地商业房地产租赁的综合税率为租金收入的 10%，现转让价格为 510 万元。假如你欲购买该商铺用于出租，作为长期投资，期望收益率为 10%。根据上述资料你能否决定购买？为什么？

2.商业区某商场共 6 层，每层建筑面积 3 000 m²，土地使用年限为 40 年，从 2019 年 5 月 18 日起计。该商场 1~4 层于 2023 年 5 月 18 日出租，租期为 5 年，月租金为 240 元/m²，且每年不变；5~6 层于 2023 年 7 月 1 日出租，租期为 3 年，月租金为 210 元/m²，现空置。请评估该商场带租约出售的价格，判断应优先采用哪两种估价方法，并写出估价技术路线。

学习情境 7
高档住宅拍卖保留价格评估

【知识目标】

掌握高档住宅的特点、司法拍卖的含义及相关法律法规。

【能力目标】

能正确选用估价方法进行估算和判断，合理确定拍卖底价、保留价，并撰写合格的房地产拍卖价格估价报告。

任务 7.1　认识房地产拍卖底价评估

任务导入

近年来各地房地产拍卖市场逐渐活跃，小明希望了解房地产拍卖价格是如何形成并评估的。

相关知识

房地产拍卖作为处分房地产的一种有效方式，已越来越受到人们的重视，拍卖程序也逐渐规范。但是，在房地产拍卖过程中，如何合理、准确地确定保留价格，是拍卖委托人和房地产估价师遇到的难题。估价结果过低会影响委托人的定价行为，损害委托人或房地产权利人的合法权益；估价过高，竞买成功的可能性就降低，失去拍卖处分房地产的意义。因此，能否准确地评估出保留价格，是决定拍卖是否成功的关键因素之一。

房地产拍卖估价应区分司法拍卖估价和普通拍卖估价。房地产司法拍卖估价应符合下列规定：

①应根据最高人民法院的有关规定和人民法院的委托要求，评估拍卖房地产的市场价值或市场价格、其他特定价值或价格；

②评估价值的影响因素应包括拍卖房地产的瑕疵，但不应包括拍卖房地产被查封及拍卖房地产上原有的担保物权和其他优先受偿权；

③人民法院书面说明依法将拍卖房地产上原有的租赁权和用益物权除去后进行拍卖的，评估价值的影响因素不应包括拍卖房地产上原有的租赁权和用益物权，并应在估价报告中作

出特别说明；

④当拍卖房地产为待开发房地产且采用假设开发法估价时，应选择被迫转让开发前提进行估价。

房地产普通拍卖估价可根据估价委托人的需要，评估市场价值或市场价格、快速变现价值，为确定拍卖标的的保留价提供参考依据。快速变现价值可根据变现时限短于正常销售期的时间长短，在市场价值或市场价格的基础上进行适当减价确定。

房地产拍卖保留价评估为确定拍卖保留价提供服务。这里所说的拍卖特指强制处分的拍卖。以拍卖方式对房地产进行处分，是一种特殊的交易方式，在强制处分、清偿、司法执行房地产的交易中较为常见。

7.1.1　房地产拍卖的相关法律规定

（1）适用法律法规

《中华人民共和国城市房地产管理法》《中华人民共和国担保法》《中华人民共和国拍卖法》。

（2）房地产拍卖的法律依据

•《中华人民共和国城市房地产管理法》的相关规定：

第四十七条　房地产抵押，是指抵押人以其合法的房地产以不转移占有的方式向抵押权人提供债务履行担保的行为。债务人不履行债务时，抵押权人有权依法以抵押的房地产拍卖所得的价款优先受偿。

第五十一条　设定房地产抵押权的土地使用权是以划拨方式取得的，依法拍卖该房地产后，应当从拍卖所得的价款中缴纳相当于应缴纳的土地使用权出让金的款额后，抵押权人方可优先受偿。

第五十二条　房地产抵押合同签订后，土地上新增的房屋不属于抵押财产。需要拍卖该抵押的房地产时，可以依法将土地上新增的房屋与抵押财产一同拍卖，但对拍卖新增房屋所得，抵押权人无权优先受偿。

•《中华人民共和国担保法》的有关规定：

第三十三条　本法所称抵押，是指债务人或者第三人不转移对本法第三十四条所列财产的占有，将该财产作为债权的担保。债务人不履行债务时，债权人有权依照本法规定以该财产折价或者以拍卖、变卖该财产的价款优先受偿。

前款规定的债务人或者第三人为抵押人，债权人为抵押权人，提供担保的财产为抵押物。

第五十三条　债务履行期届满抵押权人未受清偿的，可以与抵押人协议以抵押物折价或者以拍卖、变卖该抵押物所得的价款受偿；协议不成的，抵押权人可以向人民法院提起诉讼。

抵押物折价或者拍卖、变卖后，其价款超过债权数额的部分归抵押人所有，不足部分由债务人清偿。

第五十五条　城市房地产抵押合同签订后，土地上新增的房屋不属于抵押物。需要拍卖该抵押的房地产时，可以依法将该土地上新增的房屋与抵押物一同拍卖，但对拍卖新增房屋所得，抵押权人无权优先受偿。

依照本法规定以承包的荒地的土地使用权抵押的,或者以乡(镇)、村企业的厂房等建筑物占用范围内的土地使用权抵押的,在实现抵押权后,未经法定程序不得改变土地集体所有和土地用途。

•《中华人民共和国拍卖法》的相关规定:

第三条 拍卖是指以公开竞价的形式,将特定物品或者财产权利转让给最高应价者的买卖方式。

第六条 拍卖标的应当是委托人所有或者依法可以处分的物品或者财产权利。

第五十六条 委托人,买受人可以与拍卖人约定佣金的比例。

委托人、买受人与拍卖人对佣金比例未作约定,拍卖成交的,拍卖人可以向委托人、买受人各收取不超过拍卖成交价百分之五的佣金。收取佣金的比例按照同拍卖成交价成反比的原则确定。

拍卖未成交的,拍卖人可以向委托人收取约定的费用;未作约定的,可以向委托人收取为拍卖支出的合理费用。

•《最高人民法院关于人民法院民事执行中拍卖、变卖财产的规定》的相关规定:

第八条 拍卖应当确定保留价。拍卖保留价由人民法院参照评估价确定;未作评估的,参照市价确定,并应当征询有关当事人的意见。人民法院确定的保留价,第一次拍卖时,不得低于评估价或者市价的百分之八十;如果出现流拍,再行拍卖时,可以酌情降低保留价,但每次降低的数额不得超过前次保留价的百分之二十。

第九条 保留价确定后,依据本次拍卖保留价计算,拍卖所得价款在清偿优先债权和强制执行费用后无剩余可能的,应当在实施拍卖前将有关情况通知申请执行人。申请执行人于收到通知后五日内申请继续拍卖的,人民法院应当准许,但应当重新确定保留价;重新确定的保留价应当大于该优先债权及强制执行费用的总额。依照前款规定流拍的,拍卖费用由申请执行人负担。

第十条 执行人员应当对拍卖财产的权属状况、占有使用情况等进行必要的调查,制作拍卖财产现状的调查笔录或者收集其他有关资料。

7.1.2 房地产拍卖保留价评估的特点

房地产拍卖保留价是指拍卖房地产的税前最低售价,或指委托人依据估价机构的评估结果提出的拍卖标的的税前最低售价。估价机构应按此交易状态进行评估,委托人可在此基础上提出保留价。处分房地产由于其清偿、抵债、罚没、司法执行等原因造成其除具有房地产的一般固有特点外,还有许多新的特点,在对处分房地产拍卖保留价的评估过程中,应根据这些不同点确定其价格。

(1)强制处分

处分房地产的拍卖属于强制性的司法行为,原产权人没有权利讨价还价,处分行为也一定要在规定的时间内完成,如果拍卖不成,通常会由法院主持将拍卖标的物折价抵偿债务。

(2)快速变现

由于拍卖交易方式的特点,买受人(购得拍卖标的的竞买人)在较短的时间内决定购买,没有充分的考虑时间,也没有足够的时间对拍卖标的物作充分的了解,特别是需在较短的时间内(通常 15～90 日)支付全部款项,承担的风险较大,因此其价格一般较正常交易价格低。

(3)市场需求面窄、推广力度小

拍卖房地产多为单宗、部分、小规模物业,难以像房地产开发项目那样进行市场营销,仅以拍卖公告的形式进行宣传,推广力度较小;加之拍卖房地产是以已确定用途、规模、位置的现有状况进行销售,而不像房地产开发项目那样先进行市场定位、营销、策划,以销定产而成,因此市场需求面窄,只会满足个别消费者的需求,并在许多方面存在"先天不足",在成交价格上不得不低于正常的房地产项目。

(4)消费者心理因素

购买者由于消费心理的影响,在购买前已认为被拍卖的房地产价格会低于正常房地产价格,使得被拍卖房地产的价格较低。

(5)购买者的额外支出

由于竞买拍卖房地产要支付拍卖机构佣金,按标的额的不同,此部分为标的额的 1%～5%,成为购买者额外的成本,使之希望得到较低的价格,以弥补该支出。

7.1.3　房地产拍卖保留价格评估的原则

房地产拍卖保留价是为拍卖房地产而设置的一种特殊价格,评估时除要遵循一般估价原则外,还要特别注重一些必要的原则。

(1)贴近市场的原则

拍卖房地产成功与否,与竞买人的购买欲望有关,而真正能引起竞买兴趣的有两个方面的因素:一是起价较低,与市场正常交易价格相比,能以较低的价格购买类似的房地产;二是标的特殊,不靠拍卖竞买难以获得。这两种因素均与房地产市场息息相关,前者与房地产市场价格有关,后者与类似房地产的市场拥有量有关。委托人确定保留和竞买人举牌应价的参考基础均是市场价格。要想评估出准确、合理的保留价,必须贴近市场,最有效的评估方法是比较法,对具有明显收益的房地产,如果没有详细、可靠的比较实例,宜采用收益法进行评估,把投资竞买房地产与其他投资项目的收益相比较,使委托人与竞买人作出理智的选择。脱离市场的评估结果,实质上是脱离了拍卖当事人,并没有实际意义。

(2)注重交易情况的原则

处分房地产可采用协议、招标、拍卖等方式。房地产权利人正常处分房地产,可以协议出售,也可以采用委托拍卖、变卖的方法。如果不注重交易情况,只强调潜在竞买人的心理排斥因素,是不符合客观实际的。如某人想通过拍卖方式处分自己拥有的房地产,这与协议出售的不同只是处分方法和成交价、佣金的差异,无须担心成交后的入住问题。当然,竞买人应事先像协议购买房地产那样,充分了解拍卖房地产的详细情况。

(3)考虑税费负担的原则

根据有关法律法规,拍卖不成功,委托人也要向拍卖行支付一定的费用,委托人除了想得到尽可能高的成交价外,还担心一旦拍卖失败会白白花费一定的费用。拍卖成功,委托人、买受人除了支付一定的过户税费外,还要支付拍卖佣金。因此,评估拍卖保留价要充分考虑拍卖房地产的税费负担情况。如果通过协议方式能买到拍卖的类似标的,竞买人是不会用超过市价的报价在拍卖会上竞买的,因为参加竞买会增加支出费用和风险,竞买人考虑的是购房总支出,税费负担情况无疑对拍卖保留价产生了一定影响。

(4)稳健原则

由于房地产拍卖保留价是拍卖标的的最低售价,评估时应以稳健的势态对待有关评估技术参数,对具有一定变动幅度的,要取其下限,从而得出比较保守的价格,也就是最低售价。

7.1.4 房地产拍卖保留价评估工作中应注意的问题

(1)只重视勘估现场,不深入了解委托人心态

房地产拍卖保留价不仅与房地产的个别特性、市场供求状况有关,也与委托人的心态有关,主要表现在税费支付和变现要求上。实际操作中,往往重视勘估现场,而不深入了解委托人的心态,使评估结果缺少针对性,对委托人来讲并没有多大参考价值,也就失去了评估的意义。

(2)以扣除排斥因素代替竞买人必要的调查

竞买人了解拍卖标的、查阅有关资料,不仅是《中华人民共和国拍卖法》赋予的权利,也是竞买人理智的选择。房地产价额较大,涉及很多法律、政策及专业知识。竞买人在拍卖前应广泛调查了解,估价机构不能、也无法以扣除排斥因素的方法代替竞买人因缺乏了解而带来的心理影响。

(3)过分强调拍卖成功而大幅度降低保留价

房地产拍卖成功与否取决于拍卖广告宣传的方式和力度、竞买的范围和需求,以及保留价的高低等多项因素。不能认为拍卖失败的原因就是保留价太高,更不能为了保证拍卖成功而大幅度地降低保留价。

总之,房地产拍卖保留价格评估是房地产估价师根据市场情况和经验,针对拍卖标的特性和委托人的心态,对拍卖标的最低售价做出的推测和判断。但评估结果只是委托人参考的依据,最终决定拍卖保留价是委托人的权利。因此,估价师应明白评估结果的地位和效力,只有贴近市场、贴近当事人,才能评估出准确、合理的保留价。同时,要注意价值定义,便于委托人选择,防止出现含义模糊的保留价。并要针对委托性质区别评估,那种单一的评估思路是不可取的。

任务7.2 制订高档住宅拍卖价格评估作业方案

任务导入

受杭州××区人民法院委托,某房地产估价公司对位于杭州市××区中泰街道桃花源琼台村8幢8-1房屋及国有土地使用权、建筑面积为573.65 m²的房地产拍卖底价进行评估。该估价公司分派房地产估价师刘××、李××具体负责该业务。

估价目的:拍卖。

估价时点:2013年11月16日。

估价要求:①收到委托函后,立即指派专业人员进行评估,并在 30 天内提交估价报告,逾期无法完成的,应事前向委托方书面报告;②应在评估中查清评估标的物产权情况、查封抵押状况、使用情况、土地的性质、是否欠交地价、转让评估标的有无前置条件。

相关知识

7.2.1　分析如何明确拍卖底价估价的基本事项

1) 明确估价目的

房地产拍卖即通过公开竞价的方式将房地产标的卖给最高出价者的一种交易行为。房地产拍卖委托人的身份是多层面的,有个人、公司法人、司法机关、银行、典当行、税务机关、其他行政执法机关等,其中房地产拍卖业务主要还是来自法院委托。

根据委托方的属性,拍卖房地产主要有以下几个方面:

①法院委托拍卖的查封抵债房地产。目前房地产拍卖以这种方式居多,其中有些拍卖房地产标的有着比较复杂的产权关系。

②债权人委托拍卖的抵押房地产。根据我国担保法的规定,抵押权人有权将抵押房地产直接委托给拍卖行拍卖。但实践中一般都是由抵押权人(银行)向法院提起诉讼,法院对抵押房地产予以冻结,法院庭审后下达判决书或裁定书,由法院委托拍卖行进行拍卖变现。

③政府部门委托拍卖的房地产。根据规定,国有土地使用权出让必须采用招标和拍卖的形式进行。土地管理部门不具备拍卖的资质,通常需要委托拍卖机构进行土地一级市场的出让拍卖。

④法人委托其所拥有的房地产。这类房地产权属清晰程度不一。

⑤自然人委托拍卖的房地产。这类房地产的权属清晰程度根据房地产建成时间的远近而有所差别。通常只宜接受已办领房地产权证的产权明晰的房地产拍卖委托。

对拍卖房地产确定合理的拍卖保留价和起拍价是决定拍卖行为成功与否的主要环节,为此,拍卖房地产的委托人应该在签订拍卖委托合同前(针对拍卖委托的具体情况,有时也在委托合同签署后),委托有评估资质的房地产估价机构对拍卖标的进行评估,作为委托方和拍卖行确定评估拍卖保留价、起拍价和期望价的参考。

2) 明确估价对象

(1)房地产拍卖标的应具备的条件

①法律、法规禁止买卖、转让的房地产,通常情况下不得拍卖:未依法取得房地产产权证书的(包括土地使用权证书、房屋所有权证书和房地产产权证书)共有房地产,未经其他共有人书面同意的;权属有争议,尚在诉讼、仲裁或者行政处理中的;权利人对房地产的处分权受到限制的;以出让方式取得土地使用权,但不符合政府相关转让条件的;司法和行政机关依法裁定,决定查封或者以其他形式限制房地产权利的;国家依法收回土地使用权的;法律、法规、规章规定禁止买卖、转让的其他情形。

②以出让或划拨方式取得国有土地使用权进行开发建设,其土地使用权需要拍卖的,应当符合国家法律、法规规定的可转让条件:以出让合同取得的土地应按照出让合同的约

定支付全部使用权出让金；土地使用权已经依法登记并取得土地使用权证；对于成片开发地块,需转让地块应已符合建设用地条件；规划管理部门已经确定需转让地块的规划使用性质和规划技术参数；出让合同约定的其他条件；划拨方式取得的除符合②③④条外,还需报人民政府主管部门批准,补办出让手续。

③以出让方式取得国有土地使用权的房地产拍卖应当报请有关部门批准,办理土地使用权出让手续,并缴纳土地使用权出让金；可以不办理出让手续的,应当由拍卖行将拍卖标的所得收益中的土地收益上缴国家。

④集体所有土地上建成的房屋需要拍卖的,应当符合法律、法规规定的买卖或转让条件。具体包括:房屋所有权证和该房屋占用范围内的土地使用权已经依法登记取得房地产产权证书；集体土地上的房屋,拍卖前应向当地乡镇人民政府申请,获批准后方可进行拍卖。

⑤下列划拨用地不可以拍卖:国家机关用地和军事用地；城市基础设施用地和公益事业用地；国家重点扶持的能源、交通、水利等项目用地；法律、行政法规规定的其他用地。

⑥抵押房地产拍卖前应先获得抵押权人同意。如果未经抵押权人同意而因拍卖造成抵押权人经济损失的,需承担相应的民事责任。

(2)不同权属状况拍卖标的的审查与前期处理

①拍卖标的房地产是否有重复查封。对于抵押权人起诉和非抵押权人因为其他经济纠纷涉及的起诉的案子,以抵押为主；对于皆非抵押权人起诉的案子,按时间先后,谁先起诉,谁先受偿。

②产权人为国有单位和集体单位时,房地产拍卖需要取得上级部门的许可意见。

③如果拍卖标的发生用途转换,如产权证为住宅用途,拍卖按照实际商业用途拍卖时,为了保证拍卖成交后进行产权变更过户,补办规定的用途手续,必须进一步收集取证原始产权证办理过程中的相关文件,如房屋平面图、地籍图、规划设计批文等。

④有共有人的房地产拍卖,须有共有人的书面同意转让意见。共有人享有优先购买权。

⑤有租赁登记的房地产拍卖,须将拍卖行为告知承租人。承租人享有优先购买权。

⑥分层、分套的房屋拍卖,买受人按分摊的建筑面积取得相应比例的土地使用权。

⑦房屋的附属设施、公共部位、公用设备与房屋同时拍卖转让,应在公告中说明,并按照国家和当地政府的有关规定办理。

⑧建筑设计为成套的房屋,一般不得分割拍卖。

(3)高档住宅

建筑造价平方米价格超过上年度商品住房平均价格1倍以上的为高档住宅,不享受减半征收契税的优惠政策；其他住宅为普通住宅。高档住宅和非住宅都是收取3%的契税。

高档住宅也就是一般说的非普通住宅,一般来说包括别墅和公寓,具体来说,面积一般都大于144 m²,容积率都小于1。别墅是指在郊区或风景区建造的园林式住宅,一般拥有独自的私家车库、花园、草坪、院落等。高档公寓是指其单位建筑面积销售价格高于当地普通住宅销售价格1倍以上的高档住宅,通常为复式住宅、顶层有花园或多层住宅配有电梯,并拥有较好的绿化、商业服务、物业管理等配套设施。

3）明确估价内涵

房地产估价机构在日常工作中经常要为司法机关处置涉讼房地产出具估价报告,报告中往往涉及3个最基本的概念:市场价值、拍卖底价、拍卖保留价。

《房地产估价规范》(GB/T 50291—2015)第5.4.2条规定:"应根据最高人民法院的有关规定和人民法院的委托要求,评估拍卖房地产的市场价值或市场价格、其他特定价值或价格。"

底价即最低商业价值。在此基础上确定拍卖保护价、起拍价。最高应价低于保护价的,重新拍卖或变卖(《海商法大辞典》1988年版第414页)。

保留价主要出现在《中华人民共和国拍卖法》中,第二十八条规定:"委托人有权确定拍卖标的的保留价并要求拍卖人保密。拍卖国有资产,依照法律或者按照国务院规定需要评估的,应当经依法设立的评估机构评估,并根据评估结果确定拍卖标的的保留价。"第四十四条规定:"委托拍卖合同应当载明以下事项……(三)委托人提出的保留价……"第五十条规定:"拍卖标的无保留价的,拍卖师应当在拍卖前予以说明。拍卖标的有保留价的,竞买人的最高应价未达到保留价时,该应价不发生效力,拍卖师应当停止拍卖标的的拍卖。"

可以看出,底价是标的物的最低商业价值,或者说是第三方(房地产估价机构)确认的标的物在拍卖市场——这样一个受强制快速变现因素影响而形成的一个不完全市场上的最可能的成交价,相对于拍卖委托人来说是一种客观性的价格;保留价则是拍卖委托人在底价基础上根据评估底价确定的,相对来说更具有主观性。

第一种性质的拍卖,即基于自愿原则的拍卖情形下,拍卖委托人是拍卖标的的所有人,有权自行确定拍卖标的的底价或最低商业价值,自行确定拍卖保留价。通俗地说就是:我就打算按这个价钱卖,低于这个价钱我就不卖了。此时,底价即保留价。在拍卖未成交的情况下,委托人可以降低自己的底价(保留价),因为最低商业价值是他自己确定的,他自己可以更改。第二种性质的拍卖,即强制拍卖的情形下,作为最低商业价值的底价就不能与保留价等同了。这是因为:第一,这两个价格是由不同的主体确定的,底价是由法定的评估机构依法确定的;保留价则是由拍卖委托人,即司法机关或清算组、债权人委员会在委托拍卖合同中确定的。第二,底价在估价报告有效期内,如无特殊情况一般不能更改;保留价则可以在多次拍卖中向下调整,以期能够成交,但不能低于底价。第三,底价的更改必须由法定的评估机构依据变化了的条件做出新的评估;保留价则可以在底价之上,根据市场和拍卖的具体情况灵活确定。

总之,由房地产估价机构依法确定的拍卖底价是拍卖的最终保留价,是不可突破的价格底线。

7.2.2　制订估价作业方案的步骤

1）确定拟采用的估价技术路线,初步选择适用于估价对象的估价方法

房地产拍卖是一种特殊的市场交易,在确定拍卖保留价评估的技术路线时,要充分认识到这种特殊性。首先,要对当地的房地产拍卖市场情况有深入的了解,对同类房地产在正常市场的价格水平和拍卖市场的价格水平做出比较,确定拍卖市场的成交价格比正常市场成交

价格偏低的幅度。然后按正常市场价格对估价对象进行估价,再按照这个偏低的幅度对估价结果调减。可以选取比较法、成本法、收益法等估价方法进行估算。

房地产拍卖保留价格评估结果,只是估价机构根据市场行情及拍卖标的个别情况,对标的最低售价所做的推测和判断,并不代替委托人最终选择。在评估保留价时,可按委托人分类区别评估。拍卖委托一般分为两类:一类是房地产权利人自愿处分房地产而进行的拍卖委托,可称程序委托;另一类是司法机关依法强制处分房地产而进行的拍卖委托,可称司法委托。

(1)程序委托拍卖房地产保留价格评估

程序委托拍卖房地产与双方按市价协议出售房地产只是处分形式及所要缴纳的税费不同,这类评估可分为3步进行:

①评估拍卖标的最低标准 V_0。拍卖标的最低标准价格,是指在估价时点、正常交易情况下,房地产所能实现的最低税前价格,也即正常市价的下限。这种价格对于房地产估价师来说,是能够做到的,此处不再赘述。需要指出的是,评估这种价格务必注意两点:一是要保持稳健心态,就低不就高,以便得出最低市场价格;二是以竞买人的心态充分了解拍卖标的个别情况、相邻关系、入住环境及处分缘由,购买房地产时的心理因素是不可忽视的。

②确定变现系数 r。房地产变现系数是指变现的程度,它与两个方面的因素有关:一是拍卖委托人的心态,委托人要想快速处分变现房地产,就必须以降低价格为手段,激起竞买人的竞买兴趣,成交的可能性就大,这时变现系数就小;二是拍卖标的价格及其用途,标的价格越大、使用范围越狭窄,竞买的人数越少,变现的可能性随之降低。当评估房地产拍卖保留价时,如委托人没有表明心态或不让估价机构考虑此项因素,评估时只能考虑拍卖的价格及其用途,这时的变现系数很难以一定的模式计算得出,此时可根据当地的房地产市场行情确定。对使用范围广、标的价格不大的房地产,最低市场售价就是变现价格,变现系数 $r=100\%$;对使用范围小、标的价格较大的房地产,要适当确定变现系数,但绝不能一味强调变现而过分降低变现系数。实际上,协议出售房地产也存在变现程度问题,并非拍卖方式所独有。

③估计拍卖佣金 V_1。根据《中华人民共和国拍卖法》规定,拍卖成交的拍卖人可以向委托人、买受人各收取不超过拍卖成交价5%的佣金。如用 V_0 表示成交价,i 为佣金比例(可根据当地拍卖行的收费标准而定),有:

$$V_1 = V_0 \times i$$

由于拍卖成交价拍卖前无法预测,可用变现价格近似地代替成交价,则有:

$$V_1 = V_0 \times r \times i$$

对委托人来讲,要向拍卖人支付佣金,如按市场最低售价拍卖了房地产,委托人实际得售房款(V_0-V_1);对买受人来讲,拍卖成交后还要向拍卖人支付佣金,如按市场最低售价竞买成功,还要比协议购买多支付款额 V_1。

由以上分析可知,委托人一方面想通过拍卖获得市场最低变现价格,并把应向拍卖人支付的佣金转嫁给买受人;另一方面,也担心佣金转嫁后,无疑加重了买受人的负担。如果拍卖标的不具备独特的吸引力或竞买人对市场价格十分了解,竞买人是不会举牌应价的,极有可能导致拍卖失败,委托人还要损失一笔拍卖费用。因此,程序委托的拍卖保留价应定义为:拍卖房地产在估价时点扣除拍卖佣金后的税前变现价格,即

$$保留价 V = V_0 \times r \times (1 - i)$$

这样确定保留价,委托人会认为,买受人一旦刚好达到保留价成交,要比协议出售多损失双份的拍卖佣金。但是,保留价是保密的,竞买人很难把最高应价定在保留价上,如果竞买人有意购买,在拍卖竞争的气氛下,往往能以超出保留价的买价成交,委托人一般不会损失应交的拍卖费。反之,如果拍卖失败,委托人也要向拍卖人支付手续费,房地产拍卖不出去也会影响今后的再处分。况且协议出售也要支付销售费用,委托人大可不必为扣除佣金而心痛价太低。因此,如果委托人诚意拍卖房地产,就应该以竞买人的心态确定保留价,估价机构可按此思路进行评估,但必须注明价值定义,以便委托人选择。

(2)司法委托拍卖房地产保留价格评估

司法委托拍卖与程序委托拍卖相比有两点不同:一是司法委托拍卖的委托人一般是司法机关,而不是房地产权利人,竞买人对购买拍卖标的之后能否正常使用存有疑虑;程序委托拍卖的委托人因法律诉讼被强制处分房地产,对抗心理使其不愿或无能力支付卖方应付的过户税费,但又不能免交,按规定应从拍卖价款中扣除。但是,实践中往往转嫁给了买受人,在办理过户手续时支付全部税费。因此,竞买人会对税费承担情况产生疑虑,在举牌应价时不能不有所保留。这两种因素归纳起来也就是竞买人存在的排斥心理因素,使得司法委托拍卖保留价评估不同于程序委托拍卖,要复杂一些,其步骤如下:

①评估拍卖标的最低标准 V_0。

②确定变现系数 r。

③确定排斥心理因素。竞买人要想购得合法、适用的房地产,必须事先充分了解拍卖标的,如房屋质量、采光、通风、物业管理、相邻关系、环境等,即使协议购买,买方也应深入调查了解,但这些不能作为排斥因素,而真正称得上排斥因素的只是原业主是否干扰、税费支付、过户难易程度等。这种因素可根据当地的具体情况而定,一般以比例形式扣除,比例数用 P 表示,称为排斥率。排斥心理因素为 $V_0 \times P$。

④估计拍卖佣金 V_1。

根据以上几点分析,可得出拍卖保留价为:

$$V = V_0 \times r - V_0 \times r \times i - V_0 \times P$$
$$= V_0 [r(1 - i) - P]$$

2)拟调查收集的资料及其来源渠道

拟调查资料包括:

①拍卖房地产标的物的产权资料;

②产权人的身份证明;

③近期类似房地产的拍卖交易实例;

④近期类似房地产正常市场交易价格水平资料;

⑤估价对象所在区域类似房地产的市场分析资料;

⑥估价对象的实物照片和周边环境、周边配套的实物照片资料。

收集资料的渠道有:

①委托人提供;

②实地查勘获得;

③询问有关知情人士;

④查阅估价机构自己的资料库;

⑤到政府有关部门查阅;

⑥查阅有关报刊或登录有关网站等。

资料收集的途径多种多样,估价人员可以从报纸、杂志、电视、网络等媒体上搜集相关信息,从政府相关部门、专业团体、拍卖机构获取各种资料,如社会经济统计年鉴、房地产拍卖交易实例等。更为重要的手段是参加房地产和土地拍卖会,亲身感受交易现场情况,或经常走访各类销售市场,切实落实相关信息的准确性。

3)人员安排

根据估价目的、估价对象、估价基准日、估价报告出具日期,便可知估价项目的大小、难易和缓急,从而可以确定投入多少人力参加估价作业。

4)估价作业步骤和时间进度安排

主要是对后续各项工作做出具体安排,包括对作业内容、作业人员、时间进度、所需经费等的安排,以便控制进度及协调合作,通常最好附以流程图、进度表等,特别是对于那些大型、复杂的估价项目。

【实践操作】

房地产估价师刘××、估价员李××认为估价对象为一幢独立别墅,根据委托方提供的相关资料,制订以下估价作业方案,如表7.1所示。

表7.1　估价作业方案表

时　间	工作内容	人　员
2013.11.16	初步选定市场比较法、成本法进行估价,签订委托协议	刘××
2013.11.17	收集所需背景资料,委托方提供相关资料	李××
2013.11.18	现场调查、拍照	刘××、李××
2013.11.19—24	起草估价报告	李××
2013.11.25—30	审核报告、与委托方沟通	刘××
2013.12.1	出具估价报告,收费,资料归档	李××

任务7.3　高档住宅拍卖价格评估的实地查勘

相关知识

实地查勘是指估价人员亲临现场对估价对象的有关内容进行实地考察,以便对待估宗地的实体构造、权利状态、环境条件等具体内容进行充分了解和客观确认。在现场调查阶段,估价人员必须对承接的评估项目进行实地查勘,并用摄影手段作出记录,从而形成现场调查记录,现场调查收集的资料应作为工作底稿进行归档。

1)查证核实

查证核实是对土地使用证中登记的宗地坐落、街道、街坊、地号、门牌号、土地面积等内容以及房产证中登记的建筑物名称、建筑结构、建筑物面积、建筑物用途等进行核实,调查是否与现场一致。这样才能保证土地评估中引用的土地权属来源资料的可靠性和真实性。

填写现场查勘调查表及与委托方协助人员的现场沟通记录,内容包括客户的要求、评估范围的变化、估价对象分割、客户的承诺、问题及沟通结果等。

对委托人提供的文件和资料进一步核实,内容主要包括:

①拍卖标的与所提供的房地产权利证明是否一致;产权档案所标明产权人与产权证上产权人以及卖房人是否一致。

②产权来源是否清楚,如新建、翻建,是否有规划、用地、施工管理单位的批准文件,是否领有新证。

③房地产面积是否与房地产测绘部门出具的勘测报告一致。

④产权证中"他项权利"一栏是否存在抵押权登记或租赁权登记等其他权利登记,查看房档中是否有记录,查看抵押协议、抵押期、他项权利注销情况是否与产权证一致。

⑤是否有被司法机关和行政机关依法裁定,决定查封或以其他形式限制房地产权利的文件。

⑥是否有他人声明对该房地产享有权利的文件。

⑦是否有产权证丢失的记录;现持产权证是原证,还是新证;是否登报声明。

⑧是否有关于产权纠纷的记录,处理情况如何。

⑨是否在拆迁范围,在被冻结和禁止买卖的范围内。

⑩土地来源和变更情况,包括用地性质、划拨、出让、转让、土地使用年限和剩余使用年限、用途变更及其他。

2)拍卖房地产实体状况查勘

房地产实体状况查勘包括土地的位置、四至、面积、形状、地势、临路情况、临街状况、进深、开发程度、地质水文状况及地上建筑物的面积与结构、宗地内建构筑物平面布置、工程质量、新旧程度、装修情况、建筑物内的设施设备、建筑物的楼层及朝向等。

填写现场观察记录,包括:

①实体状况。

②权益状况。

③绘制草图。在全面查勘丈量的基础上,将宗地的位置、形状、四至、临街的宽度与进深以及周边的基本情况(如周围的道路、商服中心和生活设施等)用草图记录下来。

3)拍卖房地产周边环境状况调查

主要内容包括房地产所在区域的商服繁华状况、交通状况、基础设施状况、人口状况、产业构成状况、环境状况、地形条件等区域状况。

现场查勘中对重要的评估项目要进行拍照或录像。拍照或录像能直观地反映评估对象的特征,尤其是文字叙述未能达到对标的物理想的描述目的时,通过拍照或录像可以弥补其不足。

【实践操作】

房地产估价师刘××、估价员李××来到地块现场查勘,核实查证,拍照取证,了解周边环境,如图7.1所示。

图7.1　现场物业照片

任务7.4　合理确定房地产拍卖底价

相关知识

1) 明确房地产市场特征

在估价实践中，只有正确了解房地产市场特征，才有可能真正理解房地产市场价值的内涵。作为估价人员，应该把握宏观房地产市场动态特征，判断估价时点时的市场状况是处于买方市场还是卖方市场。按照房地产市场的一般规律及购买者"买涨不买跌"的购买习惯，一般来说，房地产市场处于上行通道时，一般是处于卖方市场状态，否则反之。估价人员对该地区同类物业市场宏观了解，当前房地产市场仍处于卖方市场，因此，我们所调查同类物业的价格水平是居于卖方市场所表现出的价格，在采用市场法进行评估时应给予关注。

2) 确定正确的房地产市场价值内涵

在为委托方确定拍卖保留价而评估房地产市场价值的过程中，采用的是公开市场价值标准，因此评估的是估价对象的房地产市场价值。所谓市场价值是指理性而谨慎的交易双方，出于利己动机，有较充裕的时间，在了解交易对象、知晓市场行情下自愿进行交易最可能的价格。正常的市场价值包含卖方税费，不包含买方税费。如某一房地产成交价格为80万元，该价格为卖方实收价，买方承担所有税费及佣金，合同约定按原价过户，卖方应交纳的税费约5 000元，则该房地产正常市场价值应为805 000元。而在采用市场法进行评估时，很多估价机构及估价人员都不曾考虑交易过程中税费的转嫁及规避问题，大都直接采用市场的报盘价作为可比案例予以估价。这样测算下来，估价对象的最终价值就会偏离市场价值水平。

另外，在估价实践中，有的估价人员对市场价格为何一定要包含卖方税费，而不包含买方税费表示不理解，认为没有必要对市场价值的内涵规定得那么死，只要在估价报告中说明评估价值是否包含买卖双方或其中一方的税费即可。笔者认为这种观点是极不妥当的，俗话说"没有规矩不成方圆"，在估价实践中如果对市场价格不设定一个尺度就会很乱，各估价机构及估价人员就会肆意设定市场价值内涵。同时报告使用人一般为非房地产估价专业人士，即便在估价报告中披露本次估价对象价值的内涵，报告使用人也不一定能够理解，甚至可能误导报告使用人。因此，无论是从规范行业自身发展考虑，还是从改善评估服务质量出发，都应该对市场价值的内涵制订一个严格的标准。

3) 考虑房地产拍卖市场特征，综合确定拍卖保留价

考虑到估价目的特殊性，是为委托方确定拍卖保留价而评估房地产市场价值，其最终目的是使估价对象能够在拍卖过程中得以变现。因此，作为估价人员，不仅要对房地产的市场特征及房地产市场价值内涵予以了解，还要弄清楚房地产拍卖市场的特征。在房地产拍卖市场中，作为估价对象的产权人对售价不具备主动性，最多只有拍卖保留价作为保障，真正具备说话权的是竞拍人，即购买人。因此，房地产卖方市场实质上是一个典型的买方市场。房地产拍卖最可能成交的价格实质上是购买人所能接受的价格，而并非估价对象的产权人所能承让的价格。

同时,房地产拍卖市场还具有一个特征,即按照拍卖成交价格如实交缴交易过程中可能发生的税费。

在确定合理的拍卖保留价之前,首先要将房地产市场价值转化为买方市场价格即买方所能接受的合理购房支出总价。

【案例分析】

深圳市罗湖区××路××花园裙楼商铺第二层,建筑面积 2 650 m²,登记价为 10 000 000 元,房屋用途为商业,土地用途为商住混合用地,土地尚可使用年限还有 56 年。在 2009 年 9 月进行了第一次拍卖,深圳市中级人民法院委托 A 房地产估价公司对该房产进行评估,最终 A 估价公司出具的评估单价为 16 500 元/m²,价值标准为公开市场价值,因此,法院根据评估报告,在评估价的基础上以 8 折即 13 200 元/m² 来确定拍卖保留价,第一次拍卖没有成交。本来按照《最高人民法院关于人民法院民事执行中拍卖、变卖财产的规定》(法释〔2004〕16 号)第二次拍卖可以不用再评估,直接在第一次拍卖保留价的基础上再打 8 折作为第二次拍卖保留价,但恰逢法释〔2009〕16 号颁布实施初期,因此,原告要求法院重新评估,深圳市中级人民法院答应了原告的请求,确定 B 房地产估价公司重新评估以确定拍卖保留价。

B 房地产估价公司接受深圳市中级人民法院的委托后,安排估价人员对该房产进行实地查勘,并对周边同类物业市场的租金及售价水平进行了详细的市场调查。调查发现,周边商业氛围较好,成交及租赁情况都非常活跃,案例相当充裕,完全具备采用市场比较法和收益法进行评估的条件,于是经过充分的市场调查后,对资料进行有效的整理筛选并进行科学的测算,然后通过市场比较法与收益法评估测算出的价值也基本相当,最终估价对象的市场价格确定为 16 000 元/m²。结果初步出来后,如果 B 房地产估价公司贸然按此价格出具报告,则第二次拍卖按照法释〔2009〕16 号规定,直接以评估价作为拍卖保留价,这意味着第二次拍卖保留价还要高于第一次,那么第二次拍卖成交成功的可能性更是微乎其微。这显然不能使委托人及原告接受。为何第一次拍卖按照 13 200 元/m² 作为拍卖保留价没有人参与竞拍,最终导致拍卖流产呢?难道是估价人员对同类物业市场调查做得不够仔细,资料收集得还不够详尽,市场价格确定得还不够准确吗?估价人员带着疑惑,再次对周边市场进行调查,并结合本次估价目的和估价对象的特点,最终找出导致第一次拍卖成交失败的缘由。

导致第一次拍卖失败的主要原因是 A 房地产估价公司在确定最终评估价格时影响到拍卖保留价的确定。忽视了本次估价目的的特殊性,没有真正理解以市场价值确定拍卖保留价的内涵。本次估价目的是为委托方确定拍卖保留价而评估的房地产市场价值。因此,价值标准为公开市场价值标准,但更重要的是评估拟估对象的市场价值是为确定估价对象的拍卖保留价服务的。而拍卖保留价的确定则是出于既要保证产权人的权益尽可能地不受到伤害,又要保证拍卖保留价符合市场情况,能够得到竞拍人的认可,从而最大可能地促成拍卖成交。据笔者对同行的调查了解,A 房地产估价公司的错误理解并不是个别现象,很多估价机构及估价人员都存在着同样的误解。

估价人员通过对同类物业的市场调查,确定 16 000 元/m² 是符合当前市场价格水平,但价格水平是居于卖方市场价格,因此还应对该价格进行修正。按照当前市场成交习惯,一般采用原值过户,因此卖方应缴纳的营业税(成交价与登记价的差额 5% 缴纳)、教育费附加、土地增值税、所得税(按增值额的一定比例缴纳)等都予以规避,只需缴纳印花税(按过户价的0.05%)、登记费(按 3 元/m²),则估价对象的房地产市场价值应为:

$$16\,000+10\,000\,000/2\,650\times0.000\,5+3=16\,005(元/m^2)$$

在确定合理的拍卖保留价之前,首先要将房地产市场价值转化为买方市场价格,即买方所能接受的合理购房支出总价。

(1)确定买方所能接受的合理购房支出总价

根据深圳市三级市场交易税费规定,买方应缴纳印花税、契税(按过户价的3%)、登记费及买卖双方的佣金(按实际成交价的3%,行情可以有折扣,暂以买卖双方各1%计算,即成交价的2%),则买方所能接受的购买价格为:

$$16\,005+10\,000\,000/2\,650\times(0.000\,5+3\%)+16\,000\times2\%=16\,440(元/m^2)$$

(2)确定合理的拍卖保留价

由于拍卖市场是一个典型的买方市场,且只能按照成交价格如实交税,同时交易过程中产生的所有交易税费均由购买人承担。因此,假定合理的拍卖保留价为××元/m²,则有:

成交时所应缴纳的买卖双方的税费+成交的购房款=买方所能接受的合理购房支出总价

这个公式是成立的。然后,可以借助 Excel 表的计算功能进行试算,如表7.2所示。

表 7.2 拍卖保留价计算表

估价对象建筑面积/m²	2 650
原登记价/元	10 000 000
拍卖保留价/(元·m⁻²)	11 680
总价/元	30 952 000
营业税/元	1 047 600
城市维护建设税/元	10 476
教育费附加/元	31 428
印花税/元	15 476
契税/元	928 560
登记费/元	15 900
土地增值税/元	8 247 428
个人(企业)所得税/元	2 316 738
买卖双方税费合计/元	12 613 606
买卖双方的税费+以拍卖保留价成交的购房款/元	43 565 606
买方所能接受的合理购房支出总价/元	43 566 000

从表 7.2 可以看出,当以 11 680 元/m² 成交,购买人应支付房价款为 30 952 000 元,加上交易双方所应交缴的税费 12 613 606 元,合计 43 565 606 元,与正常交易市场买方所能接受的合理购房支出总价 43 566 000 元相当。因此,以 11 680 元/m² 作为拍卖保留价格是客观合理的。

课堂活动

结合深圳市罗湖区某商铺两次拍卖评估的实践,研究两家公司估价技术路线的不同并进行讨论,体会房地产估价人员的工匠精神,感悟房地产估价的技术之美。引导青年学生认同平凡岗位中的伟大,积极向优秀前辈学习,立志成为新时代爱党报国、技巧精湛、敬业奉献的人才。

任务 7.5 研读评析住宅拍卖价格估价报告

××房地产咨询评估有限公司于 2013 年 11 月 22 日正式接受××市高级人民法院委托,对位于杭州市余杭区中泰街道桃花源琼台村 8 幢 8-1 房屋及国有土地使用权进行评估,该房屋建筑面积为 573.65 m²。此次估价的目的是委托方执行司法裁决,准备对该估价对象进行拍卖,需确定其房地产现值。本次评估采用市场比较法,最终估价结果为人民币 1 548 万元整,单价 6 059 元/m²。

案例正文

房地产拍卖底价评估报告
估价技术报告

一、个别因素分析

绿城桃花源位于杭州市余杭区凤凰山南麓风景秀丽的丘陵地带,距杭州市区 18 km。桃花源占地总面积 2 700 亩,拥有自然的山水风光。整个园区分东、西、南三区开发,东区已全部售罄并交付,西区及南区正在建设中。占地面积 1 800 010 m²,建筑面积 300 000 m²,物业管理费 4.2 元/(m²·月),开发商为杭州余杭绿城房地产开发有限公司,物业管理公司为绿城物业服务集团有限公司,产权年限为 70 年。

拍卖估价案例
预习成果

桃花源南区总用地面积 1 400 余亩,建造形态各异的独立别墅 570 余栋。南区一期 220 余栋独立别墅于 2007 年交付。桃花源南区别墅共分为山地别墅、园景别墅、水岸别墅、庭院别墅、小院别墅 5 大类。2005 年年底推出的园景别墅建筑面积约 420 m²,庭院面积平均约 1 000 m²,全部采用轻钢结构,并推行室内精装修和庭院精装修设计,8 套全装修样板房已对外开放,运用意式、法式、英式等多种别墅风格创造了身临其境的全装修精彩体验。2006 年秋季推出水岸别墅,其地上建筑面积约 380 m²,地下建筑面积为 200～250 m²,基地面积为

1 000～1 500 m²,多分布在漯漯溪流边。

项目配套:中小学有杭州绿城足球学校、闲林职业技术高中、石鸽中学;幼儿园有闲林镇中心幼儿园;商场有舒乐家私商场、金港商贸城(杭州);邮局有闲林邮政支局;银行有余杭农村合作银行中泰支行;医院有余杭区第二医院社区门诊;其他还包括西园宾馆。

紧邻杭昱公路(02 省道)、文一西路、东西大道,至杭州市区约 18 km,至余杭镇约 1 km。乘坐公交 346 路、356 路、506 路至东西大道口站下车,从余杭或临安出发可乘中巴车至百亩地站下车。

估价对象建造装修标准及附属设施见附件。

二、区域因素分析(略)

三、市场背景分析(略)

四、最高最佳使用分析

该估价对象地理位置优越,设计合理,配套设施齐全,交通条件便利,环境优美,根据估价人员分析,该估价对象作为别墅住宅使用符合最高最佳使用原则。

五、估价方法选用

估价人员接受法院委托后,对估价对象进行了分析,从而确定估价的技术路线。该估价对象属于独立别墅,经调查该地区类似别墅几乎无出租的情况,不能收集类似别墅的客观收益,故无法使用收益法进行评估;由于独特的地理位置和自然环境,采用成本法评估无法体现其真实价值;估价人员在对邻近地区类似房地产进行调查后,有类似的别墅交易实例,根据该估价对象的特点及其本身的实际状况,最后决定选取市场比较法作为本次估价的基本方法。

六、估价的测算过程

若具体房屋所在的房地产市场交易发达,有足够的可供比较案例,则采用市场比较法进行评估。即选择符合条件的参照物,进行交易情况、交易时间、区域因素、个别因素修正,从而确定待估房地产的评估值。计算公式为:

待估房地产价格=参照物交易价格×正常交易情况/参照物交易情况×待估房地产区域因素值/参照物房地产区域因素值×待估房地产个别因素值/参照物房地产个别因素值×待估房地产评估基准日价格指数/参照物房地产交易日价格指数

(1)根据估价要求选取 3 个可比实例,选取可比实例如下:

● 案例 A:新明半岛,位于余杭闲林镇以西 02 省道南侧新明大道,占地面积约 57 万 m²,总建筑面积约 76 万 m²,规划 5 000 户,配套齐全。在这 57 万 m² 景观型成熟生活区中,配备餐饮娱乐、超市、优质教育资源和医疗保健中心,不仅满足日常生活所需,更提升了生活品质。365 m 景观大道私家路,艺术灯柱两旁林立,配合高低错落坡地建筑,整个社区遍布着鱼雕、叠水喷泉、景观泳池、珍稀林木,涵盖运动健康、大型商务活动、高尚文化品位 3 大主题。钢筋混凝土结构,建筑面积约 380 m²,成交单价为 45 460 元/m²。

● 案例 B:绿城云栖玫瑰园位于之江国家旅游度假区核心位置,之江路 168 号,距离市中心武林广场 18 km,距离西湖 11 km,距离钱江新城市民中心约 17 km(车行距离),城市景观大道之江路、梅灵路交会并流,使得云栖玫瑰园周边交通极为便捷。依托之江度假区内的优秀资源,医疗、购物、休闲等配套齐全,高尔夫等高端休闲资源触手可及,亦可近享主城区及钱江新城CBD完善的城市配套。项目占地面积约220亩,背靠五云山脉,地势东北高、西南低,东北部为35°左右山坡地,逐渐向西、南趋于平坦,园内环抱约40亩景观湖,容积率仅约0.29,顺应湖泊位置及天然地势仅规划88户法式园景排屋、园景合院、山景合院、中式大宅,整个园区内绵延江南临水而居的风雅气韵,是继绿城九溪玫瑰园后之江又一个"山水之间的理想家园"。钢筋混凝土结构,建筑面积为560 m²,成交单价为42 850元/m²。

●案例C:金成江南春城竹海水韵,是金成集团倾力打造的高品质精装修楼盘,采用德国旭勒、德国汉斯格雅、乐家、乐思龙等众多世界一线家居品牌。江南春城竹海水韵位于杭州大城西板块,杭州景观大道天目山路延伸段北侧。楼盘附近就是西溪国家湿地公园、梧桐港、小白菜文化园,沿途及周边风景秀丽,具有良好的自然生态环境。竹海水韵规划总建筑面积约64万 m²,项目规划有芦花洲、润泽园、荷塘轩、咏竹园、竹邻间等组团。低密度水岸社区内以别墅、多层建筑和高层建筑为主,有精品公馆、精装联体别墅、精装叠加别墅、精装电梯花园洋房等类型丰富的高品质物业组成,建筑风格稳重大气。景观设计由世界知名公司——澳大利亚PLACE完成,钢筋混凝土结构,建筑面积为500 m²,成交单价为43 150元/m²。

(2)比较因素条件说明(见表1)

表1　比较因素条件说明表

比较因素		估价对象	A	B	C
坐落位置		绿城桃花源	新明半岛	云栖玫瑰园	竹海水韵
交易单价		—	45 460元/m²	42 850元/m²	43 150元/m²
交易面积		573.65 m²	380 m²	560 m²	500 m²
交易情况		正常	正常	正常	正常
交易时间		2013年11月	2013年1月	2013年10月	2013年6月
用　途		居住	居住	居住	居住
区域因素	距市中心距离	20 km	20 km	20 km	20 km
	环境状况	好	好	好	好
	配套设施	完善	完善	完善	完善
	交通条件	一般	一般	一般	一般
	繁华程度	一般	一般	一般	一般
个别因素	建筑结构	钢筋混凝土结构	钢筋混凝土结构	钢筋混凝土结构	钢筋混凝土结构
	新旧程度	十成	九成五	九成五	十成
	装修标准	好	较好	较好	较好
	物业管理	好	好	较好	较好
	园林设计	好	好	较好	较好

（3）因素修正说明及修正指数确定

①交易情况修正。房地产市场一般是一个不完全市场,其价格往往受当时的一些特殊行为的影响,因此必须将个别的特殊交易剔除。以上所选择的几个可比实例,均为自由竞争市场上的平均价格,故不用修正。

②交易日期修正。估价对象与可比实例的交易日期有时间差异时,随着时间的推移,房地产价格会有较明显的变化,因此必须进行交易日期修正。由于选取的均为近期成功的交易案例,且目前杭州市的类似物业市场价格较为平稳,故不做修正。

③区域因素修正。3 个可比实例均为市内繁华路段的交易案例,但小环境有所不同,故根据与市区中心的距离、公共设施完备程度、商服配套情况、交通便捷程度、环境景观等因素找出区位因素优劣造成的减价或增价修正。

④个别因素修正。主要考虑该房产的结构、户型、档次、建成年月、楼层、布局、房屋朝向、内外装修状况、房屋质量、成新状况、物业管理、园林设计等因素进行修正。比较因素修正指数见表 2。

表2 比较因素修正指数表

比较因素		估价对象	A	B	C
交易单价		—	45 460	42 850	43 150
坐落位置		100	100	98	96
交易面积		100	96	100	100
交易情况		100	100	100	100
交易时间		100	100	100	100
用 途		100	100	100	100
区域因素	距市中心距离	100	100	100	100
	环境状况	100	100	100	100
	配套设施	100	100	100	100
	交通条件	100	100	100	100
	繁华程度	100	100	100	100
个别因素	建筑结构	100	100	100	100
	新旧程度	100	98	98	100
	装修标准	100	95	95	95
	物业管理	100	100	96	96
	园林设计	100	100	92	92

（4）比较修正过程（见表3）

表3　比较修正计算表

比较因素		估价对象	A	B	C
交易单价		—	45 460	42 850	43 150
坐落位置		1.00	1.00	1.02	1.04
交易面积		1.00	1.04	1.00	1.00
交易情况		1.00	1.00	1.00	1.00
交易时间		1.00	1.00	1.00	1.00
用　途		1.00	1.00	1.00	1.00
区域因素	距市中心距离	1.00	1.00	1.00	1.00
	环境状况	1.00	1.00	1.00	1.00
	配套设施	1.00	1.00	1.00	1.00
	交通条件	1.00	1.00	1.00	1.00
	繁华程度	1.00	1.00	1.00	1.00
个别因素	建筑结构	1.00	1.00	1.00	1.00
	新旧程度	1.00	1.02	1.02	1.00
	装修标准	1.00	1.05	1.05	1.05
	房屋层次	1.00	1.00	1.04	1.04
	房屋朝向	1.00	1.00	1.09	1.09
比准价格			50 863.77	53 176.04	53 570.65
评估价格		52 536.82			

根据分析、测算可知,利用市场比较法得到估价对象房地产的单价为 52 536.82 元/m²。估价人员对估价对象同一区域内同类房地产市场价格进行调查分析,该价格符合市场价格水平。则估价对象房地产总价为:

$$52\ 536.82 \times 573.65 = 30\ 137\ 746.79(元)$$

取整为 3 013.77 万元,大写(人民币)为:叁仟零壹拾叁万柒仟柒佰元整。

七、估价结果确定

经以上评估测算,估价对象单价为 52 536.82 元/m²,根据目前杭州市别墅市场发展状况及估价人员所掌握的资料来看,上述估价对象测算结果符合实际情况。

估价最终结论确定为 3 013.77 万元人民币。

附件:

建筑高度：10.80 m，其中首层 4.2 m，2~3 层 3.2 m。

外墙：美国乐福(LOF GLASS)金、银两色镀膜中空玻璃幕墙配台湾凯华(CASER TILE)的玛瑙红墙砖。

内墙：楼梯间及室内墙面罩白。

顶棚：地下室~3 层棋格吊顶。

地面：首层采用台湾华通石材集团出品花岗岩；地下室、一层铺 800 mm×800 mm 耐磨地砖，二、三层铺豪华实木地板。

室内楼梯：主楼梯深色花岗石踏步，不锈钢扶手；副楼梯黄白色瓷砖踏步，不锈钢扶手；套观光扶梯系统(到六楼)、一部升降观光客梯(到顶)，全部为奥的斯(OTIS)产品。

设施：中央空调系统，其中冷水机组为美国开利(CARRIER)19DK/DM 型 1 570 kW×3；供暖热水机组为瑞士毫纬(HOVAL)2.125 t×2；烟感喷淋系统，消火栓。

案例评析

(1)该报告为房地产拍卖底价评估报告，基本上遵循了房地产估价报告的规范格式，具有以下优点：本报告文字简练，语言流畅；对估价对象状况的介绍详尽；估价师对别墅价格构成因素的理解较为深刻，明确房地产所带来的收益为其中的一部分。但对房地产收益所占份额及运营成本的比例数值有更充分的判定理由更好。

拍卖案例评析

(2)该报告也有不足之处：对拍卖底价评估价值定义阐述不全面，规范要求应首先以公开市场价值标准为原则确定其客观合理价格，再考虑强制处分及快速变现的调整。

案例延伸

(1)拍卖房地产价格的评估一般应比正常市场成交价格偏低

①房地产拍卖委托一般都是因债务人无法履行到期债务的清偿，或出于其他较急切的融资需求而被迫拍卖其依法拥有的房地产。

②一般委托拍卖的房地产，尤其是直接查封开发商拥有的房地产都存在着某种缺陷，且拍卖房地产多为单宗、部分、小规模物业，评估价格偏高势必会影响拍卖成交。

③买家也是在不充分了解该房地产的情况下进行竞投，拍卖实际上就是在短时间促成交易，买方需要在较短的时间内交付款项，承担的风险较大。为了促使拍卖成功，就必须具备价格优势，才能吸引买家竞投。

(2)房地产拍卖登记及相关费用、税费

①房地产拍卖登记需提交资料：申请书、当事人身份证明或单位合法资格证明、委托书及代理人身份证明、房地产权证、拍卖成交确认书、房屋平面图及地籍图、出让或需补办出让手续的房地产需提交土地使用权出让合同及补缴土地使用权出让金收据、契税完税证及契税完税贴花、拍卖公告、其他有关文件。其中自愿委托拍卖的，除需提交上述资料外，还需提交委托拍卖合同。

人民法院等强制拍卖的，除需提交上述资料外，还需提交拍卖委托公函，生效的判决、裁定和调解书，以及协助执行通知书。

②应缴费用和相关税费。房地产拍卖(除出让土地使用权拍卖外)属于房地产二三级市场交易,通常需缴纳下列税费项目:拍卖佣金费;营业税及其附加;合同和权证印花税;契税;交易手续费;评估费;登记费;合同公证费等。

③在建工程拍卖应注意事项。

A.应详细核查项目状况:土地使用权以出让方式取得的,是否已经支付了全部土地出让金;土地使用权是否已经依法登记,取得产权证书;政府相关管理部门的批准文件是否齐全,包括建设用地规划许可证、建设工程规划许可证、建筑工程施工许可证(或开工证)、预售许可证是否取得等;房地产建设的开发投资总额是否已经完成25%;政府各相关部门的市政配套和基础设施配套的协议,以及配套费用的支付状况;与项目其他参与人的合同和费用支付情况;有多个债权人的工程项目最好将债权人联合起来,共同处理拍卖事宜;在建工程项目是否存在抵押行为;在建工程是否预售。

B.在建工程拍卖需要申请和审核。拍卖前,在建项目的权利人应当向城市房产主管部门提出申请,取得拍卖的书面批准文件。

C.拍卖成交后的手续处理。

④建成在售房地产拍卖应注意事项。

A.房地产所属物业的商品房预售(销售)许可证办理情况;

B.土地使用权款项是否付清;

C.房地产当前使用和租赁情况,以及费用拖欠情况等。

⑤破产企业房地产拍卖应注意事项。

A.根据国家有关法规的规定,破产财产拍卖前,应由破产清算组委托具有国家国有资产管理行政主管部门认证的资产评估机构进行评估;

B.破产企业的国有土地使用权的拍卖需按照国有土地使用权出让的有关规定在拍卖前完成有关手续;

C.涉及以划拨方式取得的土地使用权或涉及改变出让条件的土地使用权价格评估的,须由具有估价资质的价格评估机构进行评估,并在拍卖所得中扣除土地使用权出让金。

⑥有瑕疵房地产拍卖的操作。

这里所称的有瑕疵房地产是指手续不全和规定不需转让的,但经有关部门、单位协商和政府审批后可以拍卖的房地产。

A.拍卖标的有房屋所有权证,未办理土地使用权证。经政府相关部门审批通过,如果是国有土地,则补缴出让金;如果是集体土地,则补缴征地费和出让金,补办土地使用权证。

B.拍卖标的有土地使用权证,未办理房屋所有权证,须报请有关部门审批。经审批允许,并同意补办手续后方可拍卖。

C.拍卖标的既无土地使用权证,又无房屋所有权证。参照A、B办理。

D.拍卖有产权证的以划拨方式取得土地的房地产,应向有批准权的人民政府报批。如允许补办出让手续,应由买受人办理,并按规定缴纳土地使用权出让金;如允许可以不办理土地使用权出让手续,转让方应按照国务院规定将转让房地产所获收益中的土地收益上缴国家或作其他处理。对于不可转让的国家公益型房地产,不可作为拍卖标的。

E.对于房地产开发过程未予交清的款项,或未办完手续的房地产,应补缴清剩余款项和补办完全部手续。

F.拍卖标的设定抵押权或重复设定抵押权问题。由于其他经济原因(不是银行诉讼),法院裁定强制拍卖已经被抵押给银行的房地产,应通知抵押权人,或解除抵押,或根据国家规定的拍卖标的拍卖金额的受偿顺序受偿。

实训活动

1.收集本市本年度商品住宅强制拍卖公告,从中选定某个住宅单位作为估价对象,分析本地房地产强拍市场的特点。

2.精读教材案例,模仿撰写选定住宅单位拍卖估价报告中的部分内容——强制处分风险的描述。

课后训练

1.法院委托估价机构对拟拍卖的某办公楼进行估价。经调查,该办公楼是甲企业因无力偿还银行贷款而被依法处置的,该办公楼的土地使用权为划拨方式取得。该次拍卖的拍卖规则规定,拍卖所得价款除法律规定优先受偿的以外,全部用于偿还银行贷款,买受人承担全过程相关税费。请问:

(1)估价机构是否有义务将估价结果告知借款企业?为什么?

(2)拍卖保留价应由谁确定?如何确定?

(3)乙公司欲竞买该办公楼,现向估价机构咨询竞买价格。估价机构应提示乙公司注意拍卖价款之外还可能发生哪些税费?

2.甲公司2019年通过有偿出让的方式获得某宗地使用权,土地用途为高档住宅,楼面地价为3 500元/m²。甲公司拟分两期建设80栋别墅,2021年12月当第一期40栋竣工时,因债务纠纷被法院裁定拍卖20栋还债,拍卖行委托乙房地产估价机构评估出的拍卖底价为3 800元/m²。拍卖行在当月以此为依据拍卖。卖出6栋,平均价格为3 860元/m²,其余14栋无人承接,退还给甲公司。2022年6月第二期工程竣工后,建成的别墅以5 200元/m²售出,甲公司因此指责乙房地产估价机构当时评估的拍卖底价过低,而且别墅的拍卖价竟然只比楼面地价高300元/m²,远低于其投入的建设成本,很不合理,而乙房地产估价机构坚持当时的估价结论合理。请问,乙房地产估价机构坚持当时估价结论的理由有哪些?

3.某企业一幢4层办公大楼,于3年前抵押给银行获得贷款700万元,抵押期间该楼曾出租给外企业作商务办公用途,现因该企业无力偿还债务,债权人申请以拍卖变现的方式执行债务清偿。现进行拍卖底价评估,试选择两种主要的估价方法,并写出该大楼拍卖底价评估的技术路线。

学习情境 8
二手房征收补偿估价

【知识目标】

掌握二手房征收估价的概念、特点和相关法律法规。

【能力目标】

能选用适合的估价方法进行估算和判断,并撰写合规的二手房征收补偿估价报告。

任务 8.1　认识征地和房屋征收估价

任务导入

随着城市更新改造的快速推进,全国各城镇土地和房屋征收案大幅增多,因征收补偿出现纠纷的案例也有很多,小明希望了解房地产征收补偿价格是如何形成的。

相关知识

随着国民经济的快速发展、城市化进程的不断加快,由于土地资源的稀缺性,促使城镇房屋的征收活动日渐活跃,因征收补偿引起的社会矛盾也愈演愈烈。在这种背景下,加强房屋征收估价研究,规范评估程序,提高评估精度,制订公开、公正、客观的制度,显得尤为重要。

1)征收评估的概念

征收评估的内容包括土地和房屋两部分。在进行征收评估作业时,对于土地上没有附着物的,按照土地的价值进行征收评估;土地上有附着物的,如构筑物、建筑物、园林等,应评估土地及其上附着物的综合价值。本章着重分析地上有建筑物的二手房的征收评估。

2)房屋征收评估的目的

房屋征收评估目的有两种表述方式,一种是为征收部门与被征收人确定被征收房屋价值的补偿依据而评估被征收房屋的价值。被征收房屋价值评估目的应当表述为"为房屋征收部门与被征收人确定被征收房屋价值的补偿提供依据,评估被征收房屋的价值"。

另一种是为征收部门与被征收入计算被征收房屋价值与用于产权调换房屋价值的差价

提供依据,评估用于产权调换房屋的价值。用于产权调换房屋价值评估目的应当表述为"为房屋征收部门与被征收人计算被征收房屋价值与用于产权调换房屋价值的差价提供依据,评估用于产权调换房屋的价值"。

3)房屋征收评估的特点

房屋征收评估是一个特殊的估价对象,是一种特定的财产处分方式,同其他估价目的相比,它具有以下特点:

①征收波及面广,涉及人数众多。土地及房屋征收往往涉及大片的土地及大量建筑物,涉及多个单位、部门、人员参与。因涉及相关改造项目、工程的要求,评估时间通常比较紧迫。

②征收房屋用途广泛,涉及的房屋建筑结构类型多。因为征收范围大,被征收房屋往往涉及商业、住宅、工业、公共管理与服务等多种用途,房屋的结构也可能包括钢筋混凝土、砖混、砖木等不同类型,增加了评估的工作量和工作难度。

③征收房屋产权多样化。因历史等方面的原因,使征收房屋产权有私有产权、集体产权、共有产权,甚至产权模糊不清等。在评估过程中,如何确认估价对象的合法性,存在一定的难度。

4)房屋征收适用的相关法律法规

(1)法规

《国有土地上房屋征收与补偿条例》。

(2)部门规章

①《国有土地上房屋征收评估办法》;

②《国土资源部关于进一步做好征地管理工作的通知》;

③《国土资源部办公厅关于切实做好征地拆迁管理工作的紧急通知》。

(3)司法解释

《最高人民法院关于办理申请人民法院强制执行国有土地上房屋征收补偿决定案件若干问题的规定》。

(4)地方法规

不同省、市、自治区根据自身特点出台不同的实施细则等相关法规若干,下面以广东省为例,主要法规如下:

①广东省住房和城乡建设厅关于实施《国有土地上房屋征收与补偿条例》有关具体问题的通知;

②《广州市国有土地上房屋征收与补偿实施办法》;

③《广州市集体土地房屋拆迁补偿标准规定》;

④《广州市人民政府征收土地公告》;

⑤《广州市城市规划条例》。

任务 8.2 认识房屋征收估价程序

任务导入

2019 年 7 月 6 日,××房地产估价公司接受委托进行某商业房地产项目的征收评估(估价对象为已拆除物业)。估价对象位于广州市越秀区解放中路,建筑面积为18.78 m²,房屋的法定用途为商业,总层数 1 层,砖木结构,水电设施齐全。估价对象的土地尚未办理有偿使用手续,土地开发程度达到红线内外"五通"。

相关知识

《国有土地上房屋征收评估办法》规定,被征收房屋价值评估应当考虑被征收房屋的区位、用途、建筑结构、新旧程度、建筑面积以及占地面积、土地使用权等影响被征收房屋价值的因素,并以人民币为计价的货币单位,精确到元。

8.2.1 征收评估前准备工作

(1)签订房屋征收评估委托合同

房屋征收评估委托书应当载明委托方的名称、委托的房地产价格评估机构的名称、评估目的、评估对象范围、评估要求以及委托日期等内容。

房屋征收评估委托合同应当载明下列事项:

①委托方和房地产价格评估机构的基本情况;

②负责本评估项目的注册房地产估价师;

③评估目的、评估对象、评估时点等评估基本事项;

④委托方应提供的评估所需资料;

⑤评估过程中双方的权利和义务;

⑥评估费用及收取方式;

⑦评估报告交付时间、方式;

⑧违约责任;

⑨解决争议的方法;

⑩其他需要载明的事项。

(2)明确估价对象

房屋征收评估前,估价人员依据现有的房屋权属证书和房屋登记簿等资料,对评估对象进行了解、确认。《国有土地上房屋征收评估办法》规定:对于已经登记的房屋,其性质、用途和建筑面积,一般以房屋权属证书和房屋登记簿的记载为准;房屋权属证书与房屋登记簿的记载不一致的,除有证据证明房屋登记簿确有错误外,以房屋登记簿为准。对于未经登记的建筑,应当按照市、县级人民政府的认定、处理结果进行评估。

（3）明确估价目的

根据《国有土地上房屋征收评估办法》的规定，明确征收估价的目的：为房屋价值的补偿提供依据，还为产权调换房屋提供价值依据。

（4）确定估价时点

《国有土地上房屋征收评估办法》规定：被征收房屋价值评估时点为房屋征收决定公告之日。用于产权调换房屋价值评估时点应当与被征收房屋价值评估时点一致。

（5）明确价值类型

《国有土地上房屋征收评估办法》第十一条规定：被征收房屋价值是指被征收房屋及其占用范围内的土地使用权在正常交易情况下，由熟悉情况的交易双方以公平交易方式在评估时点自愿进行交易的金额，但不考虑被征收房屋租赁、抵押、查封等因素的影响。

不考虑租赁因素的影响，是指评估被征收房屋无租约限制的价值；不考虑抵押、查封因素的影响，是指评估价值中不扣除被征收房屋已抵押担保的债权数额、拖欠的建设工程价款和其他法定优先受偿款。

（6）建立估价依据

在明确了估价对象、估价目的、估价时点的基础上，收集评估所需要的资料，建立评估依据，包括法律法规、交易信息、历史数据、委托方提供的产权信息等相关资料。

8.2.2　估价人员进行实地查勘

（1）估价对象查勘记录

进行现场的实地查勘，估价人员对估价对象的实际状况（如建筑层数、楼龄、新旧程度、建筑结构、维修保养等）、所处区位状况（包括周边环境、生活配套、基础设施、繁华程度等）、地理位置（在地图上的位置定位，详细描述）、道路交通（周边临近主、次干道情况、公交、地铁等交通的便捷度）等多方面内容进行详细的查勘、记录。

（2）现场拍照摄像

对估价对象进行现场拍摄、照相，力求能反映被征收房屋内、外部真实状况。如照片要反映估价对象的交通配套、小区环境、建筑外观、建筑内部布局、装修、保养、层高等多方面内容。

（3）周边环境调查

查勘估价对象周边的环境，如同类建筑物的聚集情况、整体的建筑规模、档次，周边的生活配套、基础设施、规划措施等相关内容。

（4）当地交易信息

估价人员对估价对象周边的房地产市场进行调查、走访，了解并记录当地近期（通常指 3 个月以内）类似房屋的交易价格、出租价格、交易的活跃程度、空置率等多方面的信息，为后续的估价作业提供可靠的依据。

8.2.3　估价对象的价值测算

注册房地产估价师根据调查了解的估价对象和当地房地产市场状况，对比较法、收益法、成本法、假设开发法等估价方法进行适用性分析后，选用其中一种或者多种方法对被征收房屋价值进行评估。

《国有土地上房屋征收评估办法》规定:被征收房屋的类似房地产有交易的,应选用比较法评估;被征收房屋或者其类似房地产有经济收益的,应选用收益法评估;被征收房屋是在建工程的,应选用假设开发法评估。可以同时选用两种以上评估方法评估的,应当选用两种以上评估方法评估,并对各种评估方法的测算结果进行校核和比较分析后合理确定评估结果。具体的评估方法,其他章节已有阐述,这里不再重复。在此,需要指出的是在征收评估测算过程中需要注意的几个问题:

(1)市场调查的交易价格是否含税

采用比较法评估时,应注意案例的价格实际内涵。就目前的二手房交易市场而言,有些卖方为了规避税费,采取实收策略,即房地产卖出价格没有包含相应税费,而买入价格是高于规定税费的。因此,在评估过程中,务必要弄清案例的交易价格是否包含正常税费的价格。表8.1为广东省某地住宅二手房交易税费表。

表8.1 广东省某地住宅二手房交易税费表

税费种类	计算基数	比例或数额	承担方
营业税	房价	5%	卖方
堤围费	房价	1.3‰	卖方
城市维护建设税	营业税	7%	卖方
教育附加费	营业税	3%	卖方
土地增值税	房价	1.5%	卖方
个人所得税	房价	2%	卖方
交易手续费	房屋面积	6元/m²	双方协商
所有权登记费	宗	80元	买方
共有权证工本费	人数	10元	买方
测量费	面积或宗	120元	双方协商
查档费	宗	100元	双方协商
印花税	房价	0.5‰	双方均缴纳
契税	房价	1.5%~3%	买方,相当于征收补偿款的部分免征
中介费	房价	3%以下	双方协商

(2)采用收益法评估时过低的租金问题

就目前广州住宅的二手房交易市场而言,房屋的交易价格较2006年的价格已翻了几番,但租金价格上涨甚少。在目前的实际评估中,收益法评估的价格也往往低于比较法评估的价格。对一些低租金房屋,即使采用无风险报酬率进行折现,估价结果仍低于市场售价,而折现率的本质属性决定了折现率必须大于无风险报酬率。

因此,在房屋征收估价中,如果无法采用比较法进行评估,单独采用收益法进行估价,应充分考虑低租金低收益、折现率以及收益期限对估价结果的影响,如果被征收人不同意征收估价结果,应采用房屋产权置换的方式进行补偿,最好是就地进行安置,充分保护被征收人的合法权益。

(3)室内装修的价值如何考虑

《国有土地上房屋征收评估办法》规定:被征收房屋室内装饰装修价值……,由征收当事人协商确定;协商不成的,可以委托房地产价格评估机构通过评估确定。对装修价值,一般采用成本法进行评估,其基本公式为:

旧装修价值 = 重新购建价值 × 成新率

重新购建价值 = 装饰装修工程费 + 专业费用 + 管理费用 + 销售费用 + 投资利息 + 销售税费 + 开发利润

按照评估的合法原则,无论被征收人的装修费用多少,在评估时装修价格只能是以正规装修公司的价格为基础 ,其价格构成不仅包括装饰装修工程费,也包括税费、专业设计费、监理费用、销售费用、投资利润等全部内容。

对于装修项目的成新率,一般采用年限法和观察法进行。年限法中计算折旧最主要的方法是直线法。它假设装修项目在建筑物经济寿命内的价值减损是均匀等额的。其计算公式为:

年折旧额 = 重新购建价值 ÷ 经济寿命(年) × (1 - 净残值率)

8.2.4　撰写估价报告

估价报告的具体格式应符合《房地产估价规范》要求,应包括的内容、应记载的事项不遗漏,记载准确、描述清楚。具体内容详见后面的案例,此处省略。

【实践操作】

房地产估价师刘××、李××接到派单,认真解读了估价对象的基本情况。

(1)了解估价目的

本项目估价目的是为房屋征收部门与被征收人确定被征收房屋价值的补偿提供依据,评估被征收房屋的价值。

(2)熟悉估价对象

估价对象位于广州市越秀区解放中路,建筑面积为 18.78 m²,房屋的法定用途为商业,总层数 1 层,砖木结构,水电设施齐全。估价对象的土地尚未办理有偿使用手续,土地开发程度达到红线内外"五通"。

(3)明确估价时点

鉴于本次估价目的是为房屋征收部门与被征收人确定被征收房屋价值的补偿提供依据,评估被征收房屋的价值,房地产估价师李××于 2019 年 7 月 8 日进行实地查勘,因委托方无特别指定,估价时点一般取实地查勘之日,故估价时点定为 2019 年 7 月 8 日。

任务8.3 分析估价所需的资料内容和实地查勘

相关知识

1)分析房屋征收需要收集的资料内容

需收集的资料包括:法律法规、经济政策、城市规划、当地风俗、消费行为、建筑物的个性特征及周边的环境、配套设施、权属资料、相关交易信息,以及估价公司积累的历史数据等资料。

2)讨论收集资料的渠道

收集资料的渠道有:委托方提供;实地查勘获得;询问有关知情人士;查阅估价机构自己的资料库;到政府有关部门查阅;查阅有关报刊或登录有关网站等。资料收集的途径多种多样,估价人员还可以从报纸、杂志、电视、网络等媒体上收集相关信息,从政府相关部门、专业团体取得各种资料。

3)估价人员实地查勘

对估价对象的真实情况、权属记载进行核实;对周边环境、道路交通、生活配套等区位状况进行调查,并进行现场拍照。同时,走访当地的房地产市场情况,了解类似房地产在估价时点近期正常交易的房地产价格、租金情况,调查过程中要注意案例与估价对象的可比性。

【实践操作】

房地产估价师刘××、李××工作的过程和成果如下:

一、资料收集

资料收集的渠道包括估价人员在日常估价工作中积累的相关法律、法规资料;政府部门发布的关于估价对象的征地拆迁公告、补偿等;委托方为估价目的提供的相关权属资料、执法部门意见等。

1.法律、法规资料

(1)国家有关部门颁布的法律法规

①《中华人民共和国物权法》;

②《中华人民共和国城市房地产管理法》;

③《中华人民共和国土地管理法》;

④《中华人民共和国城乡规划法》;

⑤《国有土地上房屋征收与补偿条例》。

(2)有关技术规程和技术标准

①《房地产估价规范》;

②关于印发《国有土地上房屋征收评估办法》的通知。

2.委托方提供的相关资料

①广州市房屋所有权证(穗××号);

所在楼宇为砖木 1 层,建成于光绪年间。

②国有土地使用证(穗××号);

经估价人员核实,房屋所有权人和土地使用权人相同。

③《××关于××号房屋拆迁补偿问题的函》(穗建××号);

④《关于市××有关房产产权登记问题的复函》(穗××号);

⑤《广州市××办公室关于广州市越秀区解放中路××号房屋免勘评估问题的函》。

3.估价机构在日常工作中积累的资料

①估价机构及估价人员掌握的类似估价目的的信息资料;

②广州市房地产市场信息;

③人民银行公布的资金存贷款利率;

④其他相关资料。

二、实地查勘

房地产估价师李××进行了资料收集,对估价对象有了初步了解后,于 2019 年 7 月 8 日进行现场实地查勘。实地查勘过程中获取如下信息:

1.现场查勘记录

(1)实物状况

由于该估价对象已拆除,依据产权人指认,估价师李××对估价对象的原址进行了实地查勘。鉴于估价对象已拆除,对建筑物内部的基本情况做了如下假设:设定为东西朝向、无特殊景观,室内为普通商铺装修,层高 3 m,水电设施基本齐全,维护保养情况一般。

所在宗地东临解放中路,南邻邻楼,北邻邻楼。土地形状为矩形,地势平坦,坡度小于 5%。土地未办理有偿使用手续,开发程度为红线内外"五通",即通路、通上水、通下水、通电、通信,红线内场地平整,地上原已建成商铺并投入使用多年,地面道路水泥硬化。

(2)区位状况

估价对象位于越秀区中部,距离市级商业中心商圈约 0.5 km。东临解放北路,区域内有解放路、中山路、环市路、内环路,道路通达性好。距离地铁 1 号线公园前约0.6 km,附近有多条公交路线,公共交通完善。区域属于城市城区地带,附近主要为商业区和住宅小区,有一定的交通管制措施。周边小区停车位较紧张,停车方便程度一般。

估价对象所在区域主要人群为附近的居民及白领,治安状况较好,卫生条件较好,大部分开发为住宅区及商务办公楼,原始地貌及自然环境已城市化,自然环境一般,基础设施完备度高。附近有学校、银行、医院、市场、派出所等市政配套设施,距离人民公园约 1.0 km,公共服务设施完善。

2.估价对象图片

估价对象图片包括地理位置图片(图 8.1)和现场拍摄照片(图 8.2)。地理位置图片主要是在地图上进行定位,不但能直观显示其地理位置,还有利于在估价报告中对估价对象位置进行文字描述。现场照片主要从周边环境、道路交通、建筑外观、室内装修等方面反映房屋的现状。由于本估价对象在估价时点已拆除,所以现场照片中没有估价对象的外观及室内照片。

图 8.1　估价对象地理位置图

估价对象原址现状 1

估价对象原址现状 2

估价对象周边状况 1

估价对象周边状况 2

估价对象周边状况 3　　　　　　　估价对象周边状况 4

图 8.2　估价对象现场照片

3.当地近期房地产市场交易资料及技术参数

估价对象所在区域商业房地产市场发展势头良好,同一类型商业物业近期成交较多,特别是估价对象所在楼宇市场交易案例较多,因此现场调查在案例获取方面比较顺利。

本次实地调查中获取了 3 个可比案例。

● 实例 1:惠福西路首层商铺

实例 1 位于惠福西路电子商业圈,所在地段繁华度高。临惠福西路和人民中路,道路通达度好,距离广州火车东站约 4 km,对外交通便利。临近公交车站,有多条公交线路经过,距地铁站"西门口"约 600 m,公交便捷度高。所在区域酒店、餐馆、银行、商场、学校、公园等设施齐全。该实例的总楼层为两层,为首层临街商铺,层高约 3 m,两面临街,门面宽深比约 2.32,约建于 20 世纪初,室内装修为普通装修,建筑面积为 58 m²,2019 年 6 月中介二手放盘单价为 180 000 元/m²,总价为 1 044 万元。

● 实例 2:解放中路首层商铺

实例 2 位于解放中路,位于中山六路商业圈,所在地段繁华度较高。临中山六路,道路通达度好,距离广州火车东站约 3 km,对外交通联系和便利度好。临近公交车站,有多条公交线路经过,为地铁公园前站修建,公交便捷度高。所在区域酒店、餐馆、银行、商场、学校、公园等设施齐全。该实例的总楼层为 29 层,为首层临街商铺,层高约 3 m,一面临街,门面宽深比约 0.5,约建于 20 世纪初,室内装修为普通装修,建筑面积为 30 m²,2019 年 6 月中介二手放盘单价为 160 000 元/m²,总价为 480 万元。

● 实例 3:粤华街首层商铺

实例 3 位于粤华街,位于陶街商业圈,所在地段繁华度高。临解放中路,道路通达度好,距离广州火车东站约 3 km,对外交通联系和便利度好。临近公交车站,有多条公交线路经过,距地铁公园前站约 500 m,公交便捷度高。所在区域酒店、餐馆、银行、商场、学校、公园等设施齐全。该实例总楼层为 4 层,为首层临街商铺,层高约 3 m,一面临街,门面宽深比约 1.2,修建于 20 世纪初,室内装修为普通装修,建筑面积为 130 m²,2019 年 6 月中介二手放盘单价为 139 270 元/m²,总价为 1 810.51万元。

任务8.4 研读某二手房征收估价报告

延续上述案例,研读该估价结果报告正文。

案例正文

一、致估价委托方函

××:

承蒙委托,我司对贵单位指定位于广州市越秀区解放中路××号商业用房房地产(建筑面积为 18.78 m^2)不交吉市场价值进行估价,并形成本估价报告。本估价报告使用期限为 1 年,估价目的是为房屋征收部门与被征收人确定被征收房屋价值的补偿提供依据,评估被征收房屋的价值。

注册房地产估价师刘××、李××根据估价目的,遵循估价原则,按照估价工作程序,仔细考察估价对象的建筑特征及使用维护情况,运用收益法和市场比较法,经过全面细致的测算,并结合估价经验和对影响价值因素的分析,确定估价对象在估价时点为 2019 年 7 月 8 日符合本次估价假设和限制条件状况下的房地产不交吉市场价值为 ¥1 944 631 元,人民币(大写)壹佰玖拾肆万肆仟陆佰叁拾壹元整,单价为 103 548 元/m^2。

××房地产评估有限公司(盖章)

法定代表人:×××(签字)

2019 年 9 月 2 日

二、注册房地产估价师声明

郑重声明:

①注册房地产估价师在本估价报告中陈述的事实是真实和准确的。

②本估价报告中的分析、意见和结论是依据房地产估价原则,并结合我们自己公正的专业分析、意见和结论,但同时受到本估价报告中已说明的假设和限制条件的限制。

③注册房地产估价师与本估价报告中的估价对象没有现实或潜在的利益,与估价委托方及估价利害关系人没有利害关系和偏见。

④注册房地产估价师依照中华人民共和国国家标准《房地产估价规范》(GB/T 50291—2015)和关于印发《国有土地上房屋征收评估办法》的通知(建房〔2011〕77 号)进行分析,形成意见和结论,撰写本估价报告。

⑤估价对象为已拆除物业,依据产权人指认,注册房地产估价师李××于 2019 年 7 月 8 日已对本估价报告中的广州市越秀区解放中路××号商业用房房地产原址的周边现状进行了实地查勘,对估价对象外观、使用状况、被遮盖、未暴露及难以接触到的部分,依据委托方提供的资料进行评估。除非另有协议,我们不承担对估价对象建筑结构质量进行调查的责任。

注册房地产估价师:×××(签名盖章) 注册号:(略)

注册房地产估价师:×××(签名盖章) 注册号:(略)

三、估价假设和限制条件

(1)本次估价的假设前提

①估价对象产权明晰,手续齐全,可在公开市场上自由转让。

②洽谈交易期间物业价值将保持稳定。

③市场供应关系、市场结构保持稳定,未发生重大变化或实质性改变。

④交易双方都具有完全市场信息,对交易对象具有必要的专业知识。

⑤不考虑特殊买家的附加出价。

⑥估价时点时的房地产市场状况是公开、平等、自愿的交易市场。

⑦估价对象为已拆除物业,本次评估设定估价对象为东西朝向,景观、水电设施基本齐全,室内为普通商铺装修,维护保养情况一般。假设其状态为可持续作为临街商铺经营状态。

(2)未经调查确认或无法调查确认的资料数据

①本估价对象土地未办理有偿使用手续,报告出具的市场价值已扣除国有土地使用权出让金。如至估价时点止,原产权人尚有任何有关估价对象的应缴未缴税费,应按规定缴纳或从评估值中相应扣减。

②估价对象为已拆除物业,本次依据《××关于广州市越秀区解放中路××号房屋免勘评估问题的函》(穗××号)进行免勘评估,仅对委托方指认的商铺原址进行实地查勘,未对估价对象做建筑物基础和结构上的测量和实验,本次评估假设其无基础、结构等方面的重大质量问题。

③估价对象产权状况及建筑面积来源于委托方提供的广州市房屋所有权证(穗××号)、国有土地使用证(穗××号)等复印件,委托方应对其提供资料的真实性、合法性、有效性、完整性负责。因其不实造成的影响,本公司不承担任何责任,特此声明。

(3)估价中未考虑的因素及一些特殊处理

①估价结果是反映估价对象在本次估价目的下的不交吉市场价值参考,估价时没有考虑国家宏观经济政策发生变化、市场供应关系变化、市场结构转变、遇有自然力和其他不可抗力等因素对房地产价值的影响,也没有考虑估价对象将来可能承担违约责任的事宜,以及特殊交易方式下的特殊交易价格等对评估价值的影响。当上述条件发生变化时,估价结果一般亦会发生变化。

②估价结果未考虑估价对象及其运营企业(或其拥有人)已承担的债务,或有债务及经营决策失误或市场运作失当对其价值的影响。

(4)本报告使用的限制条件

①本报告估价结果为估价对象在估价时点的房地产不交吉市场价值,不包含其占用的土地使用权价值,该估价结果只为房屋征收部门与被征收人确定被征收房屋价值的补偿提供依据,不做其他用途,请报告使用者注意。

②本报告使用的有效期为1年。即估价目的在报告完成后的1年内实现,估价结果可作估价对象于估价时点的房地产不交吉市场价值参考,超过1年,需重新进行估价。

③除本公司同意外,报告的使用者不得私自将报告的全部或部分内容发表在公开媒体上。

④报告所称"市场价格"是指估价对象在保持现有用途,在外部经济环境保持稳定的前提下,为本报告书所确定的估价目的而提出的公允评估意见。该评估意见是指假定在充分发达的公开市场条件下,交易双方在交易地位平等、充分了解相关市场信息、交易双方独立和理智进行判断的前提下形成的公平市场价格。该价格并不代表估价对象在涉及产权变动或形态转变时的实际交易价格。

四、房地产估价结果报告

(一)估价委托方

估价委托方名称:××

住所:××

法定代表人:××

(二)估价机构

估价方名称:××评估公司

房地产评估资质证书编号:××

法定代表人:××

住所:××

估价资质等级:××

有效期限:××至××

工商营业执照注册号:××

联系人:××

联系电话:××

(三)估价目的

为房屋征收部门与被征收人确定被征收房屋价值的补偿提供依据,评估被征收房屋的价值。

(四)估价对象及其范围

(1)估价对象范围

估价对象范围为位于广州市越秀区解放中路××号商业房地产,建筑面积为 18.78 m²,包括房屋及附属于房屋建筑物的供水、供电、电信、排水、消防等辅助设施和合理分摊的土地使用权,不包含动产、特许经营权及相关的债权债务。

(2)估价对象基本状况

估价对象位于广州市越秀区解放中路××号,商业用房,建筑面积为 18.78 m²。已办理广州市房屋所有权证(穗××号)、国有土地使用证(穗××号),房地产权属人为××。

(3)土地基本状况

估价对象所在宗地东临解放中路,南邻××楼,北邻××楼,尚未办理有偿使用手续,开发程度达到红线内外"五通",即通上水、通下水、通电、通信和通路,红线内场地平整。

(4)建筑物基本状况

依据广州市房屋所有权证(穗××号)显示,所在楼宇为砖木 1 层。设定为东西朝向,无特殊景观,水电设施基本齐全,室内为普通商铺装修,维护保养情况一般。

（五）估价时点

鉴于本次估价目的是为房屋征收部门与被征收人确定被征收房屋价值的补偿提供依据，评估被征收房屋的价值，估价师于 2019 年 7 月 8 日进行实地查勘，因委托方无特别指定，估价时点取实地查勘之日，故估价时点定为 2019 年 7 月 8 日。

（六）价值类型

本报告评估价值内涵为估价对象在估价时点，在下列几项估价设定条件下的房地产不交吉市场价值。

①设定用途：商店；

②开发程度：宗地红线内外"五通"，即通上水、通下水、通电、通信和通路，地面道路水泥硬化，其余地面为种植绿化树木；

③剩余土地使用年限：土地未办理有偿使用手续，按商业最高使用年限 40 年，假设从估价时点之日起计，剩余使用年限为 40 年；

④价值类型：不交吉市场价值，已扣除土地出让金；

⑤估价时点：2019 年 7 月 8 日。

不交吉市场价值是考虑不交吉因素对其公开市场价值影响的价值。

（七）估价依据

本次评估依据国务院、住建部、国土资源部、广东省、广州市人民政府及其有关部门颁布的法律规定和政策性文件以及评估房地产的具体资料，主要有以下几个方面：

（1）国家有关部门颁布的法律法规依据

①《中华人民共和国物权法》（中华人民共和国主席令第 62 号，中华人民共和国第十届全国人民代表大会第五次会议通过，自 2007 年 10 月 1 日起施行）；

②《中华人民共和国城市房地产管理法》（中华人民共和国主席令第 72 号，2007 年 8 月 30 日中华人民共和国第十届全国人民代表大会常务委员会第二十九次会议修订）；

③《中华人民共和国土地管理法》（中华人民共和国主席令 2004 第 28 号，2004 年 8 月 28 日中华人民共和国第十届全国人民代表大会常务委员会第十一次会议修订）；

④《中华人民共和国城乡规划法》（中华人民共和国主席令第 74 号，中华人民共和国第十届全国人民代表大会常务委员会第三十次会议通过，自 2008 年 1 月 1 日起施行）；

⑤《国有土地上房屋征收与补偿条例》（中华人民共和国国务院令第 590 号，自 2011 年 1 月 21 日起施行）。

（2）有关技术规程和技术标准依据

①《房地产估价规范》（GB/T 50291—2015）；

②关于印发《国有土地上房屋征收评估办法》的通知（建房〔2011〕77 号）。

（3）委托方提供的相关资料

①广州市房屋所有权证（穗××号）；

②国有土地使用证（穗××号）；

③《××关于××号房屋拆迁补偿问题的函》（穗建××号）；

④《关于市××有关房产产权登记问题的复函》（穗××号）；

⑤《××关于广州市越秀区××号房屋免勘评估问题的函》(穗××号)。

(4)估价人员掌握的评估资料和实地查勘调查所得的资料

①估价机构及估价人员掌握的其他相关信息资料;

②现场查勘、摄影和记录;

③广州市房地产市场信息;

④人民银行公布的资金存、贷款利率;

⑤当地近期房地产市场交易资料及技术参数;

⑥其他相关资料。

(八)估价原则

(1)独立、客观、公正原则

独立、客观、公正原则要求估价机构和估价师站在中立的立场上,凭借估价专业知识、经验和应有的职业道德,按照估价对象的本来面目,实事求是、坚持原则、公平正直地进行估价。本次评估未受估价委托方在内任何单位和个人的干扰,没有偏袒相关当事人中的任何一方,以估价师身份客观、公正地精细测算估价对象的评估价值。

(2)合法原则

合法原则要求房地产估价结果是在估价对象依法判定的权益下的价值,则房地产估价必须以估价对象的合法使用、合法交易或合法处分为前提进行。本报告估价对象已办理广州市房屋所有权证(穗××号)、国有土地使用证(穗××号)等,证载用途为商店。本报告按其法定商店用途进行估价。

(3)最高最佳使用原则

最高最佳使用原则要求房地产估价结果是在估价对象最高最佳使用下的价值。最高最佳使用是指法律上许可、技术上可能、经济上可行,经过充分合理的论证,能够使估价对象的价值达到最大化的一种最可能的使用。估价对象的合法批准用途为商店,建筑设计、平面布局及配套均按商店用途进行,与批准用途相符,已达到最佳利用状态,符合最高最佳使用原则。

(4)替代原则

替代原则要求房地产估价结果不得不合理地偏离类似房地产在同等条件下的正常价格,其理论依据是同一市场上相同物品具有相同市场价值的经济学原理。替代原则是保证房地产估价能够运用市场资料进行和完成的重要理论前提。本次估价调查了多个近期房地产市场上周边类似房地产的成交价格来确定估价对象的市场价值。

(5)估价时点原则

估价时点原则要求房地产估价结果是在由估价目的决定的某个特定时间的价值,强调的是估价结论具有很强的时间相关性和时效性。估价结论首先具有很强的时间相关性,这是考虑到资金的时间价值在不同时间点上发生的现金流量对其价值的影响是不同的。估价结论同时具有很强的时效性,这是考虑到房地产市场的波动性,同一估价对象在不同时点会有不同的市场价格。本报告的估价时点为现场查勘之日。

（九）估价方法

（1）估价思路

估价对象位于解放中路，属于临街商铺房地产，目前已拆除，估价对象土地未办理有偿使用手续，基于估价对象的实际情况，本次评估采用两种适宜的估价方法测算出其包含国有土地出让金状况下的市场价值，再扣减国有土地出让金后得到现状的市场价值，然后综合考虑物业不交吉因素对其价值的影响，得到最终不交吉市场价值。

（2）不适用的估价方法

经过估价人员调查了解发现估价对象属于已建成的商业物业，非待开发建设物业，不产生后续开发成本，故不适宜采用假设开发法作为估价方法；近期广州市房地产市场变化较大，整体一直呈上扬趋势，从成本角度考虑，已无法衡量估价对象的市场价值，更无法满足估价委托方的估价目的，故不宜采用成本法进行估价。

（3）估价方法选取

估价人员认真分析所掌握的资料，进行了实地查勘，并对邻近地段和区域同类性质的房地产市场情况进行调查之后，发现估价对象所在区域同性质物业成交活跃，市场交易案例较多，特别是估价对象所在区域供给和需求旺盛，适宜采用市场比较法进行估价；估价对象为收益性物业，市场出租案例较多，适宜采用收益法进行估价。

市场比较法是将估价对象与在估价时点近期有过交易的类似房地产进行比较，对这些类似房地产的已知价格作适当的修正，以此估算估价对象的客观合理价格或价值的方法。

收益法就是预计估价对象未来的正常净收益，选用适当的资本化率将其折算到估价时点后累加，以此估算估价对象的客观合理价格或价值。

（十）估价结果

估价对象为广州市越秀区解放中路××号商业房地产，建筑面积为 $18.78\ m^2$。估价人员根据估价目的，遵循估价原则，按照估价程序，综合考虑估价对象的建筑特征及使用维护情况，所在区域房地产市场状况，特别是类似物业的实际市场情况，考究各种估价方法后，认为本次评估采用的市场比较法和收益法能反映估价对象的市场行情，故运用市场比较法和收益法经过全面细致的测算，并结合估价经验和对影响价值因素的分析，确定估价对象在估价时点 2019 年 7 月 8 日符合本次估价假设及限制条件状况下的房地产不交吉市场价值为 ￥1 944 631 元，人民币（大写）壹佰玖拾肆万肆仟陆佰叁拾壹元整，单价为 103 548 元/m^2。

（十一）估价人员

注册房地产估价师：×××（签名盖章） 注册号：（略）

注册房地产估价师：×××（签名盖章） 注册号：（略）

（十二）说明及风险提示

①估价对象可能因房地产市场变化、国家宏观政策、经济形势变化、房地产相关税费和银行利率调整等因素导致估价对象的市场价值减损。本估价报告未考虑国家宏观经济政策发生变化以及遇有自然力和其他不可抗力对估价对象评估价值的影响。

②本报告估价结果为估价对象在估价时点的不交吉市场价值，若有关假设和限制条件发生变化，估价结果亦需作相应调整或重新委托评估。

（十三）实地查勘期

2019 年 7 月 8 日至 2019 年 7 月 8 日。

（十四）估价作业日期

2019 年 7 月 8 日至 2019 年 9 月 2 日。

（十五）估价报告应用的有效期

2019 年 9 月 2 日至 2020 年 9 月 1 日。

五、房地产估价技术报告（节选）

（一）估价方法的选取

①市场比较法。估价对象所在区域商业房地产市场发展势头良好，同一类型商业物业近期成交较多，特别是估价对象所在楼宇市场交易案例较多，故宜采用市场比较法进行估价。

②收益法。估价对象属于商业用途，为收益性物业，具备采用收益法进行评估测算的条件，故此次评估适宜采用收益法。

③成本法。近几年广州市房地产市场发展较快，从成本角度已较难反映出估价对象的客观市场价值，应选取更加适合的方法进行估价。

④假设开发法。估价对象法定批准用途为商店，已建成投入，不属于待开发房地产，可再开发能力较低，因此不适宜选用假设开发法进行估价。

综上所述，同时结合本次评估背景和现场查勘情况，再考虑估价方法的适宜性和可操作性，估价师李××认为适宜采用市场比较法和收益法进行评估。

（二）价值测算

（1）市场比较法测算思路

①公式选用。比较法的理论公式如下：

$$案例修正后价值 = 案例成交价格 \times 交易情况修正系数 \times$$
$$交易日期修正系数 \times 房地产状况修正系数$$

$$房地产状况修正系数 = 区位状况修正系数 + 实物状况修正系数 + 权益状况修正系数$$

$$估价对象市场价值 = 案例 1 修正后单价 \times 权重 1 + 案例 2 修正后单价 \times$$
$$权重 2 + 案例 3 修正后单价 \times 权重 3$$

②比较因素说明。建立比较基准。针对估价对象，先对可比实例成交价格进行换算处理，使它们之间的口径一致、形式相同、相互可比，为后续的有关比较、修正和调整建立一个共同的基础，一般要统一房地产范围、统一付款方式和统一价格单位。经估价师李××分析，需要对本估价对象的比较实例的交易情况、市场状况、房地产状况等内容进行修正，修正后的比准价格可以客观、公正、科学、全面地反映估价对象的市场价格。

③选取可比实例。经过对周边房地产市场的调查，结合估价对象的特点，选取 3 个同类型商业交易实例作为比较实例，将估价对象与上述各实例进行比较。在应用市场比较法进行估价时，通过对比较实例的交易情况、市场状况和房地产状况等方面与估价对象进行比较和修正，综合求取待估房地产的价格。

比较实例情况如下：实例 1：惠福西路首层商铺；实例 2：解放中路首层商铺；实例 3：粤华街首层商铺。

④编制比较因素条件说明,见表 1。

表 1　比较因素条件说明表

序　号	项　　目		估价对象	实例 1	实例 2	实例 3
1	实例名称		越秀区×× 首层商铺	惠福西路 首层商铺	解放中路 首层商铺	粤华街 首层商铺
2	成交 价格	总价/万元		1 044.00	480.00	1 810.51
		单价/(元·m⁻²)		180 000	160 000	139 270
3	成交日期			2019 年 7 月	2019 年 7 月	2019 年 7 月
4	建立比较基准后价格			180 000	160 000	139 270
4.1	统一房地产范围后价格			单间商铺	单间商铺	单间商铺
4.2	统一付款方式后价格			一次性付款	一次性付款	一次性付款
4.3	统一价格单位后价格			按建筑面积计价	按建筑面积计价	按建筑面积计价
5	交易情况			中介二手放盘价	中介二手放盘价	中介二手放盘价
6	市场状况		2019 年 7 月	2019 年 7 月	2019 年 7 月	2019 年 7 月
7	房地产状况					
7.1	区位状况					
7.1.1	商业繁华度		位于陶街商业 圈,所在地段繁 华度高	位于惠福西路 电子商业圈,所 在地段繁华度高	位于中山六路 商业圈,所在地 段繁华度较高	位于陶街商业 圈,所在地段繁 华度高
7.1.2	对外交通联系便利度		距离广州火车 站约 3 km,对外 交通联系便利 度好	距离广州火车东 站约 4 km,对外 交通联系便利 度好	距离广州火车东 站约 3 km,对外 交通联系便利 度好	距离广州火车东 站约 3 km,对外 交通联系便利 度好
7.1.3	道路通达度		临解放中路,道 路通达度好	临惠福西路和 人民中路,道路 通达度好	临解放中路,道 路通达度好	临解放中路,道 路通达度好
7.1.4	公用设施完善度		附近有幼稚园、 中学、医院、银 行等,公共设施 配套完善	附近有幼稚园、 中学、医院、银 行等,公共设施 配套完善	附近有幼稚园、 中学、医院、银 行等,公共设施 配套完善	附近有幼稚园、 中学、医院、银 行 等,公 共 设 施 配套完善

续表

序 号	项 目	估价对象	实例1	实例2	实例3
7.1.5	公交便捷度	临近公交车站，有多条公交线路经过，距地铁公园前站约500 m，公交便捷	临近公交车站，有多条公交线路经过，距地铁西门口站约600 m，公交便捷	临近公交车站，有多条公交线路经过，为地铁公园前站上盖，公交便捷	临近公交车站，有多条公交线路经过，距地铁公园前站约500 m，公交便捷
7.1.6	环境质量优劣度	环境卫生较好，附近无重大污染源，无高压输电线路、无线电发射塔、垃圾站等设施	环境卫生较好，附近无重大污染源，无高压输电线路、无线电发射塔、垃圾站等设施	环境卫生较好，附近无重大污染源，无高压输电线路、无线电发射塔、垃圾站等设施	环境卫生较好，附近无重大污染源，无高压输电线路、无线电发射塔、垃圾站等设施
7.1.7	外部基础设施状况	五通	五通	五通	五通
7.1.8	规划限制	规划为商业	规划为商业	规划为商业	规划为商业
7.2	实物状况				
7.2.1	土地实物状况				
7.2.1.1	面 积	共用土地面积18 m²	面积相近，不作修正	面积相近，不作修正	面积相近，不作修正
7.2.1.2	形 状	土地形状规则	土地形状规则	土地形状规则	土地形状规则
7.2.1.3	地形地势	地势平坦	地势平坦	地势平坦	地势平坦
7.2.1.4	地质地基	地基承载力一般，无不良地质现象	地基承载力一般，无不良地质现象	地基承载力一般，无不良地质现象	地基承载力一般，无不良地质现象
7.2.1.5	基础设施完备度（估价对象内）	五通	五通	五通	五通
7.2.1.6	场地平整度	地面平整，地面道路水泥硬化，其余地面为种植绿化树木	地面平整，地面道路水泥硬化，其余地面为种植绿化树木	地面平整，地面道路水泥硬化，其余地面为种植绿化树木	地面平整，地面道路水泥硬化，其余地面为种植绿化树木
7.2.2	建筑物实物状况				
7.2.2.1	建筑结构	砖木平房	钢筋混凝土结构	钢筋混凝土结构	钢筋混凝土结构
7.2.2.2	总楼层	1	2	高层	4

序　号	项　目	估价对象	实例 1	实例 2	实例 3
7.2.2.3	所在楼层	1	1	1	1
7.2.2.4	层　高	3	3	3	3
7.2.2.5	采光通风	日照充足,通风性好	日照充足,通风性好	日照充足,通风性好	日照充足,通风性好
7.2.2.6	临街状况	一面临街	两面临街	一面临街	一面临街
7.2.2.7	室内装修	普通装修	普通装修	普通装修	普通装修
7.2.2.8	建筑年代	光绪	20 世纪初	20 世纪初	20 世纪初
7.2.2.9	成新率	已拆除,不进行调整	75%	80%	75%
7.2.2.10	宽深比	0.71	2.32	0.50	1.20
7.2.2.11	设备设施	供水、排水、供电、电梯上下、消防齐备	供水、排水、供电、楼梯上下、消防齐备	供水、排水、供电、电梯上下、消防齐备	供水、排水、供电、电梯上下、消防齐备
7.2.2.12	物业管理	专业物业管理公司	专业物业管理公司	专业物业管理公司	专业物业管理公司
7.2.2.13	平面布置	整体商铺,布局合理	整体商铺,布局合理	整体商铺,布局合理	整体商铺,布局合理
7.2.2.14	建筑面积	18.78	58	30	130
7.3	权益状况				
7.3.1	土地权益状况				
7.3.1.1	容积率	容积率>2	容积率>2	容积率>2	容积率>2
7.3.1.2	土地使用年限	40 年,土地未办理有偿使用手续	土地使用年限相近,不作修正	土地使用年限相近,不作修正	土地使用年限相近,不作修正
7.3.2	建筑物权益状况				
7.3.2.1	是否有他项权利限制	无	无	无	无
7.3.2.2	是否有租赁	未出租	未出租	未出租	未出租

⑤编制比较因素条件指数表。

A.建立比较基准:经房地产估价师李××市场调查,三个实例均为单间商铺,按建筑面积计价,且设定为一次性付款交易方式,故可比实例价格不需要进行调整。

B.交易情况:3 个可比实例为中介二手放盘价,估价时点同为 2019 年 6 月的价格,属于尚未成交价格,一般有 1%~8% 的议价空间,结合估价对象实际情况,为谨慎起见,可比实例价格下调 3%。

C.市场状况:2019 年 6 月房地产市场平稳,不需要进行市场状况调整。

D.房地产状况:房地产状况分为区位状况、实物状况和权益状况,这些因素在一定程度上对估价对象均会产生一定的影响,见表 2。

表 2　比较因素条件指数表

序　号	项　目		估价对象	实例 1	实例 2	实例 3
1	实例名称		越秀区××首层商铺	惠福西路首层商铺	解放中路首层商铺	粤华街首层商铺
2	成交价格	总价/万元		1 044.00	480.00	1 810.51
		单价/(元·m⁻²)		180 000	160 000	139 270
3	成交日期			2019 年 6 月	2019 年 6 月	2019 年 6 月
4	建立比较基准后价格			180 000	160 000	139 270
4.1	统一房地产范围后价格			180 000	160 000	139 270
4.2	统一付款方式后价格			180 000	160 000	139 270
4.3	统一价格单位后价格			180 000	160 000	139 270
5	交易情况		100%	103%	103%	103%
6	市场状况调整系数		100%	100%	100%	100%
7	房地产状况调整系数		100%	103%	88%	93%
7.1	区位状况调整系数		100%	100%	93%	103%
7.1.1	商业繁华度		0%	0%	−10%	0%
7.1.2	对外交通联系便利度		0%	0%	0%	0%
7.1.3	道路通达度		0%	0%	0%	0%
7.1.4	公用设施完善度		0%	0%	0%	0%
7.1.5	公交便捷度		0%	0%	3%	3%
7.1.6	环境质量优劣度		0%	0%	0%	0%
7.1.7	外部基础设施状况		0%	0%	0%	0%
7.1.8	规划限制		0%	0%	0%	0%
7.2	实物状况调整系数		100%	103%	95%	90%
7.2.1	土地实物状况调整率		0%	0%	0%	0%

续表

序　号	项　目	估价对象	实例1	实例2	实例3
7.2.1.1	面　积	0%	0%	0%	0%
7.2.1.2	形　状	0%	0%	0%	0%
7.2.1.3	地形地势	0%	0%	0%	0%
7.2.1.4	地质地基	0%	0%	0%	0%
7.2.1.5	基础设施完备度	0%	0%	0%	0%
7.2.1.6	场地平整度	0%	0%	0%	0%
7.2.2	建筑实物状况调整率	0%	3%	−5%	−10%
7.2.2.1	建筑结构	0%	1%	1%	1%
7.2.2.2	总楼层	0%	0%	2%	0%
7.2.2.3	所在楼层	0%	0%	0%	0%
7.2.2.4	层　高	0%	0%	0%	0%
7.2.2.5	采光通风	0%	0%	0%	0%
7.2.2.6	临街状况	0%	5%	0%	0%
7.2.2.7	室内装修	0%	0%	0%	0%
7.2.2.8	建筑年代	0%	2%	2%	2%
7.2.2.9	成新率	0%	0%	0%	0%
7.2.2.10	宽深比	0%	5%	−2%	2%
7.2.2.11	设备设施	0%	0%	0%	0%
7.2.2.12	物业管理	0%	0%	0%	0%
7.2.2.13	平面布置	0%	0%	0%	0%
7.2.2.14	建筑面积	0%	−10%	−8%	−15%
7.3	权益状况调整系数	100%	100%	100%	100%
7.3.1	土地权益状况调整率	0%	0%	0%	0%
7.3.1.1	容积率	0%	0%	0%	0%
7.3.1.2	土地使用年限	0%	0%	0%	0%
7.3.2	建筑权益状况调整率	0%	0%	0%	0%
7.3.2.1	是否有他项权利限制	0%	0%	0%	0%
7.3.2.2	是否有租赁	0%	0%	0%	0%

⑥求取可比实例比准价格及估价对象评估价格。

根据比较因素指数表测算各调整系数,并测算可比实例比准价格及估价对象评估价格,详见表 3。

表 3　可比实例比准价格及估价对象价格测算表

序　号	项　目		估价对象	实例 1	实例 2	实例 3
1	实例名称		越秀区××首层商铺	惠福西路首层商铺	解放中路首层商铺	粤华街首层商铺
2	成交价格	总价/万元		1 044.00	480.00	1 810.51
		单价/(元·m⁻²)		180 000	160 000	139 270
3	成交日期			2019 年 6 月	2019 年 6 月	2019 年 6 月
4	建立比较基准后价格			180 000	160 000	139 270
5	交易情况		100%	103%	103%	103%
6	市场状况调整系数		100%	100%	100%	100%
7	房地产状况调整系数		100%	103%	88%	93%
8	单个可比实例比准价格			169 667	176 523	145 391
9	根据相似程度取权数			1/3	1/3	1/3
10	最终比准价格		163 860			

通过以上因素的比较修正,确定估价对象的比准价格为 163 860 元/m²。

(2)收益法测算思路

①公式选用。估价对象为出租型物业,广州市一般出租物业在签订合同时均会不同程度设定租金递增幅度,以规避房地产市场行情变动、物价变动、利率变动等风险,故采用报酬资本化法,并考虑净收益按一定比率递增,以使估价结果符合市场行情。

收益法测算公式为:

$$V = \frac{A}{r - g}\left[1 - \left(\frac{1 + g}{1 + r}\right)^n\right](1 + r)^{0.5}$$

式中　V——收益价格,元或元/m²;

　　　A——年净收益,元或元/m²;

　　　r——报酬率,%;

　　　n——未来可获收益的年限,年;

　　　g——年净收益递增率。

②租金收入的确定。经过对周边商业房地产市场的调查,结合估价对象的特点,选取了 3 个类似同类型商业出租交易实例作为比较实例,将估价对象与各实例进行比较,对比较实例的交易情况、市场状况和房地产状况等与估价对象进行比较和修正,求取估价对象市场租金为 400 元/m²。比较因素条件说明见表 4。比较因素条件说明指数见表 5。

表 4　比较因素条件说明表

序　号	项　目		估价对象	实例 1	实例 2	实例 3
1	实例名称		越秀区××首层商铺	惠福西路首层商铺	解放中路首层商铺	粤华街首层商铺
2	成交价格	总价/万元		2.38	1.23	2.10
		月租金单价/(元·m⁻²)		410	410	420
3	成交日期			2019 年 6 月	2019 年 6 月	2019 年 6 月
4	建立比较基准后价格			410	410	420
4.1	统一房地产范围后价格			单间商铺	单间商铺	单间商铺
4.2	统一付款方式后价格			一次性付款	一次性付款	一次性付款
4.3	统一价格单位后价格			按建筑面积计价	按建筑面积计价	按建筑面积计价
5	交易情况			中介二手放盘价	中介二手放盘价	中介二手放盘价
6	市场状况		2019 年 7 月	2019 年 7 月	2019 年 7 月	2019 年 7 月
7	房地产状况					
7.1	区位状况					
7.1.1	商业繁华度		位于陶街商业圈,所在地段繁华度高	位于惠福西路电子商业圈,繁华度高	位于中山六路商业圈,繁华度较高	位于中山六路商业圈,繁华度较高
7.1.2	对外交通联系便利度		距离广州火车站约 3 km,对外交通联系便利度好	距离广州火车东站约 4 km,对外交通联系便利度好	距离广州火车东站约 3 km,对外交通联系便利度好	距离广州火车东站约 4 km,对外交通联系便利度好
7.1.3	道路通达度		临解放中路,道路通达度好	临惠福西路和人民中路,道路通达好	临解放中路,道路通达度好	临中山六路,道路通达度好
7.1.4	公用设施完善度		附近有幼稚园、中学、医院、银行等,公共设施配套完善	附近有幼稚园、中学、医院、银行等,公共设施配套完善	附近有幼稚园、中学、医院、银行等,公共设施配套完善	附近有幼稚园、中学、医院、银行等,公共设施配套完善
7.1.5	公交便捷度		临近公交车站,有多条公交线路经过,距地铁公园前站约 500 m,公交便捷	临近公交车站,有多条公交线路经过,距地铁西门口站约 600 m,公交便捷	临近公交车站,有多条公交线路经过,邻近地铁公园前站,公交便捷	临近公交车站,有多条公交线路经过,邻近地铁公园前站,公交便捷

续表

序　号	项　目	估价对象	实例1	实例2	实例3
7.1.6	环境质量优劣度	环境卫生较好,附近无重大污染源,无高压输电线路、无线电发射塔、垃圾站等设施	环境卫生较好,附近无重大污染源,无高压输电线路、无线电发射塔、垃圾站等设施	环境卫生较好,附近无重大污染源,无高压输电线路、无线电发射塔、垃圾站等设施	环境卫生较好,附近无重大污染源,无高压输电线路、无线电发射塔、垃圾站等设施
7.1.7	外部基础设施状况	五通,即通上水、通下水、通电、通信、通路	五通,即通上水、通下水、通电、通信、通路	五通,即通上水、通下水、通电、通信、通路	五通,即通上水、通下水、通电、通信、通路
7.1.8	规划限制	规划为商业	规划为商业	规划为商业	规划为商业
7.2	实物状况				
7.2.1	土地实物状况				
7.2.1.1	面　积	共用土地面积18 m²	共用土地面积相近,不作修正	共用土地面积相近,不作修正	共用土地面积相近,不作修正
7.2.1.2	形　状	土地形状呈规则多边形	土地形状呈较规则多边形	土地形状呈较规则多边形	土地形状呈较规则多边形
7.2.1.3	地形地势	地势平坦,坡度小于5%	地势平坦,坡度小于5%	地势平坦,坡度小于5%	地势平坦,坡度小于5%
7.2.1.4	地质地基	地基承载力一般,无不良地质现象	地基承载力一般,无不良地质现象	地基承载力一般,无不良地质现象	地基承载力一般,无不良地质现象
7.2.1.5	基础设施完备度	五通	五通	五通	五通
7.2.1.6	场地平整度	地面平整,地面道路水泥硬化,其余地面种植绿化树木	地面平整,地面道路水泥硬化,其余地面种植绿化树木	地面平整,地面道路水泥硬化,其余地面种植绿化树木	地面平整,地面道路水泥硬化,其余地面种植绿化树木
7.2.2	建筑物实物状况				
7.2.2.1	建筑结构	砖木平房	钢筋混凝土结构	钢筋混凝土结构	钢筋混凝土结构
7.2.2.2	总楼层	1	2	高层	4
7.2.2.3	所在楼层	1	1	1	1
7.2.2.4	层　高	3	3	3	3

续表

序 号	项 目	估价对象	实例 1	实例 2	实例 3
7.2.2.5	采光通风	日照充足,通风好	日照充足,通风好	日照充足,通风好	日照充足,通风好
7.2.2.6	临街状况	一面临街	两面临街	一面临街	一面临街
7.2.2.7	室内装修	普通装修	普通装修	普通装修	普通装修
7.2.2.8	建筑年代	光绪	20 世纪初	20 世纪初	20 世纪初
7.2.2.9	成新率	已拆除,不调整	75%	80%	75%
7.2.2.10	宽深比	0.71	2.32	0.50	1.20
7.2.2.11	设备设施	供水、排水、供电、电梯上下、消防齐全	供水、排水、供电、电梯上下、消防齐全	供水、排水、供电、电梯上下、消防齐全	供水、排水、供电、电梯上下、消防齐全
7.2.2.12	物业管理	专业物业管理公司	专业物业管理公司	专业物业管理公司	专业物业管理公司
7.2.2.13	平面布置	整体商铺,布局实用合理	单间商铺,布局实用合理	单间商铺,布局实用合理	单间商铺,布局实用合理
7.2.2.14	建筑面积	18.78 m²	58 m²	30 m²	50 m²
7.3	权益状况				
7.3.1	土地权益状况				
7.3.1.1	容积率	容积率>2	容积率>2	容积率>2	容积率>2
7.3.1.2	土地使用年限	土地未办理有偿使用手续	土地使用年限相近,不作修正	土地使用年限相近,不作修正	土地使用年限相近,不作修正
7.3.2	建筑物权益状况				
7.3.2.1	是否有他项权利限制	无	无	无	无
7.3.2.2	是否有租赁	未出租	未出租	未出租	未出租

表 5 比较因素条件指数表

序 号	项 目		估价对象	实例 1	实例 2	实例 3
1	实例名称		越秀区×× 首层商铺	惠福西路 首层商铺	解放中路 首层商铺	粤华街 首层商铺
2	成交 价格	总价/万元		2.38	1.23	2.10
		单价/(元·m⁻²)		410	410	420
3	成交日期			2019 年 6 月	2019 年 6 月	2019 年 6 月

续表

序 号	项 目	估价对象	实例1	实例2	实例3
4	建立比较基准后价格		410	410	420
4.1	统一房地产范围后价格		410	410	420
4.2	统一付款方式后价格		410	410	420
4.3	统一价格单位后价格		410	410	420
5	交易情况	100%	102%	102%	102%
6	市场状况调整系数	100%	100%	100%	100%
7	房地产状况调整系数	100%	108%	94%	103%
7.1	区位状况调整系数	100%	100%	93%	103%
7.1.1	商业繁华度	0%	0%	−10%	0%
7.1.2	对外交通联系便利度	0%	0%	0%	0%
7.1.3	道路通达度	0%	0%	0%	0%
7.1.4	公用设施完善度	0%	0%	0%	0%
7.1.5	公交便捷度	0%	0%	3%	3%
7.1.6	环境质量优劣度	0%	0%	0%	0%
7.1.7	外部基础设施状况	0%	0%	0%	0%
7.1.8	规划限制	0%	0%	0%	0%
7.2	实物状况调整系数	100%	108%	101%	100%
7.2.1	土地实物状况调整率	0%	0%	0%	0%
7.2.1.1	面 积	0%	0%	0%	0%
7.2.1.2	形 状	0%	0%	0%	0%
7.2.1.3	地形地势	0%	0%	0%	0%
7.2.1.4	地质地基	0%	0%	0%	0%
7.2.1.5	基础设施完备度	0%	0%	0%	0%
7.2.1.6	场地平整度	0%	0%	0%	0%
7.2.2	建筑物实物状况调整率	0%	8%	1%	0%
7.2.2.1	建筑结构	0%	1%	1%	1%
7.2.2.2	总楼层	0%	0%	2%	0%
7.2.2.3	所在楼层	0%	0%	0%	0%
7.2.2.4	层 高	0%	0%	0%	0%

序 号	项 目	估价对象	实例1	实例2	实例3
7.2.2.5	采光通风	0%	0%	0%	0%
7.2.2.6	临街状况	0%	5%	0%	0%
7.2.2.7	室内装修	0%	0%	0%	0%
7.2.2.8	建筑年代	0%	2%	2%	2%
7.2.2.9	成新率	0%	0%	0%	0%
7.2.2.10	宽深比	0%	5%	-2%	2%
7.2.2.11	设备设施	0%	0%	0%	0%
7.2.2.12	物业管理	0%	0%	0%	0%
7.2.2.13	平面布置	0%	0%	0%	0%
7.2.2.14	建筑面积	0%	-5%	-2%	-5%
7.3	权益状况调整系数	100%	100%	100%	100%
7.3.1	土地权益状况调整率	0%	0%	0%	0%
7.3.1.1	容积率	0%	0%	0%	0%
7.3.1.2	土地使用年限	0%	0%	0%	0%
7.3.2	建筑物权益状况调整率	0%	0%	0%	0%
7.3.2.1	是否有他项权利限制	0%	0%	0%	0%
7.3.2.2	是否有租赁	0%	0%	0%	0%

根据上述测算过程,确定估价对象商业月租金单价为400元/(m²·月),见表6。

表6 可比实例比准价格及估价对象价格测算表

序 号	项 目		估价对象	实例1	实例2	实例3
1	实例名称		越秀区×× 首层商铺	惠福西路 首层商铺	解放中路 首层商铺	粤华街 首层商铺
2	成交 价格	总价/万元		2.38	1.23	2.10
		月租金单价/(元·m⁻²)		410	410	420
3	成交日期			2019年7月	2019年7月	2019年7月
4	建立比较基准后价格			410	410	420
5	交易情况		100%	102%	102%	102%
6	市场状况调整系数		100%	100%	100%	100%

续表

序　号	项　目	估价对象	实例1	实例2	实例3
7	房地产状况调整系数	100%	108%	94%	103%
8	单个可比实例的比准价格		372	428	400
9	根据相似程度分别取权数		1/3	1/3	1/3
10	最终比准价格 /$[元\cdot(m^2\cdot月)^{-1}]$			400	

③租约限制。估价对象已拆除,并且估价目的是征收补偿,故本次估价不考虑出租情况对估价对象价值的影响。

④有效出租面积的确定。根据房地产估价师李××对周边市场的调查,周边同类型商业物业的出租面积一般按房地产权证所示的建筑面积为出租面积,因此确定估价对象出租面积为建筑面积,即有效出租面积为100%,则出租面积为房地产权证所示的建筑面积18.78 m²。

⑤其他收入的确定。估价对象实际用途为商业,按照广州房地产租赁市场的惯例,一般需预付2个月的租金作为押金,因而确定其他收入为押金利息收入,一年期存款利率为3.25%(实际执行利率),则:

$$押金利息年收入 = 18.78 \times 400 \times 2 \times 3.25\% = 488(元)$$

⑥空置率的确定及收租损失。商业房地产实际上属于消费投资型地产,是跟当地的消费人群、经济产业、GDP联系起来的。考虑到估价对象位置、规模和设施,以及现场调查等情况,设定空置率和租金损失率为5%。

⑦年有效毛收入,见表7。

$$年有效毛收入 = (潜在毛租金收入 \times 12个月 \times 有效出租面积 +$$
$$其他收入 - 空置和收租损失) \div 建筑面积$$

表7　年有效毛收入计算表

序　号	项　目	费　率	公　式	单　位	估价对象
1	潜在毛收入		1.1×1.2×12+1.3	元/年	90 632
1.1	潜在毛租金收入(月租金)			元/(月·m²)	400
1.2	有效出租面积			m²	18.78
1.3	其他收入			元/年	488
	押金/保证金利息收入	3.25%		元/年	488
1.4	空置和收租损失		1×1.5	元/年	2 719
1.5	空置率			%	3%
2	有效毛收入		(1-1.4)÷建筑面积	元/(年·m²)	4 681

⑧运营费用。估价对象为出租型商业物业,一般出租型物业运营费用包括房产税、租赁税费、租赁费用、物业服务费、房屋维修费、房屋保险费和其他费用等。根据市场调查确定各项费用如下:

A.房产税。根据《中华人民共和国房产税暂行条例》及广州市相关规定,出租房屋的房产税以租金收入的12%计算缴纳。

B.增值税费及附加:根据《广州市出租房屋》税目税率表,出租房屋的增值税以租金收入的5%计算;根据《中华人民共和国城市维护建设税暂行条例》及其实施细则有关规定和穗地税函〔2005〕216号文,市区的税率为7%,城市维护建设税税率以实际缴纳的营业税税额乘以7%计算;有关征收教育费附加的规定,从2006年1月1日(征收期)起,对全市各单位和个人一律以实际缴纳的增值税、消费税和营业税(简称"三税")作为计征教育费附加的依据,征收税率为3%,教育费附加则按实际缴纳的营业税税额的3%计算缴纳;依据《广东省地方教育附加征收使用管理暂行办法》对征收地方教育附加的规定,从2011年1月1日起对广东省行政区域内缴纳增值税、消费税和营业税(简称"三税")的单位和个人,按实际缴纳的"三税"税额的2%征收地方教育附加,计算缴纳租赁税费合计取租金收入的5.7%。

C.租赁费用。广州市市区商业物业出租一般通过地产中介公司代理或自行招商两种方式。通过中介代理的,一般中介公司需要收取一个月租金或半个月租金作为代理费用;而估价对象为委托方自行招商的,此处不考虑租赁费用,在其他费用中考虑。

D.房屋维修费。估价对象同类型商业物业出租的室内装修、设备设施等维修、养护、管理和环境卫生、维护秩序所收取的费用一般为承租方承担,而估价对象公共部位维护和合同未记载的事项所产生的费用则由出租方承担,根据《广东省土地估价实用指引》的数据,房屋维修费一般取重置成本的1.5%~5%,由于估价对象于2012年建造,楼宇内装修维护情况较好,房屋维修所需费用不大,即房屋维修费为重置成本的2%。

E.房屋保险费。出租房屋一般需要投保房屋火灾险等保险费,根据保险公司平均收费的水平和《广东省土地估价实用指引》的数据,房屋保险费一般取房屋重置成本的0.15%~0.2%,考虑估价对象的实际情况,取房屋保险费为重置成本的0.2%。

F.物业服务费。据调查广州市商业物业出租情况,物业服务费一般采用承租方自行缴纳的方式,故不考虑物业服务费。

G.其他费用。房屋出租中可能涉及一些费用,如手续费,无规定缴纳标准或无法预见的情况发生,为使估价结果更加准确、合理,适当考虑一些费用,一般按有效收入的1%~3%,考虑估价对象的实际情况,需自行出租管理,其他费用取1%。

H.家具设备折旧。估价对象为商业物业,承租方一般会按自己的要求添加家具设备布置,广州市商业物业一般以不带家具设备状态出租,故不考虑家具设备折旧。

I.房屋重置成本。估价对象为1栋6层钢筋混凝土结构综合楼,参考广州市造价站《关于发布广州市建设工程2018年参考造价的通知》(穗建造价〔2019〕4号)公布的2018年钢筋混凝土结构类似商业楼建筑物的单方造价,结合估价对象实际进行调整,确定估价对象重置价格为1 200元/ m²(取百位整数)。

运营费用测算见表8。

表8 运营费用测算表

序　号	项　目		费　率	公　式	单　位	估价对象
3	运营费用			3.1+…+3.7	元/(年·m²)	935
3.1	出租类	房产税	12%	(2-1.3/1.2)×费率	元/(年·m²)	559
3.2		增值税费及附加	5.70%	2×费率	元/(年·m²)	267
3.3		租赁费用			元/(年·m²)	0
3.4		房屋保险费	0.20%	3.8×费率	元/(年·m²)	2
3.5		房屋维护费	5%	3.8×费率	元/(年·m²)	60
3.6		物业管理费			元/(年·m²)	0
3.7		其他费用	1.0%	2×费率	元/(年·m²)	47
3.8		家具设备折旧			元/(年·m²)	0
3.9		房屋重置成本			元/(年·m²)	1 200

运营费用 = 有效毛收入 × 房产税 + 有效毛收入 × 营业税及附加 + 有效毛收入 ×
　　　其他费用 + 房屋重置成本 × 房屋保险费 + 房屋重置成本 × 房屋维修费

⑨年净收益。

年净收益 = 年有效毛收入 - 年运营费用 = 4 681 - 935 = 3 746(元/m²)

⑩租金变化趋势分析。估价对象为广州市越秀区地段的商业物业,区域内商业繁华度较高,设定其可持续经营,预测同类型商业物业的年租金增长率在3%~6%,则拟定估价对象商铺未来每年租金年均增长率为4.5%。

⑪报酬率的确定。采用安全利率加风险利率法确定,过程如下:安全利率取一年期存款利率为3.25%(实际执行利率),风险利率按风险程度一般在3%~8%,考虑估价对象位于越秀区解放中路地带,周边商业类投资的市场已形成,商业氛围较好,投资回报率较高,风险不高,确定商业风险利率为1.75%,则

商业资本化率 = 3.25% + 1.75% = 5%

因此,本次估价确定商业报酬率为5%。

⑫收益年限。估价对象未办理土地有偿使用手续,商业最高使用年限为40年,从估价时点之日起计至估价时点为止,剩余土地使用年限为40年,由于委托方未能提供土地出让合同,未能了解到估价对象原土地出让合同是否约定土地出让期限届满需要无偿收回国有建设用地使用权时对建筑物予以补偿或不补偿的情况,遵照谨慎原则,本次评估采用剩余土地使用年限作为估价对象的收益年限,即尚可收益年限为40年。

⑬测算过程及测算结果。经上述确定的数据代入收益法公式,具体如下:

$$V = \frac{A}{r-g}\left[1-\left(\frac{1+g}{1+r}\right)\right]^n (1+r)^{0.5}$$

$$= 3\,746 \div (5.0\% - 4.5\%) \times \{1 - [(1+4.5\%) \div (1+5.0\%)]^{40}\} \times (1+5\%)^{0.5}$$

$$= 133\,435(元/m^2)(取整至个位)$$

（3）估价结果分析及确定

根据《房地产估价规范》及估价对象的具体情况，分别采用了市场比较法和收益法进行测算，以上两种方法测算结果存在一定差异，考虑到物业自身特点并结合估价人员估价经验，故本次估价收益法估价结果取权重 40%，市场比较法估价结果取权重 60%，则估价对象市场单价为 151\,690 元/m^2（取整至个位），见表 9。

表 9　估价结果计算表

估价对象	市场比较法单价 /(元·m^{-2})	市场比较法权重	收益法单价 /(元·m^{-2})	收益法权重
广州市越秀区 解放中路××号	163\,860	0.6	133\,435	0.4
	151\,690			

估价对象尚未办理土地有偿使用手续，本次估价所出示的估价结果需扣除相应的土地出让金。

● 计算公式：

应扣土地出让金总价 = 基准地价 × 土地有偿使用费计收系数 × 建筑面积

● 国有土地出让金的计算：

根据《转发市国土房管局关于调整我市国有建设用地使用权出让金计收标准的通知》（穗府办〔2010〕35 号），商业用途土地出让金均按商业网格点基准地价的 40% 计收。

经查估价对象所在位置对应的商业网格点基准地价原值为 9\,409 元/m^2。故

估价对象应扣土地出让金单价 = 5\,870 × 40% = 3\,746(元/m^2)

估价对象扣除土地出让金后的评估单价 = 151\,690 - 3\,746 = 147\,944(元/m^2)

考虑本次评估为不交吉作价评估，综合折扣率取 70%，则：

估价对象不交吉评估单价为：

$$147\,944 \times 70\% = 103\,548(元/m^2)(取整至个位)$$

评估总价为：

$$103\,548 元/m^2 \times 18.78\ m^2 = 1\,944\,631(元)$$

综上所述，估价对象在估价时点 2019 年 7 月 8 日符合本次估价假设及限制条件状况下的房地产不交吉市场价值为 ¥1\,944\,631 元，单价为 103\,548 元/m^2。

任务 8.5 估价案例评析和延伸

案例评析

该报告为商业二手房征收价格评估报告,其估价目的是为房屋征收部门与被征收人确定被征收房屋价值的补偿提供依据,评估被征收房屋的价值。遵循了房地产估价报告的规范格式,具有以下优点:

①该报告目的明确,整篇报告也始终围绕着征收评估的目的进行。

②在评估过程中,对估价对象做了翔实调查,包括建筑状况、土地状况、道路交通、周边环境、配套设施等均进行了详细的调查、记录。

③估价对象的价值类型界定清楚,文字简洁。

④估价依据充分,法律、法规、权属资料、相关文件等资料,为评估提供了权威支持。

⑤报告遵循房地产估价原则,并对估价对象进行最高最佳使用分析,明确该估价对象作为商业物业已达最高最佳使用状态,符合《房地产估价规范》的原则。

⑥估价测算数据充分,有理有据,测算过程清晰,结果可信。

⑦现场照片多视角、全面地反映了估价对象的真实情况。

⑧报告内容全面,文字简练,格式严谨,附件资料翔实,评估结果适合委托方的需要。

该报告也有不足之处,具体内容如下:

①估价对象已拆除,导致评估过程中估价对象外观、使用状况、被遮盖、未暴露及难以接触到的部分,均依据委托方提供的资料进行评估,估价结果是在基于委托方提供的资料真实的前提下成立的。

②《房地产估价规范》规定:被征收房屋价值评估时点为房屋征收决定公告之日。而本案例在确定估价时点时,因委托方没有特别要求,确定估价时点为现场查勘之日,欠妥。

③计算土地出让金时,利用了基准地价,目前广州的基准地价是 2018 年更新的,与估价时点相差一年多的时间,可能会影响估价结果的准确性。

案例延伸

前面主要讲了房屋的征收,如果是单纯的征地,那又如何进行评估呢? 下面简单介绍一些征地评估费用的构成。

1) 征地评估相关法律法规概述

(1)2004 年《中华人民共和国土地管理法》修正版第四十七条

①征收土地的,按照被征收土地的原用途给予补偿。

②征收耕地的补偿费用包括土地补偿费、安置补助费以及地上附着物和青苗的补偿费。

征收耕地的土地补偿费,为该耕地被征收前 3 年平均年产值的 6~10 倍。征收耕地的安置补助费,按照需要安置的农业人口数计算。需要安置的农业人口数,按照被征收的耕地数量除以征地前被征收单位平均每人占有耕地的数量计算。每一个需要安置的农业人口的安置补助费标准,为该耕地被征收前 3 年平均年产值的 4~6 倍。但是,每公顷被征收耕地的安置补助费,最高不得超过被征收前 3 年平均年产值的 15 倍。征收其他土地的土地补偿费和安置补助费标准,由省、自治区、直辖市参照征收耕地的土地补偿费和安置补助费的标准规定。

征收土地上的附着物和青苗的补偿标准,由省、自治区、直辖市规定。征收城市郊区的菜地,用地单位应当按照国家有关规定缴纳新菜地开发建设基金。依照规定支付土地补偿费和安置补助费,尚不能使需要安置的农民保持原有生活水平的,经省、自治区、直辖市人民政府批准,可以增加安置补助费。但是,土地补偿费和安置补助费的总和不得超过土地被征收前 3 年平均年产值的 30 倍。

国务院根据社会、经济发展水平,在特殊情况下,可以提高征收耕地的土地补偿费和安置补助费的标准。

(2)2012 年《中华人民共和国土地管理法》修正版草案

2012 年 11 月 28 日,国务院常务会议讨论通过,并于 2013 年正式出台的《中华人民共和国土地管理法(修正版)》(以下简称《土地管理法》),对农民集体所有土地征收补偿制度作了修改。拆迁补偿标准的调整由市县人民政府公布。我国法律规定各地政府应根据经济发展水平、当地人均收入增长幅度等情况,每 2~3 年对征地补偿标准进行调整,逐步提高征地补偿水平。目前实施的征地补偿标准已超过规定年限的省份如未及时调整,将不予通过用地审查。各类具体的价格补偿标准由区县物价局依据当地经济水平和人均收入水平等情况进行定价。

征地补偿标准新变化:

《土地管理法》第四十七条第一款明确规定:"征收农民集体所有的土地,应当依照合法、公正、公开的原则制订严格的程序,给予公平补偿。"删除了原第四十七条中按土地原有用途补偿和 30 倍补偿上限的规定。此次还规定,补偿资金不落实不得批准和实施征地;授权国务院制订征地补偿安置具体办法。

《土地管理法》还增加了对征地农民的社会保障。在原法第四十七条规定的土地补偿、安置补助、青苗和地上附着物补偿 3 项补偿的基础上,把住宅从地上附着物中单独列出,并增加了社会保障补偿。

(3)2019 年《土地管理法》修正版

2019 年 8 月 26 日,全国人民代表大会常务委员会通过关于修改《中华人民共和国土地管理法》的决定,这是《土地管理法》第三次修正。2019 修正版第四十八条规定:"征收土地应当给予公平、合理的补偿,保障被征地农民原有生活水平不降低、长远生计有保障。征收土地应当依法及时足额支付土地补偿费、安置补助费以及农村村民住宅、其他地上附着物和青苗等的补偿费用,并安排被征地农民的社会保障费用。"

2)征地评估费用的构成

在进行征地评估时,评估费用的基本构成包括土地补偿费、青苗补偿和地上附着物补偿费、安置补助费等。各项费用的具体取费标准参见《中华人民共和国征地拆迁补偿暂行条例》及各省、市、区的《征地补偿安置办法》《征地补偿实施细则》等。

（1）土地补偿费

土地补偿费是对农村集体经济组织因土地被征用而造成的经济损失的一种补偿。征用耕地的补偿费为该耕地被征用前3年平均年产值的6~10倍。征用其他土地的补偿费标准，由省、自治区、直辖市参照征用土地的补偿费标准规定。土地补偿费归农村集体经济组织所有。

（2）青苗补偿费和地上附着物补偿费

青苗补偿费是对正在生长的农作物受到损害进行的补偿。凡在征地方案公布后抢种的农作物、树木等，一律不予补偿。农民自行承包土地的青苗补偿费属于本人，集体种植的青苗补偿费属于集体。

地上附着物指房屋、水井、树木、涵洞、桥梁、公路、水利设施、林木等地面建筑物、构筑物、附着物。其价值的确定应视协商征地方案前地上附着物价值与折旧情况确定，应根据"拆什么，补什么；拆多少，补多少，不低于原来水平"的原则确定。如果附着物产权属于个人，则该补助费属于个人。地上附着物的补偿标准由省、自治区、直辖市规定。

（3）安置补助费

安置补助费应支付给被征地单位和安置劳动力的单位，作为劳动力安置与培训的支出，以及作为不能就业人员的生活补助。征收耕地的安置补助费按需要安置的农业人口数计算。需要安置的农业人口数按被征收的耕地数量除以征地前被征收单位平均每人占有耕地的数量计算。每一个需要安置的农业人口的安置补助费标准为该耕地被征收前3年平均年产值的4~6倍。但是，每公顷被征收耕地的安置补助费，最高不得超过被征收前3年平均年产值的15倍。

土地补偿费和安置补助费，尚不能使需要安置的农民保持原有生活水平的，经省、自治区、直辖市人民政府批准，可以增加安置补助费。

实训活动

1.收集本市本年度二手房征收补偿相关文件（实施意见、补偿标准、征收公告）。

2.收集本省或全国房地产估价人员房屋征收评估相关违法违纪案例，并跟踪估价人员的处理结果。

课后训练

1.2022年5月，甲公司将其拥有的一幢登记用途为办公用的临街房屋出租给乙公司，租赁期限为20年。租赁合同约定，租赁期满后所有装修与房屋一并由甲公司无偿收回。乙公司承租后，将该房屋装修改造成酒楼，并加盖了厨房，现该区域被列入征收范围，某房地产估价机构接受委托对该房屋进行征收估价。

请问：

（1）征收估价中如何考虑甲、乙双方签订的租赁合同？

（2）征收估价中如何确定该房屋的用途、面积？

（3）征收估价中如何考虑乙公司的装修补偿？

2.2020 年 10 月 1 日,甲公司以其拥有的一幢总建筑面积为 25 000 m² 的综合楼申请了期限为 1 年的抵押贷款,该综合楼的市场价值和抵押价值经评估均为 12 亿元。2021 年 3 月 1 日,甲公司再次以该综合楼申请了期限为 2 年的抵押贷款,经评估,该综合楼的市场价值为 15 亿元。截至该时点,2020 年申请的抵押贷款余额为 2 亿元。当地同类房地产抵押贷款比例一般为 50%;2022 年 7 月 1 日,政府因公共利益需要,对该综合楼做出了征收决定并公告,经评估,该综合楼在完全产权状况下的市场价值为 16 亿元,甲公司尚未偿还的抵押贷款余额为 4 亿元。

(1)2021 年 3 月 1 日该综合楼的再次抵押价值为(　)亿元。

A.10　　　　　　　B.11　　　　　　　C.13　　　　　　　D.15

(2)2022 年 7 月 1 日该综合楼的被征收价值为(　)亿元。

A.12　　　　　　　B.14　　　　　　　C.15　　　　　　　D.16

(3)征收补偿时,该综合楼室内装饰装修价值和停产停业损失应(　)。

A.委托房地产估价机构评估确定

B.由征收部门根据甲公司提供的发票、完税凭证等确定

C.由征收当事人协商确定,协商不成的,可以委托房地产估价机构评估确定

D.由征收部门根据甲公司提供的发票、完税凭证等,结合市场情况综合确定

(4)政府发布的征收决定公告中,一般不包括的内容为(　)。

A.征收补偿方案　　B.行政诉讼权利　　C.行政复议权利　　D.搬迁期限

3.请指明下列房地产估价报告中的 13 处错误。

房地产估价报告

项目名称:××市××区××东街××号商业用房征收补偿价格评估报告

估价委托人:××市房屋征收管理办公室

估价机构:××市房地产估价有限公司

估价人员:×××(注册号:×××)×××(注册号:×××)

估价作业日期:2020 年 8 月 8 日—8 月 18 日

估价报告编号:××估字第××号　目录(略)　致委托人函(略)

注册房地产估价师声明(略)　估价假设和限制条件(略)　估价结果报告

(一)估价委托人(略)

(二)估价机构(略)

(三)估价对象

(1)实物状况

①土地状况。估价对象位于××区××街,东至××剧院,西至××东街,南至××商场,北至××餐厅。土地使用权面积为 1 000 m²,地块形状规则,呈矩形,地势平坦,土地开发程度为"三通一平"(其他情况略)。

②建筑物状况。估价对象建于 2008 年 8 月,坐东面西,为钢筋混凝土结构建筑,总层数为 4 层。建筑面积为 3 000 m²,分割为 9 个零售商铺和餐饮卖场,由某资产经营公司装修、经营(其他情况略)。

（2）权益状况

①土地使用权。根据委托人提供的资料，国有土地使用证的证号为×××号，用地面积为 1 000 m²，使用权类型为出让，用途为商业，使用起止日期为 2006 年 8 月 8 日至 2046 年 8 月 7 日，约定不可续期。

②房屋所有权。估价对象已办理了房屋所有权证，证号为×××号，产权人为××公司，建筑面积为 3 000 m²（其他情况略）。

③他项权利。估价对象已于 2019 年 11 月办理了抵押贷款，贷款额度为 1 000 万元人民币，抵押贷款期限为 1 年，至今尚未偿还。

④租赁情况。估价对象由某资产经营公司租赁使用，根据双方签订的租赁合同，月租金为 65 元/m²，租赁期从 2019 年 8 月 8 日—2039 年 8 月 7 日，租赁期内不调整租金，租赁税费按规定各自承担。合同到期后，资产经营公司可优先租赁。

（3）区位状况（略）

（四）估价目的

为房屋征收部门与被征收人确定被征收房屋价值补偿提供依据，评估被征收房屋价值。

（五）估价时点

2020 年 8 月 8 日，即房屋征收决定公告之日。

（六）价值定义

被征收房屋价值是指被征收房屋及其占有范围内的土地使用权在正常交易情况下，由熟悉情况的交易双方以公平交易方式在估价时点自愿进行交易的金额。

（七）估价依据

①《中华人民共和国物权法》；

②《中华人民共和国城市房地产管理法》；

③《中华人民共和国土地管理法》；

④《房地产估价规范》（GB/T 50291—2015）；

⑤《城市房屋征收管理条例》；

⑥《国有土地上房屋征收评估办法》；

⑦《房屋征收评估委托书》；

⑧《房屋征收评估委托合同》；

⑨委托人提供的国有土地使用证和房屋所有权证；

⑩估价对象的《房屋租赁合同》；

⑪注册房地产估价师实地查勘获得的资料和市场调查资料。

（八）估价原则

①独立、客观、公正原则（说明略）；

②合法原则（说明略）；

③最高最佳利用原则（说明略）；

④替代原则（说明略）；

⑤估价时点原则（说明略）。

（九）估价方法

经综合分析，确定选用比较法和收益法作为本次估价的估价方法。

比较法是将估价对象与在估价时点近期发生过交易的类似房地产进行比较,对这些类似房地产成交价格做适当的修正来求取估价对象价值的一种估价方法。

收益法是预计估价对象未来的正常净收益,选用适当的报酬率将其折现到估价时点后累加,以此估算估价对象的客观合理价值的一种估价方法。

（十）估价结果

评估总价:4 001.24 万元。

大写金额:人民币肆仟零壹万贰仟肆佰圆整(单价略)

（十一）估价人员

注册房地产估价师:×××（盖章）;注册号:×××。

（十二）估价报告应用的有效期(略)

（十三）估价作业日期

2020 年 8 月 8 日—8 月 18 日

估价技术报告

（一）估价对象实物状况描述与分析(略)

（二）估价对象权益状况描述与分析(略)

（三）估价对象区位状况描述与分析(略)

（四）市场背景描述与分析(略)

（五）最高最佳利用分析(略)

（六）估价方法适用性分析(略)

（七）估价测算过程

● 比较法测算

比较法具体估价思路:由于目前类似房地产交易实例较多,估价人员根据估价对象的状况和估价目的搜集了大量交易实例,从中选取可比实例;将估价对象房地产与这些可比实例房地产的实际成交价格进行比较,进行交易情况修正、市场状况调整、房地产状况(实物状况、权益状况、区位状况)调整;结合估价经验,依据估价对象的具体情况计算出一个综合结果作为比准价格,以此估算估价对象房地产的客观合理价格。

①选取可比实例,见表 1。

表 1　可比实例情况表

实例	名　称	位　置	交易时间	总层数/所在层	建成年代	交易价格/(元·m⁻²)	房屋用途	房屋面积/m²
A	××天地 1 号楼 1 段 21 号营业房	××区	2020.4	4/1~3	2003	15 500	商业	2 929.56
B	××东街 3 号楼 03 号营业房	××区	2020.4	17/1~3	2007	17 319	商业	3 165.12
C	××东街 2 号楼 20 号营业房	××区	2020.4	19/1~3	2007	17 320	商业	2 810.99

②比较因素说明表,见表2。

表2 比较因素说明表

比较因素		估价对象	可比实例A	可比实例B	可比实例C
交易价格/(元·m⁻²)			15 500	17 319	17 320
交易日期		2020.8	2020.4	2020.4	2020.8
实物状况	所处楼层	4/1~4规划使用无限期	4/1~3规划使用无限期	17/1~3规划使用无限期	19/1~3规划使用无限期
	建筑格局	钢筋混凝土结构,设施齐全,格局有利于经营	钢筋混凝土结构,设施齐全,格局有利于经营	钢筋混凝土结构,设施齐全,格局有利于经营	钢筋混凝土结构,设施齐全,格局有利于经营
	室内净高/m	3.5	3.5	3.5	3.5
	无形价值	无特殊无形价值	无特殊无形价值	无特殊无形价值	无特殊无形价值
	装饰装修	中档装修	中档装修	中档装修	中档装修
	建筑面积/m²	3 000	2 929.56	3 156.12	2 810.99
权益状况	剩余土地年限	26	30	34	34
	其他限制	无	无	无	无
区位状况	土地级别	毗邻商业中心,环境优	毗邻商业中心,环境优	毗邻商业中心,环境优	毗邻商业中心,环境优
	基础配套设施	七通一平	七通一平	七通一平	七通一平
	交通条件	便捷度高	便捷度高	便捷度高	便捷度高
	公共服务配套	公共设施齐全	公共设施齐全	公共设施齐全	公共设施齐全
	临街状况	临××东街	临××东街	临××东街	临××东街

③比较因素情况修正表,见表3。

表3 比较因素情况修正表

序号	比较因素	估价对象	可比实例A	修正系数/%	可比实例B	修正系数/%	可比实例C	修正系数/%
一	位 置	××东街××号	××天地1号楼1段21号营业房		××东街3号楼03号营业房		××东街2号楼20号营业房	
二	交易价格/(元·m⁻²)		15 500		17 319		17 320	
三	交易日期	2020.8	2020.4	6	2020.4	6	2020.8	3
四	交易情况	正常	正常	0	正常	0	正常	0
五	实物状况			9		11		11

序号	比较因素	估价对象	可比实例 A		可比实例 B		可比实例 C	
1	楼 层	4/1~4 规划使用无限期	4/1~3 规划使用无限期	10	17/1~3 规划使用无限期	10	19/1~3 规划使用无限期	10
2	建筑格局	相同	相同	0	相同	0	相同	0
3	室内净高/m	3.5	3.5	0	3.5	0	3.5	0
4	无形价值	无	无	0	无	0	无	0
5	装饰装修	中档装修	简单装修	-3	简单装修	-3	简单装修	-3
6	建筑面积/m²	3 000	2 929.56	0	3 156.12	0	2 810.99	0
7	建成年代	2007	2011	2	2015	4	2015	4
六	权益状况			4		7		7
1	剩余土地年限	26	30	4	34	7	34	7
2	其他限制	无	无	0	无	0	无	0
七	区位状况			0		0		0
1	商业繁华程度	好	好	0	好	0	好	0
2	基础设施完备度	好	好	0	好	0	好	0
3	交通条件	好	好	0	好	0	好	0
4	公共设施完备度	完善	完善	0	完善	0	完善	0
5	临街状况	好	好	0	好	0	好	0
6	比准价格/(元·m⁻²)	16 670.81	15 782.90		17 359.94		16 869.60	

房地产状况调整系数中,实物状况权重确定为 30%,权益状况权重确定为 35%,区位状况权重确定为 35%;权重、修正系数确定过程略。

比较法评估单价:16 670.81 元/m²

比较法评估总价:16 670.81×3 000 = 50 012 430(元)

● 收益法测算

收益法是预计估价对象未来的正常净收益,选用适当的报酬率将其折现到估价时点后累加,以此估算估价对象的客观合理价值的一种估价方法。其计算公式为:

$$V = \frac{A}{Y} \times [1 - (1 + Y)^n]$$

式中　V——收益法评估及价格;

A——房地产净收益;

      Y——房地产报酬率；

      n——房地产收益年限。

  ①房屋收益、空置率和重置价格确定。根据租赁合同，月租金为65元/m^2，其间不调整租金，且租赁合同到期后资产经营公司可优先续租，因此，本次评估月租金取65元/m^2，空置率取0。根据估价对象房屋造价审计报告，经造价指数修正和成新修正后，确定房屋重置成本为1 200元/m^2(测算过程略)。

  ②报酬率确定。报酬率的确定方法有累加法、市场提取法、排序插入法等。本次估价采取累加法。无风险报酬率选取估价时点中国人民银行公布的1年期存款基准利率为3.5%；依据对影响估价对象的社会经济因素的分析结果，确定风险报酬率为3%(过程略)，最终求出，报酬率=无风险报酬率+风险报酬率，即6.5%。

  ③收益年限确定。根据委托人提供的资料，估价对象为钢筋混凝土结构的建筑，建筑经济寿命为60年。商业用地最高使用年限为26年。根据孰短原则，确定收益年限为26年。

  参数选取及具体计算过程略。收益价格计算见表4。

表4 收益价格计算表

序号		名 称	取值依据	计算公式	计算结果
（一） 年收益	1	建筑面积/m^2	房屋权属证书	3 000	3 000
	2	重置成本/元	依据审计报告测算	1 200×3 000	3 600 000
	3	月租金毛收入/(元·m^{-2})	租赁合同	65	65
	4	空置率	租赁合同	0	0
	5	有效毛收入/(元·月$^{-1}$)		③×①（①-④）	195 000
	6	年收益小计/元	年收益	(5)×12	22 340 000
（二） 年经营费用	1	年管理费用/元	年收益	2%	46 800
	2	税金/元	年收益	A+B	411 840
	A	房产税/元	年收益	12%	280 800
	B	其他税费/元	重置成本	5.6%	131 040
	3	保险费/元	重置成本	0.2%	7 200
	4	维修费/元		2%	72 000
	5	年经营费用/元		①+②+③+④	537 840
（三）		年净收益/元		（一）-（二）	1 802 160
（四）		收益年限			26
（五）		报酬率			6.5%
（六）		收益价格		（三）/6.5%× [1-1/(1+6.5%)×26]	22 333 038.05
（七）		收益法单价/(元·m^{-2})			7 444.35

收益法评估单价:7 444.35 元/m²,收益法评估总价:22 333 038.05 元。

(八)估价结果确定

考虑到比较法测算结果能较客观地反映估价对象的正常市场价值,而收益法测算结果背离市场交易价格,故收益法测算结果仅供参考,不予采用。综合分析确定估价对象××市××区××东街×× 号××商业用房于估价时点 2020 年 8 月 8 日的被征收房屋价值为人民币 50 012 430 元。由于该宗房地产目前尚未偿还的贷款为 1 000 万元,应作为法定优先受偿款予以扣除,即:50 012 430-1 000 000=40 012 430 元。

因此,评估总价为 40 012 430 元,即 4 001.24 万元,大写金额:人民币肆仟零壹万贰仟肆佰元整(单价略)。

××房地产估价有限公司
二〇二〇年八月十八日

附件(略)

学习情境 9
写字楼课税估价

【知识目标】

掌握写字楼课税估价的概念、特点和相关法律法规。

【能力目标】

能正确选用估价方法进行估算和判断,并能撰写写字楼课税估价报告。

任务 9.1　认识房地产课税估价

任务导入

近年来房地产开发、转让、持有环节税收改革正在稳步推进,房地产相关税收政策成为民众关注的热点,小明希望了解房地产课税价格是如何评估的。

相关知识

1) 课税估价的概念

房地产估价在税收上的运用称为房地产课税评估,是税收征管的一种技术手段,评估的对象包括所有应纳税的房地产。

房地产课税估价的目的是保证国家税收公平合理,为了避免纳税人偷税漏税和税务机关课税不公平,双方都要求对房地产价值进行评估。

为了做好房地产课税评估工作,房地产估价人员必须全面准确地了解现有房地产税种名称、纳税人含义、课税对象和征收范围、课税依据、税率水平、减税、免税对象等。特别要注意应纳税额计算公式、应扣除项目和其他有关规定。如果违反规定进行估价,其估价报告将不具备法律效力,其结论更不能作为课税依据。因此,课税估价的技术路线和方法必须严格按照现有税费的有关规定进行。

2) 需要进行课税估价的法律规定

①需要确定房地产原值的,如土地增值税中扣除项目的确定、房产税和房地产税中对房产原值的确定;

②隐瞒、虚报房地产成交价格的,由估价机构参照同类房地产的市场交易价格进行评估;

③扣除金额无法获得的,如所得税、土地增值税中需要对房地产相关费用进行扣除,但又无法获得的情形;

④交易价格明显偏低又无正当理由的,如契税条例规定这种情形由征收机关参照市场价格核定;

⑤未来房地产税制改革要开征的物业税。

3)课税估价的特点

①课税价格评估数量巨大,时间跨度小;

②涉及的房屋类型广泛,人员群体众多;

③个案和批量评估相结合,逐步到批量评估为主;

④需要海量的交易数据库及其完备的管理制度;

⑤为政府部门征税提供数据支持。

4)课税价格评估报告的内容

一份合格的课税价格评估报告至少应包括以下内容:

①说明征税对象的纳税人、征管机关的名称;

②说明具体的税种及其特定征收管理要求;

③说明征税对象评估的对象和范围;

④评估任务的分析和方法选择;

⑤说明评估目的和基准日;

⑥定义征税对象价值类型;

⑦列出评估方法及重要参数的确定依据和过程,修正类似征税对象所需注意的事项;

⑧说明评估结论;

⑨重要的声明,包括遗漏事项和未确定事项。

任务 9.2　认识税种和评估价值内涵

相关知识

9.2.1　为课征增值税、企业所得税、个人所得税进行的估价

《中华人民共和国增值税暂行条例》(2017 年修订)第七条规定:“纳税人发生应税销售行为的价格明显偏低并无正当理由的,由主管税务机关核定其销售额。”

增值税的计税依据为销售额,企业所得税、个人所得税需要根据销售额计算确定。核定销售额实际就是核定纳税人的房地产销售收入,而该房地产销售收入应与对该房地产客观合理价格或价值的估计比较接近。因此,在征收增值税、个人所得税、企业所得税时,当出现房地产销售价格异常情况时,就需要进行房地产估价。在实际评估业务中,此类课税评估较少,因此此处不做重点分析。

9.2.2 为课征土地增值税进行的估价

土地增值税是指转让国有土地使用权、地上建筑物及其附着物并取得收入的单位和个人,以转让所取得的收入(包括货币收入、实物收入和其他收入)为计税依据向国家缴纳的一种税赋,不包括以继承、赠与方式无偿转让房地产的行为。

(1)土地增值税征税范围的一般规定

①土地增值税只对"转让"国有土地使用权的行为征税,对"出让"国有土地使用权的行为不征税。

②土地增值税既对转让国有土地使用权的行为征税,也对转让地上建筑物及其他附着物产权的行为征税。

③土地增值税只对"有偿转让"的房地产征税,对以"继承、赠与"等方式无偿转让的房地产,不予征税。不予征收土地增值税的行为主要包括两种:

a.房产所有人、土地使用人将房产、土地使用权赠与直系亲属或者承担直接赡养义务人。

b.房产所有人、土地使用人通过中国境内非营利的社会团体、国家机关将房屋产权、土地使用权赠与教育、民政和其他社会福利、公益事业。

(2)纳税人及课税对象

纳税人为转让国有土地使用权及地上建筑物和其他附着物产权并取得收入的单位和个人。

课税对象是指有偿转让国有土地使用权及地上建筑物和其他附着物产权所取得的增值额。土地价格增值额是指转让房地产取得的收入减去规定的房地产开发成本、费用等支出后的余额。

(3)土地增值税税率

土地增值税实行四级超率累进税率,即以纳税对象数额的相对率为累进依据,按超累方式计算应纳税额的税率。土地增值税按增值额与扣除项目金额的比率从低到高划分为4个级次,即:

①增值额未超过扣除项目金额50%的部分,税率为30%;

②增值额超过扣除项目金额50%、未超过扣除项目金额100%的部分,税率为40%;

③增值额超过扣除项目金额100%、未超过扣除项目金额200%的部分,税率为50%;

④增值额超过扣除项目金额200%的部分,税率为60%。

例如:收入260万元,扣除项目100万元,增值额=260万元-100万元=160万元,未超过扣除项目的50%的部分为50万元(100万元×50%),超过50%、未超过100%的部分是50万元(100万元×100%-50万元),超过100%、未超过200%的部分是60万元(160万元-100万元),应纳税额为:50万元×30%+50万元×40%+60万元×50%=65万元。

(4)土地增值税扣除项目

土地增值税估价的关键是土地增值税扣除项目金额的估算,对扣除项目需要按成本法进行估算。计算增值额的扣除项目如下:

①取得土地使用权所支付的金额;

②开发土地的成本、费用;

③新建房及配套设施的成本、费用,或者旧房及建筑物的评估价格;

④与转让房地产有关的税金;

⑤财政部规定的其他扣除项目。

(5)土地增值税的减免

有下列情形之一的免征土地增值税:

①纳税人建造普通标准住宅出售,增值额未超过扣除项目金额20%的。

②因国家建设需要依法征用、收回的房地产。

③个人因工作调动或改善居住条件而转让原自用住房,经向税务机关申报核准,凡居住满5年或5年以上的,免予征收土地增值税;居住满3年未满5年的,减半征收土地增值税。居住未满3年的,按规定计征土地增值税。

④对居民个人拥有的普通住宅,在其转让时暂免征收土地增值税。

⑤1994年1月1日以前已签订的房地产转让合同,不论其房地产在何时转让,均免征土地增值税。1994年1月1日以前已签订房产开发合同或已立项,并已按规定投入资金进行开发,其在1994年1月1日以后5年内首次转让房地产的,免征土地增值税。对于个别由政府审批同意,进行成片开发、周期较长的房地产项目,其房地产在上述规定5年免税期以后首次转让的,经所在地财政、税务部门审核,并报财政部、国家税务总局核准,可以适当延长免税期限。

⑥转让国有土地使用权、地上建筑物及其附着物并取得收入,是指以出售或者其他方式有偿转让房地产的行为。不包括以继承、赠与方式无偿转让房地产的行为。

⑦对于以房地产进行投资、联营的,投资、联营的一方以土地(房地产)作价入股进行投资或作为联营条件,将房地产转让到所投资、联营的企业中时,暂免征收土地增值税。对投资、联营企业将上述房地产再转让的,应征收土地增值税。对于一方出地,一方出资金,双方合作建房,建成后按比例分房自用的,暂免征收土地增值税;建成后转让的,应征收土地增值税。在企业兼并中,对被兼并企业将房地产转让到兼并企业中的,暂免征收土地增值税。

⑧对个人之间互换自有居住房地产的,经当地税务机关核实,可以免征土地增值税。

(6)土地增值税课税评估

对于纳税人申报的转让房地产所取得的收入明显低于市场价格又无正当理由的,应对其转让价格进行评估,核定其转让房地产所取得的收入。

《中华人民共和国土地增值税暂行条例》第九条规定,纳税人有下列情形之一的,应按照房地产评估价格计算征收:①隐瞒、虚报房地产成交价格的;②提供扣除项目金额不实的;③转让房地产的成交价格低于房地产评估价格,又无正当理由的。

《中华人民共和国土地增值税暂行条例实施细则》第十三条、第十四条更是对此条款作了进一步细化。

9.2.3 为课征房产税进行的估价

(1)房产税的征收范围

房产税是国家在城市、县城、建制镇和工矿区范围内,对属于中外合资经营企业、中外合作经营企业、外国企业和外商的房屋、土地按照房价、地价或租价向房地产所有人或使用人征收的一种税。城市、县城、建制镇、工矿区的具体征税范围由各省、自治区、直辖市人民政府确定。

（2）房产税计税标准

房产税分为从价或从租两种情况：

①从价计征的，其计税依据为房产原值一次减去10%～30%后的余值；

②从租计征的（即房产出租的），以房产租金收入为计税依据。

（3）房产税的征收税率

①按房产余值计征的，年税率为1.2%；

②按房产出租的租金收入计征的，税率为12%。从2001年1月1日起，对个人按市场价格出租的居民住房，用于居住的，可暂减按4%的税率征收房产税。

（4）房产税应纳税额

①以房产原值为计税依据的：

$$应纳税额 = 房产原值 \times (1 - 10\% 或 30\%) \times 税率(1.2\%)$$

②以房产租金收入为计税依据的：

$$应纳税额 = 房产租金收入 \times 税率(12\%)$$

（5）房产税纳税人

城市房产税由产权所有人缴纳。产权出典者由承典人缴纳；产权所有人、承典人不在当地或产权未确定及租典纠纷未解决的，均由代管人或使用人代为缴纳。对涉外企业和个人暂不征收城市房地产税中的地产税，改为征收土地使用费。

《财政部 国家税务总局关于房产税城镇土地使用税有关问题的通知》（财税〔2009〕128号）明确规定，产权出典的房产，由承典人依照房产余值缴纳房产税，税率为1.2%。

（6）房产税减免的规定

《中华人民共和国房产税暂行条例》规定的免税房产如下：

①国家机关、人民团体、军队自用的房产；

②由国家财政部门拨付事业经费的单位自用的房产；

③宗教寺庙、公园、名胜古迹自用的房产；

④个人所有非营业用的房产；

⑤经财政部批准免税的其他房产。

9.2.4 为课征契税进行的估价

契税是在土地、房屋权属发生转移时，向取得土地使用权、房屋所有权的单位和个人征收的一种税。

（1）纳税人

契税应由取得土地使用权、房屋所有权的一方缴纳，且税率等政策对商品房、二手房"一视同仁"。

（2）课税对象

契税的征收对象是发生产权转移变动的土地、房屋。

（3）征税范围

①土地使用权出让；

②土地使用权转让，包括出售、赠与和交换；

③房屋买卖、赠与、互换。

第二项土地使用权转让，不包括土地承包经营权和土地经营权的转移。

（4）计税依据

①土地使用权出让、出售，房屋买卖，为土地、房屋权属转移合同确定的成交价格，包括应交付的货币以及实物、其他经济利益对应的价款。当成交价格明显低于市场价格并且无正当理由的，或所互换土地使用权、房屋价格的差额明显不合理并且无正当理由的，就需要按照市场法对房地产进行估价。

②土地使用权赠与、房屋赠与以及其他没有价格的转移土地、房屋权属行为，为征收机关参照土地使用权出售、房屋买卖的市场价格依法核定的价格。房屋权属以下列方式转移的，视同房屋买卖或房屋赠与征收契税：

a.以房屋权属作价投资、入股；

b.以房屋权属抵债；

c.以获奖方式承受房屋权属；

d.以预购方式或预付集资建房款方式承受房屋权属。

③土地使用权互换、房屋互换，为所互换的土地使用权、房屋价格的差额。

④以划拨方式取得土地使用权，经过批准转让房地产时应补交的契税，以补交土地使用权出让费用或土地收益作为计税依据。

（5）税率及应纳契税税额

契税采用比例税率，实行 3%～5% 的幅度税率。在此幅度范围内，各省、自治区、直辖市人民政府按照本地区的实际情况确定，并报财政部和国家税务总局备案。

$$应纳契税税额 = 计税依据 × 税率$$

（6）契税减免

①国家机关、事业单位、社会团体、军事单位承受土地、房屋权属用于办公、教学、医疗、科研和军事设施的，免征契税。

②非营利性的学校、医疗机构、社会福利机构承受土地、房屋权属用于办公、教学、医疗、科研、养老、救助的，免征契税。

③承受荒山、荒地、荒滩土地使用权用于农、林、牧、渔业生产的，免征契税。

④婚姻关系存续期间夫妻之间变更土地、房屋权属的，免征契税。

⑤法定继承人通过继承土地、房屋权属的，免征契税。

⑥依照法律规定应当予以免税的外国驻华使馆、领事馆和国际组织驻华代表机构承受土地、房屋权属的，免征契税。

⑦因土地、房屋被县级以上人民政府征收、征用后，重新承受土地、房屋权属，可酌情准予

减征或免征契税。

⑧因不可抗力灭失住房而重新承受住房权属的,酌情准予减征或免征契税(不可抗力是指不能预见、不能避免,并不能克服的客观情况,如自然灾害、战争等)。

⑨财政部规定的其他扣除项目。

此外,还规定,经批准减征、免征契税的纳税人改变有关土地、房屋用途的,不再属于减征、免征契税范围的,应当补缴已经减征、免征的税款。

任务9.3　分析估价所需的资料内容和实地查勘

任务导入

2019年10月28日,某房地产估价机构受委托方的委托,对其位于广州市海珠区同福中路××号××大厦××房一套建筑面积为110 m² 的写字楼物业进行评估,估价目的是为办理土地增值税提供价值参考依据。

相关知识

房地产课税估价的程序:

①签订委托估价合同;

②熟悉估价对象;

③明确估价目的,确定估价时点;

④明确课税价格估价基本事项;

⑤建立估价依据;

⑥拟订课税评估作业方案(人员安排、作业进度等);

⑦实地查勘估价对象;

⑧选择估价测算的方法,确定估价结果;

⑨撰写估价报告。

【实践操作】

一、房地产估价师王××、李××接受任务之后,确定了本项目的估价技术路线。

(1)确定估价时点

因估价委托方特别指定,估价时点取商品房买卖合同签订之日,故估价时点定为2012年9月20日。

(2)估价技术路线

估价对象为写字楼物业,基于估价对象的实际情况,本次评估视估价对象为整体最高最佳使用而采用适宜的估价方法测算得到其建筑物重置成新价值。

（3）不适用的估价方法

经过估价人员调查了解发现估价对象属于已建成并已投入使用的写字楼物业，非待开发建设物业，不产生后续开发成本，故不适宜采用假设开发法作为估价方法；本次估价目的是为办理缴纳土地增值税提供价值参考依据而评估其建筑物重置成新价值，不包含土地使用权价值，故不适宜采用市场比较法和收益法作为估价方法。

（4）估价方法选取

本次估价目的是为办理缴纳土地增值税提供价值参考依据而评估其建筑物重置成新价值。估价人员在认真分析所掌握的资料，进行实地查勘后，认为宜采用建筑物重置成本法进行评估测算。

建筑物重置成本法是求取估价对象在估价时点时的重新购建价格，然后扣除折旧，以此估算估价对象的客观合理价格或价值的方法。

二、房地产估价师王××、李××完成了资料收集。

资料收集的渠道，包括估价人员在日常估价工作中积累的相关法律、法规资料；政府部门发布的关于估价对象的征地拆迁公告、补偿等，以及委托方为估价目的而提供的相关权属资料、执法部门意见等。

（1）国家有关部门颁布的法律、法规依据

①《中华人民共和国城市房地产管理法》（根据 2009 年 8 月 27 日第十一届全国人民代表大会常务委员会第十次会议《关于修改部分法律的决定》第二次修正）；

②《中华人民共和国土地管理法》（2004 年 8 月 28 日中华人民共和国第十届全国人民代表大会常务委员会第十一次会议修正）；

③《中华人民共和国城乡规划法》（2007 年 10 月 28 日第十届全国人民代表大会常务委员会第三十次会议通过）。

（2）有关技术规程和技术标准依据

《房地产估价规范》（GB/T 50291—1999）。

（3）估价委托方提供的相关资料

《商品房买卖合同》（编号：穗××号）等。

估价对象暂未办理房地产权证，购买人为委托方。产权状况及建筑面积来源于估价委托方提供的《商品房买卖合同》（编号：穗××号）等复印件。评估设定估价对象在估价时点的装修标准为《商品房买卖合同》签订的交房装修标准：室内墙面和天花板刷乳胶漆，地面为水泥地面，卫生间墙面和地面为水泥砂浆粉刷，天花板为普通粉刷，安装铝合金窗、实心门和夹板门，电线暗装，水电设施齐备。

（4）估价机构积累的评估资料

①估价机构及估价人员掌握的其他相关信息资料；

②广州市房地产市场信息；

③人民银行公布的资金存贷款利率；

④当地近期房地产市场交易资料及技术参数；

⑤《广东省工程造价信息》；

⑥《广东省建筑工程综合定额》（〔2010〕40号）；

⑦《广东省建筑工程计价办法》（2010）；

⑧其他相关资料。

三、房地产估价师王××、李××完成了实地查勘。

估价人员在进行资料收集，对估价对象有了初步了解后，进行现场实地查勘。实地查勘过程中获取了如下信息：

1.现场查勘记录

2019年10月28日，注册房地产估价师王××对估价对象进行了实地查勘，现场调查、记录如下：

（1）估价对象基本状况

估价对象坐落于广州市海珠区同福中路，建筑面积为110 m²，办公物业。临近南田路，属于东西向次干道，办公环境较安静。距离广东药学院约600 m，1 km范围内有超市、商场、银行、住宅小区等，生活、办公相对便利。

（2）土地基本状况

土地四至：所在宗地东南至邻楼，西至街，北至南田路。

土地使用年限：土地已办理有偿使用手续，土地使用年限自2000年10月20日至2050年10月19日。

土地开发程度：红线内外"六通"即通上水、通下水、通电、通信、通燃气及通路，场地平整，地面道路水泥硬化，余地绿化。

（3）建筑物基本状况

楼宇大约建成于2005年，为钢筋混凝土结构、地上28层的写字楼，估价对象位于17楼，东北向，无特殊景观，水电设施、消防设施等齐备，楼宇带电梯。楼宇有专门物业管理处负责维护保养，建筑物维护保养状况较好。

（4）道路交通

估价对象临近南田路，道路条件通达。附近有公共汽车站，有多条公交路线路经过，交通便捷度较高。区域属于广州市海珠区，附近主要为住宅区，较少有交通管制措施，停车方便程度一般。

2.估价对象图片

估价对象图片包括地理位置图片和现场拍摄照片，如图9.1和图9.2所示。地理位置图片主要是在地图上进行定位，不但能直观地显示其地理位置，还需在估价报告中对估价对象位置进行文字描述。现场照片主要从周边环境、交通、外观、室内几方面反映房屋的现状。

3.当地近期房地产市场交易资料

经过估价人员初步分析，本估价对象不适宜采用比较法和收益法作为估价方法。故在实地查勘时，没有对当地的房地产交易市场进行调查。

图 9.1　估价对象位置图

外观

门牌

内观

内观

周边

周边

图 9.2　估价对象现场环境

任务9.4 研读某写字楼课税估价报告

案例正文

一、致估价委托方函

××:

承蒙委托,我司对您指定位于广州市海珠区同福中路××号××大厦××房一套建筑面积为110 m² 的写字楼重置成新价值进行估价,并形成本估价报告,本估价报告使用期限为1年,估价目的是为办理缴纳土地增值税提供价值参考依据而评估其建筑物重置成新价值。

注册房地产估价师王××、李××根据估价目的,遵循估价原则,按照估价工作程序,仔细考察估价对象的建筑特征及使用维护情况,运用重置成本法,经过全面细致的测算,并结合估价经验和对影响价值因素的分析,确定估价对象在估价时点2012年9月20日符合本报告假设和限制条件下的建筑物重置成新总价值为 ¥35.41万元,人民币(大写)叁拾伍万肆仟壹佰元整,评估单价为3 219 元/m²。

×××× 房地产评估有限公司(盖章)

法定代表人:×××(签字)

2019年11月2日

二、注册房地产估价师声明

郑重声明:

1.注册房地产估价师在本估价报告中陈述的事实是真实和准确的。

2.本估价报告中的分析、意见和结论是依据房地产估价原则,结合我们自己公正的专业分析、意见和结论,但同时受到本估价报告中已说明的假设和限制条件的限制。

3.注册房地产估价师与本估价报告中的估价对象没有现实或潜在的利益,与估价委托方及估价利害关系人没有利害关系和偏见。

4.注册房地产估价师依照中华人民共和国国家标准《房地产估价规范》(GB/T 50291—1999)进行分析,形成意见和结论,撰写本估价报告。

5.注册房地产估价师王××对广州市海珠区同福中路××号××大厦××房一套写字楼物业进行实地查勘。对估价对象的现场查勘仅限于其外观和使用状况,对被遮盖、未暴露及难以接触到的部分,依据委托方提供的资料进行评估。除非另有协议,我们不承担对估价对象建筑结构质量进行调查的责任。

注册房地产估价师:王××(签名盖章) 注册号:(略)

注册房地产估价师:李××(签名盖章) 注册号:(略)

三、估价假设和限制条件

1.本次估价的假设前提

①估价对象产权明晰,手续齐全,可在公开市场上自由转让。

②洽谈交易期间物业价值将保持稳定。

③市场供应关系、市场结构保持稳定,未发生重大变化或实质性改变。

④交易双方都具有完全市场信息,对交易对象具有必要的专业知识。

⑤不考虑特殊买家的附加出价。

⑥估价时点时的房地产市场状况是公开、平等、自愿的交易市场。

⑦本次评估设定估价对象在估价时点的装修标准为《商品房买卖合同》签订的交房装修标准:室内墙面和天花板刷乳胶漆,地面为水泥地面,卫生间墙面和地面为水泥砂浆粉刷,天花板为普通粉刷,安装铝合金窗、实心门和夹板门,电线暗装,水电设施齐备。

2.未经调查确认或无法调查确认的资料数据

①本报告出具的评估价值不包含土地使用权价值在内。如至估价时点止,原产权人尚有任何有关估价对象的应缴未缴税、费,应按规定缴纳或从评估值中相应扣减。

②本次评估未对估价对象做建筑物基础和结构上的测量和实验,本次评估假设其无基础、结构等方面的重大质量问题。

③估价对象产权状况及建筑面积来源于估价委托方提供的《商品房买卖合同》(编号:穗××号)等复印件,估价委托方应对其所提供资料的真实性、合法性、有效性、完整性负责。因其不实造成的影响,本公司不承担任何责任,特此声明。

3.估价中未考虑的因素及一些特殊处理

①估价结果是反映估价对象在本次估价目的下的建筑物重置成新价值参考,估价时没有考虑国家宏观经济政策发生变化、市场供应关系变化、市场结构转变、遇有自然力和其他不可抗力等因素对房地产价值的影响,也没有考虑估价对象将来可能承担违约责任的事宜,以及特殊交易方式下的特殊交易价格等对评估价值的影响。当上述条件发生变化时,估价结果一般亦会发生变化。

②估价结果未考虑估价对象及其运营企业(或其拥有人)已承担的债务,或有债务,及经营决策失误或市场运作失当对其价值的影响。

4.本报告使用的限制条件

①本报告估价结果为估价对象在估价时点的建筑物重置成新价值,该估价结果只为办理缴纳土地增值税提供价值参考依据而评估其建筑物重置成新价值,不做其他用途,请报告使用者注意。

②本报告使用的有效期为1年。即估价目的在报告完成后的1年内实现,估价结果可作估价对象于估价时点的建筑物重置成新价值参考,超过1年,需重新进行估价。

③除本公司同意外,本报告的使用者不得私自将报告的全部或部分内容发表在公开媒体上。

四、房地产估价结果报告

（一）估价委托方

委托方名称：××

（二）估价机构

估价方名称：××房地产估价公司

房地产评估资质证书编号：××号

法定代表人：××

住　　　所：××

估价资质等级：××

有效期限：××至××

工商营业执照注册号：××

联系人：××

联系电话：××

（三）估价目的

为办理缴纳土地增值税提供价值参考依据而评估其建筑物重置成新价值。

（四）估价对象基本状况及范围

1.估价对象范围

估价对象为位于广州市海珠区同福中路××号××大厦××房一套写字楼重置成新价值，建筑面积为 110 m²，包括房屋及附属于房屋的供水、供电、电信、排水、消防等辅助设施，不包含土地使用权、动产、特许经营权及相关的债权债务。

2.估价对象基本状况

估价对象已办理《商品房买卖合同》（编号：穗××号），暂未办理房地产所有权证，购买人为××。

3.土地基本状况

所在宗地东南至邻楼，西至街，北至南田路。土地已办理有偿使用手续，土地使用年限自 2000 年 10 月 20 日至 2070 年 10 月 19 日。土地红线内外"六通"，即通上水、通下水、通电、通信、通燃气及通路，场地平整，地面道路水泥硬化，余地绿化。

4.建筑物基本状况

楼宇大约建成于 2005 年，为钢筋混凝土结构、地上 28 层的写字楼，东北向，无特殊景观。设施设备：水电设施、消防设施等齐备，楼宇带电梯。附带的室内装修及基本设施设定为普通装修，客厅和卧室墙面及天花板刷乳胶漆，地面为水泥地面，厨房、卫生间墙面和地面为水泥砂浆粉刷，天花板为普通粉刷，安装铝合金窗、实心门和夹板门，电线暗装，水电设施齐备。估价对象所在物业管理处负责维护保养，建筑物维护保养状况较好，为完好房。

（五）估价时点

鉴于本次估价目的为办理缴纳土地增值税提供价值参考依据而评估其建筑物重置成新价值，估价师于 2019 年 10 月 28 日进行实地查勘，因估价委托方特别指定，估价时点取商品房买卖合同签订之日，故估价时点定为 2012 年 9 月 20 日。

（六）价值类型

本报告评估价值内涵为估价对象在估价时点，在下列几项估价设定条件下的建筑物重置成新价值：

1.设定用途：办公。

2.各估价对象开发程度均达宗地红线内外"六通"（通路、供电、通信、通上水、通下水、通燃气），红线内场地已平整，地面道路水泥硬化。

3.价值类型：建筑物重置成新价值。

建筑物重置成本法是求取估价对象在估价时点时的重新购建价格，然后扣除折旧，以此估算估价对象的客观合理价格或价值的方法。

（七）估价依据

本次估价依据国务院、住建部、国土资源部、广东省、广州市人民政府及其有关部门颁布的法律规定和政策性文件以及评估房地产的具体资料，主要有：

1.国家有关部门颁布的法律法规依据

①《中华人民共和国城市房地产管理法》（中华人民共和国主席令第 29 号，1994 年 7 月 5 日第八届全国人民代表大会常务委员会第八次会议通过，自 1995 年 1 月 1 日起施行）；

②《中华人民共和国土地管理法》（2004 年 8 月 28 日中华人民共和国第十届全国人民代表大会常务委员会第十一次会议修正）；

③《中华人民共和国城乡规划法》（2007 年 10 月 28 日第十届全国人民代表大会常务委员会第三十次会议通过）。

2.有关技术规程和技术标准依据

《房地产估价规范》（GB/T 50291—1999）。

3.估价委托方提供的相关资料

《商品房买卖合同》（编号：穗××号）等。

4.估价人员掌握的估价资料和实地查勘调查所得的资料

①估价机构及估价人员掌握的其他相关信息资料；

②现场查勘、摄影和记录；

③广州市房地产市场信息；

④中国人民银行公布的资金存贷款利率；

⑤当地近期房地产市场交易资料及技术参数；

⑥《广东省工程造价信息》；

⑦《广东省建筑工程综合定额》（〔2010〕40 号）；

⑧《广东省建筑工程计价办法》（2010）；

⑨其他相关资料。

（八）估价原则

本次估价遵循以下房地产估价原则：

①独立、客观、公正原则。独立、客观、公正原则要求估价机构和估价师站在中立的立场，凭借估价专业知识、经验和应有的职业道德，按照估价对象的本来面目，实事求是、坚持原则、公平正直地进行估价。本次评估未受估价委托方在内任何单位和个人的干扰，没有偏袒相关

当事人中的任何一方,本着各方当事人理性而谨慎并出于利己动机,以估价师身份来反复、精细地权衡估价对象的评估价值。

②合法原则。合法原则要求房地产估价结果是在估价对象依法判定的权益下的价值,房地产估价必须以估价对象的合法使用、合法交易或合法处分为前提进行。根据估价委托方提供的《商品房买卖合同》(编号:穗××号)等记载,估价对象规划用途为办公。本报告按其法定办公用途进行估价。

③最高最佳使用原则。最高最佳使用原则要求房地产估价结果是在估价对象最高最佳使用下的价值。最高最佳使用是指法律上许可、技术上可能、经济上可行,经过充分合理的论证,能够使估价对象的价值达到最大化的一种最可能的使用。估价对象的合法批准用途为办公,建筑设计、平面布局及配套均按办公进行,与批准用途相似,已达到最佳利用状态,符合最高最佳使用原则。

④替代原则。替代原则要求房地产估价结果不得不合理地偏离类似房地产在同等条件下的正常价格,其理论依据是同一市场上相同物品具有相同市场价值的经济学原理。替代原则是保证房地产估价能够运用市场资料进行和完成的重要理论前提。

⑤估价时点原则。估价时点原则要求房地产估价结果是在由估价目的决定的某个特定时间的价值。估价时点原则强调的是估价结论具有很强的时间相关性和时效性。估价结论首先具有很强的时间相关性,这是考虑到资金时间价值在不同时间点上发生的现金流量对其价值的影响不同。估价结论同时具有很强的时效性,这是考虑到房地产市场的波动性,同一估价对象在不同时点会有不同的市场价格。因估价委托方特别指定估价时点为2012年9月20日,故估价时点定为2012年9月20日。

(九)估价方法

①估价思路。估价对象为写字楼物业,基于估价对象的实际情况,本次评估视估价对象为整体最高最佳使用而采用适宜的估价方法测算得到其建筑物重置成新价值。

②不适用的估价方法。经过估价人员调查了解发现,估价对象属于已建成并已投入使用的写字楼物业,非待开发建设物业,不产生后续开发成本,故不适宜采用假设开发法作为估价方法;本次估价目的是为办理缴纳土地增值税提供价值参考依据而评估其建筑物重置成新价值,不包含土地使用权价值,故不适宜采用市场比较法和收益法作为估价方法。

③估价方法选取。本次估价目的是为办理缴纳土地增值税提供价值参考依据而评估其建筑物重置成新价值。估价人员在认真分析所掌握的资料,进行实地查勘后,认为宜采用建筑物重置成本法进行评估测算。

建筑物重置成本法是求取估价对象在估价时点时的重新购建价格,然后扣除折旧,以此估算估价对象的客观合理价格或价值的方法。

(十)估价结果

本次估价对象为广州市海珠区同福中路××号××大厦××房一套写字楼重置成新价值,估价人员根据估价目的,遵循估价原则,按照估价工作程序,仔细考察估价对象的建筑特征及使用维护情况,运用重置成本法,经过全面细致的测算,并结合估价经验和对影响价值因素的分析,确定估价对象在估价时点2012年9月20日符合本报告估价假设和限制条件下的重置成新总价值为￥35.41万元,人民币(大写)叁拾伍万肆仟壹佰元整,评估单价为 3 219 元/m²,见表1。

表1 估价结果汇总表 币种:人民币

相关结果		建筑物重置成本法
估价结果	总价/万元	35.41
	单价/(元·m⁻²)	3 219

(十一)估价人员

注册房地产估价师:王××(签名盖章) 注册号:(略)

注册房地产估价师:李××(签名盖章) 注册号:(略)

(十二)说明及风险提示

①估价对象可能因房地产市场变化、国家宏观政策和经济形势变化、房地产相关税费和银行利率调整等因素导致估价对象的建筑物重置成新价值减损。本估价报告未考虑国家宏观经济政策发生变化以及遇有自然力和其他不可抗力对估价对象评估价值的影响。

②本报告估价结果为估价对象在估价时点的建筑物重置成新价值,若有关假设和限制条件发生变化,估价结果亦须作相应调整或重新委托评估。

(十三)实地查勘期

2019 年 10 月 28 日至 2019 年 10 月 28 日。

(十四)估价作业日期

2019 年 10 月 28 日至 2019 年 11 月 2 日。

(十五)估价报告应用的有效期

2019 年 11 月 2 日至 2020 年 11 月 1 日。

五、房地产估价技术报告(节选)

1.运用建筑物重置成本法的测算过程

重置成新价值=建筑物重新购建价格-建筑折旧

=(开发成本+管理费用+投资利息+销售税金+销售费用+

开发利润)-建筑折旧

(1)土地取得成本

本次评估价值不包含土地使用权价值在内,故土地取得成本为0元,见表2。

表2 土地取得成本计算表

1	土地取得成本	说 明	1.1+1.2	元/m²	0
1.1	土地楼面地价		土地楼面地价已求	元/m²	0
1.2	取得税费(主要为契税和印花税)	3.05%	土地价格×费率	元/m²	0

（2）开发成本

①建安成本。按委托方提供的资料进行测算分析,知悉委估宗地开发项目为高层写字楼项目。根据《广东省工程造价信息》相关规定,参照广州市工程造价定额信息及委估宗地所在区域已开发的类似写字楼项目投入的建安工程费用,采用工程概预算定额确定法对工程项目各单位工程进行工程造价测算,见表3。

表3　建安成本测算表

项　目		单　位	估价对象
建筑安装工程费		元/m²	1 580
土建工程费	土　建	元/m²	800
装饰工程费	装　饰	元/m²	230
安装工程费	电　气	元/m²	110
	给排水	元/m²	100
	空调或排风	元/m²	0
	消　防	元/m²	170
	电　梯	元/m²	170
	其　他	元/m²	0

②其他成本。

a.勘察设计费主要包括市场调查及可行性研究费、工程勘察费、规划及建筑设计费、工程招标费等,各项费用确定见表4。

表4　勘察设计费计算表

费用名称	计算基础	单　位	依　据	估价对象
市场调查及可行性研究费	0.25%	元/m²	建筑安装工程费×0.25%	3.95
工程勘察费	1%	元/m²	建筑安装工程费×1%	15.8
规划及建筑设计费	30	元/m²	定额	30
工程招标费	累进收费	元/m²	《关于印发招标代理服务收费管理暂行办法的通知》	13
合　计		元/m²		62.75

b.前期工程费。估价对象所在土地属办公用途,当地类似工程的前期工程费一般为50~120元/m²,考虑到估价对象所在土地的实际情况,确定前期工程费用为60元/m²。

c.宗地内基础设施建设费。估价对象土地进行房地产项目开发建设,宗地内需进行各类基础设施建设,具体基础设施建设费标准见表5。

表 5　宗地内基础设施建设费

宗地内基础设施建设费	单　位	费用标准	单　价
道路工程	元/m²	15~90	30
供水工程	元/m²	10~45	16
排水工程	元/m²	5~50	15
电力工程	元/m²	10~90	30
燃气工程	元/m²	10~40	15
通信工程	元/m²	10~40	15
绿化工程	元/m²	20~100	20
基础设施建设费小计	元/m²		141

d.公共配套设施建设费。估价对象为已正常使用的写字楼,根据估价人员现场查勘所得,估价对象中没有公共配套设施,则公共配套设施建设费为 0 元。

e.其他工程费。其他工程费主要包括工程监理费、竣工验收费、不可预见费,其各项费用确定见表6。

表 6　其他工程费计算表

费用名称	计算基础	单　位	依　据	估价对象
工程监理费	1%	元/m²	建安费用×1.0%	15.8
竣工验收费		元/m²	5~10 元/m²	10
不可预见费	3%	元/m²	建安费用与前期费用之和的3%	49.2
合　计		元/m²		75

f.开发期间税费。开发期间税费包括绿化建设费、人防工程费等。根据《房地产开发项目合并征收各种配套设施建设费的实施方案》(穗建城〔1996〕461 号),配套设施建设费包括市政建设配套费、消防设施费、绿化配套费等的统筹费用。本次测算参照《关于缴交“配套设施建设费”有关计算基数问题的通知》穗建城〔1998〕74 号(1998 年 4 月 1 日起正式执行)执行,该文对广州市市辖区内的建筑物各工程层数制订了缴交“配套设施建设费”的计算基数,以此对固定资产投资建设项目统一征收“配套设施建设费”,在实际征收中按建筑物的总楼层数及对应的基数进行。根据计价格〔2010〕584 号、粤价〔2012〕161 号文的相关规定,对零散开发(用地面积小于等于 2 万/m²)房地产项目按基建投资额的 10.5%计征,对零散开发(用地面积大于等于 2 万/m²)房地产项目按基建投资额的 5.0%计征,见表7。

表7　估价对象开发期间税费计算表

项　目	费　率	单　位	说　明	估价对象
计算基数		元/m²	（地上28层,地下两层）按照4 470元/m²	4 470
配套费用	10.5%	元/m²	计算基数×费率	469.35

综上所述,估价对象其他成本合计为(见表8)：

其他成本=勘察设计费用+前期工程费+宗地内基础设施建设费+公共配套设施建设费+
　　　　　其他工程费+开发期间税费

表8　估价对象其他成本合计

项　目	单　位	说　明	估价对象
勘察设计费用	元/m²	1	62.75
前期工程费	元/m²	2	60
宗地内基础设施建设费	元/m²	3	141
公共配套设施建设费	元/m²	4	0
其他工程费	元/m²	5	75
开发期间税费	元/m²	6	469.35
其他成本合计	元/m²	1—6项求和	808.1

则估价对象开发成本=建安成本+其他成本,具体见表9。

表9　估价对象开发成本计算表

项　目	单　位	说　明	估价对象
建安成本	元/m²	已求	1 580
其他成本	元/m²	已求	808.1
开发成本	元/m²	建安成本+其他成本	2 388.1

③管理费用。管理费用包括开发人员工资、办公费用等,结合当地实际状况,管理费用取土地取得成本和开发成本之和的3%,具体见表10。

表10　估价对象管理费用计算表

项　目	单　位	说　明	估价对象
土地取得成本	元/m²	1	0
开发成本	元/m²	2	2 388.1
管理费用	元/m²	(1+2)×费率	71.64

④投资利息。投资利息计算利率标准按中国人民银行公布一年期贷款基准利率 6.12%，以复利计算，计息范围参看表 11。土地取得成本为一次性投入，其他各项费用于建设期分期均匀投入，估价对象设定开发周期为 2 年，则

投资利息＝土地取得成本×$[(1+$年基准贷款利率$)^{建设时间}-1]+($开发成本＋管理费用$)×$
$[(1+$年基准贷款利率$)^{\frac{建设时间}{2}}-1]$

表 11　估价对象投资利息计算表

项　目	单　位	说　明	估价对象
土地取得成本	元/m²	已求	0
开发成本	元/m²	已求	2 388.1
管理费用	元/m²	已求	71.64
投资利息	元/m²	代入公式	150.54

⑤销售税金。销售税费包括营业税及附加、印花税和交易手续费。根据当地目前税务和房地产管理部门的有关规定，以及房地产销售市场的行情、估价对象档次定位，销售税金各项计收标准见表 12。

表 12　销售税金各项计收标准

税费名称	征收基数	税率	依据
营业税	按销售收入计征	5%	《中华人民共和国营业税暂行条例》
印花税	按销售收入计征	0.05%	《中华人民共和国印花税暂行条例》
城市维护建设税	按营业税额收入计征	7%	《中华人民共和国城市维护建设税暂行条例》
教育附加费	按营业税额收入计征	3%	广州市政府自 1995 年 1 月 1 日起，将广州市教育费附加征收率从"三税"税率的 2% 调整为 3%
堤围防护费	按销售收入计征	1%	广州市地方税务局公布的堤围防护费的征收范围和征收标准
交易手续费	按可售面积计征	3 元/m²	《国家计委、建设部关于规范住房交易手续费有关问题的通知》

则　　　　　　　　销售税金＝（销售收入×5.6%）+（销售收入×0.05%）+3

⑥销售费用。销售费用包括销售代理费和市场推广费。通过对周边新开发项目代理费用和市场推广费调查，销售代理费一般占销售收入的 1%~3%，市场推广费一般占销售收入的 1%~10%。根据估价对象位置、档次定位以及房地产销售市场的行情，销售代理费按销售收入的 1.5% 计收。市场推广费考虑估价对象性质为住宅，推广要求一般，按销售收入的 1.5% 计收。

$$销售代理费 = 销售收入 \times 1.5\%$$

$$市场推广费 = 销售收入 \times 1.5\%$$

则

$$销售费用 = 销售代理费 + 市场推广费 = 销售收入 \times 3.0\%$$

⑦投资利润。估价对象开发利润主要为销售利润,参考地方税务局关于房地产开发企业所得税征管标准,按预售收入15%~30%的销售利润率计算预计营业利润额。根据上市房地产公司公布的统计年报等统计数据信息,房地产销售利润率一般为8%~30%。估价对象为写字楼,结合估价对象实际情况,依据谨慎原则,确定估价对象销售利润率为15%。则

$$投资利润 = 销售收入或重置价格 \times 15\%$$

⑧估价对象房地产重置单价。

$$房地产重置价格 = (土地取得费用 + 开发成本 + 管理费用 + 投资利息 + 投资利润) \div (1 - 营业税及附加 - 印花税 - 销售代理费 - 市场推广费) + 交易手续费$$

根据已求数据,代入计算可得估价对象重置价格,见表13。

表13 估价对象重置价格计算表

项　目	单　位	说　明	估价对象
建筑物重置单价	元/m²	代入公式求得	3 396.08
建筑面积	m²	产权证	110
建筑物总值	元		373 569

(3)估价对象建筑物折旧

计算建筑物折旧,其公式为:建筑物折旧 = 重置价值 × (1 - 建筑物成新率)

对于估价对象成新率的计算,先分别用耐用年限法与完损评分法估算成新率,然后按照各自的权重计算出综合成新率,详见表14。

表14 写字楼综合成新率

1	耐用年限法	分部工程	竣工年份	已使用年限	使用年限	残值率	分部成新率	权重	成新率估算
		建筑结构	1999年	7	60	0%	88%	0.63	
		装饰	1999年	7	20	0%	65%	0.10	80%
		设备	1999年	7	20	0%	65%	0.27	
2	完损评分法	项目	完损状况说明		完损评分	权重1	分部成新率	权重2	成新率估算
		基础	保养较好		89%	0.25			
		承重构件	保养较好		89%	0.25			
	结构	非承重墙	保养较好		89%	0.15	89%	0.63	88%
		屋顶	保养较好		89%	0.2			
		楼板	保养较好		89%	0.15			

2	完损评分法	项目	完损状况说明	完损评分	权重 1	分部成新率	权重 2	成新率估算
	装饰	门窗	保养较好	86%	0.3	86%	0.10	88%
		外饰面	保养较好	86%	0.25			
		内饰面	保养较好	86%	0.3			
		天花顶棚	保养较好	86%	0.15			
	设备		保养较好	86%	1	86%	0.27	
3	综合成新率		耐用年限法	完损评分法	加权平均		其他调整	综合成新率
		估算结果	80%	88%	83%		0	83%
		权重	0.6	0.4				

建筑物折旧=建筑物重置价格×(1−建筑物成新率),详见表15。

表15   估价对象建筑物折旧计算表

项 目	单 位	说 明	估价对象
建筑物重置单价	元/m²	应用房地产重置单价公式,不考虑土地取得费用,计算得到建筑物重置单价	3 396.08
成新率	%		83%
建筑物折旧	元/m²	代入公式	577.33

六、确定估价对象评估价值

建筑物重置成新价值=建筑物重置价格−建筑物折旧,结果见表16。

表16   估价对象评估价值

项 目	单 位	估价对象
建筑物重置单价	元/m²	3 396
折旧	元/m²	577
建筑物评估单价	元/m²	3 219
建筑面积	m²	110
评估总值	万元	35.41

任务9.5　估价案例评析和延伸

案例评析

该报告为写字楼的课税评估报告,其估价目的是为缴纳土地增值税提供价值依据,基本上遵循了房地产估价报告的规范格式,具有以下优点:

①该报告目的明确,整篇报告也始终围绕着课税评估的目的进行;

②在评估过程中,对估价对象做了翔实调查,包括建筑状况、土地状况、道路交通、周边环境、配套设施等均进行了详细的调查、记录;

③估价对象的价值类型界定清楚,文字简洁;

④估价依据充分,法律、法规、权属资料、相关文件等,为评估提供了权威信息;

⑤报告遵循房地产估价原则,并对估价对象进行最佳最高使用分析,明确该估价对象作为写字楼物业,已达最高最佳使用状态,符合《房地产估价规范》的原则;

⑥估价测算数据充分,有理有据,测算过程清晰,结果可信;

⑦现场照片多视角、全面地反映了估价对象真实情况;

⑧报告内容全面,文字简练,格式严谨,附件资料翔实,估价结果适合委托方的需要。

该报告也有不足之处:

《房地产估价规范》(GB/T 50291—1999)4.1.3 条规定:"当估价对象仅适用一种估价方法进行估价时,可只选用一种估价方法进行估价。当估价对象适用两种或两种以上估价方法进行估价时,宜同时选用所有适用的估价方法进行估价,不得随意取舍;当必须取舍时,应在估价报告中说明并陈述理由。"本案例只用了一种,这是鉴于对估价对象的分析,在其他方法不适用的基础上只能选取一种,符合《房地产估价规范》(GB/T 50291—1999)的要求,但对估价结果而言没有其他方法的比较、验证,只能依据估价师的经验及专业判断去衡量,存在一定的主观性。

案例延伸

相关税收政策

财政部、国家税务总局发布《关于棚户区改造有关税收政策的通知》。通知明确,个人首次购买 90 m² 以下改造安置住房,按1%的税率计征契税;购买超过 90 m²,但符合普通住房标准的改造安置住房,按法定税率减半计征契税。对改造安置住房建设用地免征城镇土地使用税。

对改造安置住房经营管理单位、开发商与改造安置住房相关的印花税以及购买安置住房的个人涉及的印花税予以免征。在商品住房等开发项目中配套建造安置住房的,依据政府部门出具的相关材料、房屋征收(拆迁)补偿协议或棚户区改造合同(协议),按改造安置住房建筑面积占总建筑面积的比例免征城镇土地使用税、印花税。

企事业单位、社会团体以及其他组织转让旧房作为改造安置住房,且增值额未超过扣除项目金额20%的,免征土地增值税。对经营管理单位回购已分配的改造安置住房继续作为改造安置房源的,免征契税。

两部门明确,通知自 2013 年 7 月 4 日起执行。2013 年 7 月 4 日至文到之日的已征税款,按有关规定予以退税。

实训活动

1.收集整理本市本年度新建住宅契税征收政策文件,确定首次购买 88 m² 新建住宅应缴契税的税率。

2.精读教材,参照 P242 写字楼案例综合成新率测算,开展本课程上课所在教学楼综合成新率评估测算,提交测算表及附件。

课堂活动

结合房地产税收制度改革历程,特别是房地产持有环节税制改革,体会"以人民为中心、共同富裕"的理念,引导青年学生树立中国特色社会主义道路自信,立足本职岗位,守正创新、踔厉奋发,为提升我国房地产业治理水平贡献力量。

课后训练

1.2018 年 8 月,甲公司购买了某幢写字楼的 6~8 层,2020 年 5 月甲公司与乙公司签订了一个 10 年期、固定租金、租金按年支付的租赁合同。

试问:

(1)分别说明此两种行为中甲公司应该缴纳的税费。

(2)若某估价机构接受委托,为该房产进行房产税的课税评估,估价时点为 2022 年 3 月 15 日,则估价的技术路线如何?

2.下列房地产估价报告存在多处错误,请指明其中的 13 处。

封面和目录(略)

致委托人函

××:

受贵单位的委托,我公司对位于××市××路 3 号楼 5 层整层 957.3 m² 办公用途的房地产(以下简称估价对象)进行了估价。

估价时点:2022 年 3 月 15 日。

我公司根据《房地产估价规范》(GB/T 50291—2015)的要求,根据估价目的,遵循估价原则,按照估价程序,采用科学合理的估价方法,在认真分析现有资料基础上,结合估价经验与影响房地产市场价格因素的分析,确定估价对象在满足全部假设限制条件下于估价时点 2022 年 3 月 15 日的市场价值为人民币壹仟零玖拾万元整(￥1 094 万元整),折合每平方米建筑面积单价为人民币壹万壹仟肆佰叁拾叁元整(￥11 433 元/m²)。

估价报告应用的期限:自 2022 年 3 月 16 日起 1 年。

随函附交 3 份房地产估价报告。

××××房地产评估有限公司(盖章)

法定代表人:×××(签字)

2022 年 3 月 16 日

注册房地产估价师声明

我们郑重声明：

①我们在本估价报告中陈述的事实是真实的和准确的。

②本估价报告中的分析、意见和结论是我们自己公正的专业分析、意见和结论，但受到本估价报告中已说明的假设和限制条件的限制。

③我们与本估价报告中的估价对象没有利害关系，也与有关当事人没有个人利害关系或偏见。

④我们依照中华人民共和国国家标准《房地产估价规范》（GB/T 50291—2015）进行分析，形成意见和结论，撰写本估价报告。

⑤我们已对本报告中的估价对象进行了实地查看。

⑥没有人对本估价报告提供了重要专业帮助。

⑦本报告不可作为任何形式的产权证明文件。

⑧未经本估价机构书面同意，本报告的全部或任一部分均不得用于公开的文件、通告或报告中，也不得以任何方式公开发表。

注册房地产估价师：×××（签名盖章）　注册号：（略）

注册房地产估价师：×××（签名盖章）　注册号：（略）

估价的假设和限制条件（略）
估价结果报告

一、委托人（略）

二、估价机构（略）

三、估价对象

根据房屋所有权证（证号：×房地×字〔2012〕第××××号）和国有土地使用证［证号：××地×字（2011）第××号］，以及实地查勘情况及调查资料，估价对象房地产的区位、实物、权益状况如下。

（一）区位状况

位置：坐落在××市××路3号楼5层整层。

城市规划：行政办公区。

环境景观：优美整洁。

公共服务及基础设施完备程度：基本完备。

商务氛围：处于××市行政中心范围。

（二）实物状况

1.土地状况。

用途：办公。

地号：××区××街道163街坊。

四至：（略）。

土地等级：1级。

土地共用面积：3 500 m²。

地势：土地平整。

其中土地分摊面积:500 m²。

2.建筑物状况。

建筑面积:957.3 m²。

建筑结构:砖混一等。

层数:7 层,无地下室,估价对象位于第 5 层。

层高:3.3 m。

檐高:24 m。

用途:办公。

竣工日期:2011 年 12 月 1 日。

装修:室内普通装修,公共部分精装修。

设施设备、建筑类型、外观、空间布局、维护保养使用情况等:(略)。

利用现状:现空置。

(三)权益状况

1.建筑物权益状况。根据房屋所有权证(证号:×房地×字〔2012〕第××××号)记载,估价对象建筑物权利人:×××、×××,所有权性质:私有,用途:办公,建筑面积957.3 m²,砖混一等。

2.土地使用权权益状况。根据国有土地使用证(证号:××地×字〔2011〕,第××号)记载,估价对象土地用途为办公,其土地使用权性质为国有出让。土地共用面积3 500 m²,其中分摊土地面积 500 m²,土地使用期限自 2011 年 3 月 5 日起 50 年。本报告按无续期考虑。

3.他项权利状况。估价对象已设定他项权利(抵押权),抵押权人为中国工商银行××支行,至估价时点尚未注销。具体情况如下:

他项权利人:中国工商银行××支行。

权利种类:期房抵押。

建筑面积:9 573 m²。

权利价值:574.38 万元。

抵押部分:5 层整层。

设定日期:2011 年 8 月。

他项权证号:×房地×他字(2011)第×××号。

四、估价目的

为政府部门征收房产税提供价格参考。

五、评估的价值类型和定义

采用公开市场价值标准评估估价对象在满足本次估价全部假设和限制条件下于估价时点的市场价值。

六、估价时点

估价时点为 2022 年 3 月 15 日。

七、估价依据(略)

八、估价原则(略)

九、估价方法

本报告选用的估价方法为比较法和收益法。

比较法是根据类似房地产的成交价格来求取估价对象价值的方法,即选取一定数量的可比实例并将它们与估价对象进行比较,对可比实例的成交价格进行适当的修正来求取估价对象价值的方法。

收益法采用报酬资本化法,即房地产价值等于预测估价对象未来各期的净收益,选用适当的报酬率将其折算到估价时点后相加来求取估价对象价值的方法。

综合两种估价方法的估价结果,确定估价对象评估值。

十、估价结果

根据估价目的,遵循估价原则,按照估价程序,采用科学合理的估价方法,在认真分析现有资料基础上,结合估价经验与影响房地产市场价格因素的分析,确定估价对象在满足全部假设限制条件下,于估价时点 2022 年 3 月 15 日的市场价值为人民币壹仟零玖拾肆万元整(￥1 094 万元),折合每平方米建筑面积单价为人民币壹万壹仟肆佰叁拾叁元整(￥11 433 元/m²)。

十一、估价报告应用的限制

本估价报告有效期自完成之日起 1 年内使用有效,即 2022 年 3 月 16 日至 2023 年 3 月 15 日。

十二、估价作业日期

2022 年 3 月 5 日—3 月 16 日

十三、注册房地产估价师及其他参与估价的人员(略)

估价技术报告

一、估价对象分析(略)

二、房地产市场分析(略)

三、最高最佳使用分析(略)

四、估价方法选用

本报告所采用的估价方法为比较法和收益法。

比较法是根据类似房地产的成交价格来求取估价对象价值的方法,即选取一定数量的可比实例并将它们与估价对象进行比较,对可比实例的成交价格进行适当修正来求取估价对象价值的方法。

收益法采用报酬资本化法,即房地产价值等于预测估价对象未来各期的净收益,选用适当的报酬率将其折算到估价时点后相加来求取估价对象价值的方法。

估价报告
指错训练1

综合两种估价方法的估价结果,确定估价对象评估值。

五、估价的测算过程

比较法的基本步骤为:收集交易实例→选取可比实例→建立价格可比基础→交易情况修正→市场状况(交易日期)调整→房地产状况调整(区域因素、个别因素)→求取比准价格。

估价对象比准价格=可比实例成交价格×交易情况修正系数×
市场状况调整系数×房地产状况调整系数

(一)比较法

1.选取可比实例。收集类似房地产的交易实例,根据估价对象的用途、交易类型、区位和交通、基础设施等具体条件,选择 3 个可比实例进行比较,见表 1。

表 1　可比实例表

项　目	实例 A	实例 B	实例 C
坐　落	××路 14 号楼 4 层	××路 4 号楼 2 层	××路 6 号楼 3 层
用　途	办公	办公	办公
交易价格/(元·m^{-2})	12 915	11 438	12 504
价格类型	成交价格	成交价格	成交价格
交易日期	2021 年 11 月	2021 年 9 月	2021 年 8 月
土地状况	出让	出让	出让

2.可比实例与估价对象比较分析。可比实例与估价对象的各种房地产价格影响因素说明见表 2。

表 2　因素条件对比说明表

比较因素		估价对象	实例 A	实例 B	实例 C
坐　落		××路 3 号楼 5 层	××路 14 号楼 4 层	××路 4 号楼 2 层	××路 6 号楼 3 层
交易情况		整层转让市场价格	成交价格	成交价格	成交价格
交易日期		2022 年 3 月 5 日	2022 年 11 月	2022 年 9 月	2022 年 8 月
房地产价格/(元·m^{-2})			12 915	11 438	12 504
区域因素	商务氛围	较好	较好	较好	较好
	公共配套	较好	较好	较好	较好
	公交便捷度	较好	较好	较好	较好
	基础设施状况	较好	较好	较好	较好
	区域规划环境	较好	较好	较好	较好
	主朝向	南北向	南北向	南北向	南北向
个别因素	建筑面积	957.3 m^2	1 050 m^2	930 m^2	885 m^2
	容积率	1.9	2.1	2.2	2.0
	土地使用年限	42 年	43 年	43.5 年	42.5 年
	竣工年代 成新度	2011 年 12 月 1 日 九成新	2012 年 3 月 九成新	2012 年 5 月 九成新	2012 年 8 月 九成新
	建筑结构	混合	混合	混合	混合
	配套设备	一般、齐备	一般、齐备	一般、齐备	一般、齐备
	停车位	可满足	可满足	可满足	可满足

续表

比较因素		估价对象	实例A	实例B	实例C
个别因素	内部装饰	普通	高档、部分豪华	中高档	中高档
	建筑外观	风格新颖	风格一般	风格新颖	风格新颖
	户型、布局	合理、便于使用	合理、便于使用	合理、便于使用	新型办公平面布局

3.修正调整过程。以估价对象的各因素条件为基准,相应分值为100,将可比实例交易时的相应因素条件与估价对象比较,确定出相应的分值,见表3。(区域因素与个别因素中子因素权重相同)

表3 因素条件分值表

比较因素		估价对象	实例A	实例B	实例C
坐 落		××路3号楼5层	××路14号楼4层	××路4号楼2层	××路6号楼3层
房地产价格/（元·m⁻²）			12 915	11 438	12 504
交易情况		100	100	100	100
交易日期		100	99	98	99
区域因素	小 计	100	100	100	100
	商务氛围		0	0	0
	公共配套		0	0	0
	公交便捷度		0	0	0
	基础设施状况		0	0	0
	区域规划环境		0	0	0
	主朝向		0	0	0
个别因素	小 计	100	106	104	106
	建筑面积		-0.5	0	0.5
	容积率		-1.5	-2	-1
	土地使用年限		1.5	2	1
	竣工年代成新度		0	0	0
	建筑结构		0	0	0
	配套设备		0	0	0
	停车位		0	0	0
	内部装饰		7.5	4	4
	建筑外观		-1	0	0
	户型、布局		0	0	1.5

根据上述分值,得到修正调整系数,并将各可比实例成交价格修正调整为符合估价对象条件的比准价格,见表4。

表4 可比实例因素条件修正调整系数与比准价格表

项 目	实例 A	实例 B	实例 C
可比实例价格/(元·m⁻²)	12 915	11 438	12 504
交易情况修正	100/100	100/100	100/100
交易日期调整	99/100	98/100	99/100
区域因素调整	100/100	100/100	100/100
个别因素调整	100/106	100/104	100/106
比准价格/(元·m⁻²)	12 062	10 778	11 678

4.比较法估价结果。3 个可比实例比准价格比较接近,取其简单算术平均值为比较法求取的估价对象的比准价格:

$$\frac{12\ 062+10\ 778+11\ 678}{3}=11\ 506(元/m^2)$$

(二)收益法测算

收益法的基本步骤为:收集预测需要的有关收入和费用的数据资料→估算潜在毛收入→估算有效毛收入→估算运营费用→预测估算净收益→求取适当的报酬率→选用适宜的报酬资本化法公式求出收益价格。

根据市场分析预测,估价对象房地产未来的净收益将逐年递增,因此选择净收益按一定比率递增、有限年期的公式。其计算公式如下:

$$V=\frac{A}{Y-g}\left[1-\left(\frac{1+g}{1+Y}\right)^n\right]$$

式中 V——房地产的收益价格;

A——房地产未来每年净收益;

Y——房地产的报酬率;

n——房地产的收益期限;

g——净收益逐年递增的比率。

①租赁收入的确定。根据估价人员现场调查,该地区类似办公楼的市场租金水平因建筑物状况、装修、设施等不同,为 1.8~2.5 元/(m²·天),根据估价对象的具体情况,经估价人员综合分析,确定估价对象现状条件下可能实现的市场租金水平为 2 元/(m²·天)。

②空置率及租金损失率的确定。根据估价人员的调查,考虑目前该地区办公用房的供给需求状况及空置水平(该地区办公用房紧张,出租率水平在 90% 左右),确定空置率及租金损失率合计为 10%。

③年有效毛收入的确定。

有效毛收入 = 日租金收入 × 天数 / 年 × (1 - 空置及租金损失率)

④净收益的确定。根据目前房地产租赁市场出租人负担的租赁成本分析,主要包括维修费、管理费、保险费、房地产税、租赁费用、租赁税费、物业管理费、采暖空调费等,其他由承担人支付。经市场调查,确定租赁运营费用率为20%。

现时年净收益=有效毛收入×(1-运营费用率)

⑤报酬率的确定。房地产报酬率实质上是房地产投资回报与所投入资本的比率,报酬率可采用累加法确定。

报酬率 = 无风险报酬率 + 投资风险补偿率 + 管理负担补偿率 + 缺乏流动性补偿率 - 投资带来的优惠率

房地产报酬率确定为6%。

⑥剩余收益期限的确定。根据国有土地使用证,估价对象登记土地性质为出让,土地使用期限自2011年3月5日起50年。本报告设定估价对象剩余使用期限42年,无续期。

⑦租金年增长率的确定。经估价人员综合分析,确定估价对象租金年增长率为2.5%。

⑧收益价格的确定,见表5。

$$V = \frac{A}{Y - g}\left[1 - \left(\frac{1 + g}{1 + Y}\right)^n\right]$$

表5　收益法计算过程

项　　目	收益价格
租金收入/$\left[元 \cdot (m^2 \cdot 天)^{-1}\right]$	2
年计算天数/天	365
空置及租金损失率	10%
第1年有效毛收入/元	657
租赁运营费用率	20%
减租赁运营成本费用	131
第1年净收益/元	526
土地剩余使用年限/年	42
报酬率	6%
租金收入年增长率/%	2.5
收益价格/$(元 \cdot m^{-2})$	11 360

运用收益法求取的估价对象收益价格为11 360元/m^2。

(三)估价对象房地产价格的确定

采用两种不同途径进行估价得到的不同结果均有一定的意义和客观依据,因两个结果差异不大,经综合考虑,取两种方法测算结果的算术平均值作为本次估价结果。

估价对象房地产单价=(11 506+11 360)/2=11 433(元/m^2)

估价对象房地产总价 $=11\ 433×957.3=10\ 944\ 811$（元）

取整为 1 094 万元,单价为 11 433 元/m²

六、估价结果

根据《房地产估价规范》(GB/T 50291—2015)的要求,根据估价目的,遵循估价原则,按照估价程序,采用科学合理的估价方法,在认真分析现有资料基础上,结合估价经验与影响房地产市场价格因素的分析,确定估价对象在满足全部假设限制条件下,于估价时点 2022 年 3 月 15 日的市场价值为人民币壹仟零玖拾肆万元整(￥1 094 万元整),折合每平方米建筑面积单价为人民币壹万壹仟肆佰叁拾叁元整(￥11 433 元/m²)。

附　件

1.《委托司法鉴定函》(复印件)

2.房屋所有权证(复印件)

3.国有土地使用证(复印件)

4.估价对象地理位置示意图

5.估价对象小区实景照片

6.估价机构资质证书(复印件)

7.估价机构营业执照(复印件)

8.房地产估价师注册证书(复印件)

学习情境 10
真实商住楼盘转让价格评估实训

【知识目标】

熟悉房地产估价项目操作流程,掌握房地产估价的基本方法。

【能力目标】

在规定的时间内,能独立完成指定项目的初评工作,并按要求提交估价报告。

任务 10.1　认识房地产估价实训

任务导入

完成房地产估价方法课程学习之后,又学习了不同估价目的实务,研读了不少估价案例,小明希望自己能完成一个真实项目的估价作业,为了帮助小明,老师根据估价作业程序,结合教学规律,设计了一个实训项目。

相关知识

10.1.1　房地产估价实训教学设计

(1)实训设计的思路

以真实的房地产项目(楼盘或广场)为载体,从本专业知识、技能和实际操作入手,经过典型房地产项目价格评估方法、相关规范的学习,然后独立完成真实的估价作业任务这样的过程,使学生掌握房地产估价工作要求并能将所学技能和知识应用到房地产估价工作实践中,从而培养学生综合判定和把握房地产价格的能力。

(2)具体目标

完成本次训练,学生应能达到以下 3 个目标:

①熟悉房地产估价员(估价师助理)的工作环境、工作内容和工作要求。

②会确定房地产估价技术路线,选择正确的估价方法,按照现行《房地产估价规范》的要求,在规定时间内,独立完成一份合格的房地产估价报告。

③整个房地产估价作业过程中,能严格遵守房地产估价人员的职业道德。

（3）实训内容

实训内容见表 10.1。

表 10.1　实训内容

序号	学习情境	能力目标	建议学时
1	选题并制订作业方案	能根据选题难度和时间要求编制估价作业方案	2
2	收集二手资料	能通过网络收集所需二手资料	2
3	第一次踩盘	能完成估价对象实地查勘任务	4
4	相关楼市调研	能完成同一供求圈楼市调研	6
5	初步测算	能根据所选估价方法进行初步测算	2
6	补充踩盘或调查	能针对测算中所缺参数补充调查	4
7	撰写估价报告	能按估价规范要求撰写合格的估价报告	4
8	向委托人汇报并提交成果	能清晰表达估价作业过程,解释估价结果	2
9	合　计		26

（4）教学方法和手段

①教学方法。本次实训采用"项目导向,任务驱动,教、学、做一体化"的教学模式开展教学;按照"教师提供选题资料(扮演委托人)——学生选题并制订作业方案——学生执行作业方案"的流程组织教学过程。

②成果提交和展示手段。实训成果提交时,学生分别扮演估价员、委托人、潜在买家;借助 PPT 或海报来展示并讲解估价作业成果,提交估价报告(提交纸质版、电子版各 1 份存档)。

（5）学习评价

本次学习评价采用形成性考核和学习成果评价结合的方式。形成性考核包括考勤、踩盘汇报、提问、协作能力等;学习成果评价包括估价报告的质量和估价报告的展示。其中,考勤、踩盘汇报、提问由授课教师评价;协作能力、估价报告的质量和估价成果展示由授课教师和学生共同完成评价。

10.1.2　本次实训的教学过程

（1）教学过程

本次实训的教学过程如图 10.1 所示。

（2）往届学生实训示例

往届学生实训示例照片如图 10.2 所示。

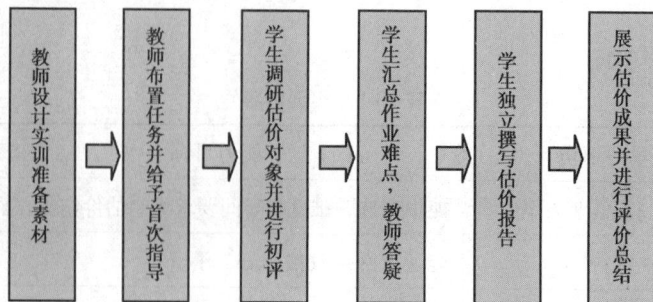

图 10.1　实训教学过程

学生讨论制订作业方案　　　　　　　　　学生互动交流

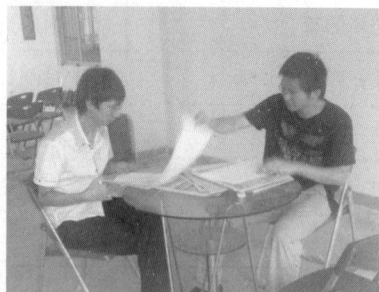

学生独立撰写估价报告　　　　　　　学生扮演委托人评价估价成果

图 10.2　往届学生实训示例照片

任务 10.2　实训任务的布置和总体指导

任务导入

根据教师的设计和准备,小明愉快地接受了实训任务,并组织了团队进行协同作业。

相关知识

10.2.1　实训任务布置

1)教师提供的信息

①"发现"某二手住宅地产转让价格(具体项目自选);

②"发现"人和商业中心价值(步行街和公寓租售),为确定销售价格提供参考。

③项目资料(4 张照片),如图 10.3 所示。

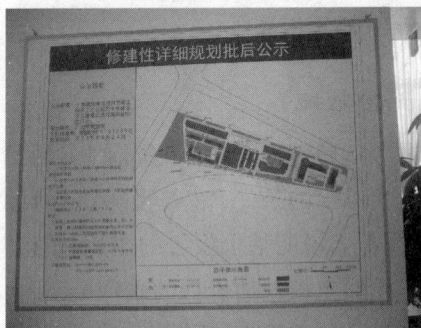

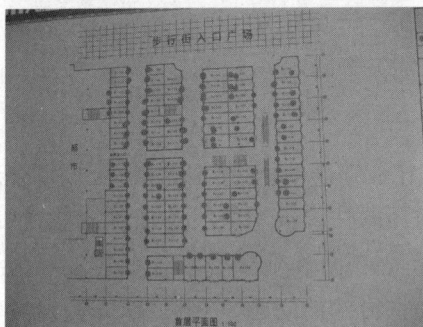

图 10.3　项目资料照片示例

2)实训任务及成果要求

(1)实训任务

根据教师提供的信息,任选一例作为本次实训的项目,撰写该项目房地产估价报告,并提交本次实训小结。

(2)项目估价报告要求

①估价技术路线清晰,估价方法使用得当;

②计算过程清晰,参数选择依据充分;

③估价报告格式正确。

3)实训小结要求

实训总结内容分两部分撰写:其一为本次实训的过程和感受小结;其二为估价员的专业

誓言表述。

4) 实训目的

①明确老师的估价委托,能够运用已学知识分析和解决实际问题。

②依据估价委托,按照估价作业程序进行资料数据的调研、实地查勘等工作,正确运用估价方法进行估价测算,与委托人沟通,撰写并交付估价报告。

5) 时间安排

本次实训时间一周,计26学时。

10.2.2 首次指导

1) 如何选题

①两个选题需提供同样的成果,分析给定的信息,结合个人兴趣确定本次实训的选题。

②分析给定的条件,重点明确估价目的、估价对象、估价时点等基本事项。估价目的分析:引导委托人说明估价报告的用途;估价对象分析:重点核查产权。

③估价时点根据估价目的确定。

通过与估价委托人(教师)的沟通,商业街估价目的是房地产转让价格评估;购买时间为2020年6月,结合实地查勘安排估价时点确定为2020年6月10日;估价对象仅靠4张图片不能确定,需要通过内业和实地查勘工作完成后才能完全确定。

2) 如何制订估价作业方案

在对估价项目进行初步分析后,为保证估价工作能够高效、有序地开展,应拟订合理的估价作业方案。估价作业方案的主要内容包括:拟采用的估价技术路线及估价方法;拟调查收集的资料及其来源渠道;预计所用的时间、人力、经费;拟订作业步骤和作业进度。为了帮助学生制订可行的作业方案,教师先将学生分组并提供讨论的问题、小组工作方法参考和作业计划参考表。

(1)分组(6人一组)并讨论以下问题

①本次实训作业,你计划准备哪些内容?

②实地查勘了解哪些具体情况?如何获得?

③需要准备哪些表格、工具?

(2)小组工作方法参考

各小组准备6张纸条,每位成员各1张,上面有教师设定的问题,每位学生填写好姓名。小组成员被要求在20分钟内共同写出3个解决问题的方案。一个成员写好答案后传递给其他成员,收到写好答案的纸条后,如同意前面同学的意见则写上"OK";如不同意,则写上自己的意见。依次循环,每位同学充分发表自己的意见进行讨论,最终形成一个统一的意见。

（3）作业计划参考表（见表 10.2）

表 10.2　作业计划参考表

	星期一	星期二	星期三	星期四	星期五
1—2	选题并制订作业方案	踩盘	地铁沿线调查	测算/补充调查	撰写报告
3—4	收集二手资料	人和镇调查	地铁沿线调查	重点检查	撰写报告
5—6		人和镇调查	测算		汇报

3）踩盘安全规定

①外出踩盘时,学生应结伴协作,至少 2 人同行。

②乘坐交通工具应注意安全,不得打闹。

课后训练

按要求编制本次实训作业方案并遵照执行。

任务 10.3　跟踪指导和答疑

任务导入

小明经过实训作业、实地查勘后,进入估价测算工作发现有很多疑问不知如何处理？教师给出了一些指导。

相关知识

1）跟踪指导要点

（1）必须收集的二手估价资料

项目规划建设方案,预售证,开发商的背景。

（2）实地查勘的地点

人和商业中心、人和镇房地产市场、地铁 3 号线沿线楼盘、白云区调查。

（3）估价计算

《房地产估价规范》规定对同一估价对象宜选用两种以上的估价方法进行估价,本次实训要求选用两种估价方法进行估价。

（4）撰写报告

按《房地产估价规范》要求格式撰写估价报告;附件按授课教师要求提交(需提供楼盘立面和室内装修照片的电子版)。

（5）估价报告咨询及汇报

汇报学生分别扮演估价员、委托人(开发商)、潜在购房人。

2）相关信息和估价作业关键点

（1）地铁3号线及影响力分析

广州地铁3号线，线路呈南北"Y"字形走向，从北向南贯穿广州市区新城市中轴线和番禺区发展轴线。线路向北与机场快线衔接，向南延伸至广州新城。目前3号线全长64.41 km，由主线、支线、北延线组成，未来还将建设南延线。3号线主线分两阶段通车：广州东站至客村段于2005年12月26日开通，其余于2006年12月30日正式开通。北延线2010年10月30日开通。

地铁3号线主线由广州东站至番禺广场，长28.73 km，设13座车站，平均站间距为2.2 km。分别是：广州东站、林和西路站、体育西路站、珠江新城站、赤岗塔站、客村站、大塘站、沥滘站、厦滘站、大石站、汉溪站、市桥站、番禺广场站。

支线由体育西路至天河客运站，长7.43 km，设5座车站，平均站间距1.4 km。分别是：天河客运站、五山站、华师站、岗顶站、石牌桥站。

北延线为机场南至体育西路，共设13座车站：机场南、人和、龙归、嘉禾望岗（可换乘2号线）、白云大道北、永泰、同和、京溪南方医院、梅花园、燕塘（可换乘6号线）、广州东站（可换乘1号线）、林和西（可换乘APM线）、体育西路。

温馨提示：3号线北延线开通对本项目的影响，请重点分析研究。

（2）土地类型、权益分析

本项目土地权益比较特殊，请实地查勘时认真查看售楼部公示的土地权属证书编号，并进行查实。

（3）本项目特点

本项目是人和村与××实业投资有限公司共同开发的人和安置区综合性地产项目，与一般的房地产项目有明显不同。请认真查看售楼合同，不明之处向销售人员详细咨询。

（4）项目所在地政府对本项目支持力度

主要调查人和镇政府、白云区政府、广州市政府对本项目的态度。

温馨提示：请登陆本项目宣传网站查看人和镇政府、白云区政府对本项目宣传活动的支持，并上白云区政府官网、广州市规划和自然资源局官方网站求证。

3）估价员专业誓言提炼指导

①估价员专业誓言提炼的目的是回答作为估价员怎么能让我们专业起来，因何专业的问题。

②什么是专业的本意，你够专业吗？你将来能成为房地产估价的专家吗？

客户第一的专家精神：大前研一（被誉为亚洲最专业的咨询顾问）在《专业主义》中写道："对于从事各种专业技术工作的人，区分出哪些人是专业的，哪些人只是徒有虚名，就是顾客至上。""你的技术、思路、经验既重要也不重要；专业分工的基础是道德基础；为此，人人都可以是专家，人人也都不是，只需看你是否坚持你的誓言。"

温馨提示：作为专业的房地产估价人员，你应该如何做才能确保服务过程中将客户的利益放在第一位，为客户提供最大化价值，让客户满意。

③医学界的实例。

大前研一非常隆重地向我们推荐了医学界的"希波克拉底誓言"(The Oath of Hippocrates)：

a.请允许我们行医,我要终生奉行人道主义;

b.请向恩师表达尊敬与感谢之意;

c.在行医过程中严守良心与尊严;

d.以患者的健康与生命为第一位;

e.严格为患者保守秘密;

f.保持医学界的名誉与宝贵的传统;

g.把同事视为兄弟,不因患者的人种、宗教、国籍和地位的不同而区别对待;

h.从受孕开始,即把人的生命作为至高无上之物来尊重;

i.无论承受怎样的压力,在运用自己的知识时也不会违背人道主义。

注:希波克拉底(Hippocrates,约前460—前377),古希腊医生,西方医学的奠基人。著名的"希波克拉底誓言"是西方医生必须恪守的格言。直到现在,许多医学院的毕业生宣誓时仍以此作为誓词。

④怎样做才能让我们专业起来?

让我们专业起来。

从基础开始,发出我们的誓言。

不必要求所有人同意我们的观点。

最起码在我们周围的人能团结一起。

这个誓言,同时也必将是我们的尊严。

而只有尊严,能持久地支持我们面向未来。

任务 10.4　估价报告初稿示例

任务导入

小明完成了估价测算,准备撰写估价报告时又不知如何下手了,授课教师看了王丽的初稿,让她和大家交流一下。

案例正文

致委托方函

广州融驰实业投资有限公司：

受贵公司委托,本公司秉承客观、公正、科学、独立的原则,对由贵公司自建并拥有产权的、位于广州市白云区西城路 8 号商业城(步行街、公寓)进行市场价格估价,估价时点为 2020 年 6 月 10 日,估价目的为制订售价。

根据估价目的,遵循估价原则,采用适宜合理的估价方法,在认真分析现有资料的基础上,经过测算,结合估价经验以及对影响房地产市场价格因素的分析,确定估价对象在市场上有足够的买房和卖方,并且在市场无障碍的条件下,估价对象在估价时点 2020 年 6 月 10 日的评估结果如下:

土地使用权面积:105 270 m²

总建筑面积:119 177.3 m²

其中,商铺:93 157.3 m²,公寓: 26 020 m²

可销售面积:61 670.4 m²

其中,商铺:35 650.4 m²,公寓:26 020 m²

估价总结果:49 162.97 万元 (人民币肆亿玖仟壹佰陆拾贰万玖仟柒佰元整)

南方房地产估价有限公司

法人代表:王丽

2020 年 6 月 10 日

估价师声明

我们郑重声明:

1.估价报告中陈述的事实是真实的和准确的。

2.估价报告中的分析、意见和结论是估价人员本着公正的态度进行专业分析得出的意见和结论,但受到估价报告中已说明的假设和限制条件的限制。

3.估价人员与估价对象没有利害关系,也与有关当事人没有个人利害关系。

4.估价人员依照中华人民共和国国家标准《房地产估价规范》(GB/T 50291—2015)进行分析,形成意见和结论,撰写本估价报告。

5.没有其他行业的专业人员对本估价报告提供重要专业帮助。

6.本报告评估价值为估价对象于估价时点的市场价值,在市场无较大波动情况下的有效期为 1 年,即自 2020 年 6 月 7 日至 2021 年 6 月 7 日,在此期间房地产行情发生较大变动或者国家相关政策发生变化,估价结果应作相应调整。

7.本次评估由王丽对估价对象进行实地勘察及拍照。

参加本次估价的估价人员:王丽

估价的假设和限制条件

1.除特殊说明外,估价对象不附带任何影响其价值的限制条件。

2.本次估价对象的房屋所有权证尚在办理之中,该项目用地面积系根据委托方提供的国有土地使用证,建筑面积根据委托方提供的现有资料得出,最终面积数据应以国土房管局实测为准。

3.委托方提供的所有资料,我们不负责核查其资料的真实性和合法性。

4.本报告未考虑委托方或有负债因素短期强制处分及抵押到期清偿因素对估价结果的影响,亦未考虑国家宏观经济政策发生变化以及遇有自然力和其他不可抗力对估价对象价格的影响。

5.当本次估价所遵循的合法、最高最佳使用原则等其他原则发生变化时,本估价结果会失效。

6.本报告所涉及的估价对象范围由委托方限定,所确定的房地产价格仅供抵押人与抵押权人在借贷时参考,具体用作抵押的房地产范围及贷款数额由金融机构决定。

7.本报告未经估价机构书面同意,不得向委托方和估价报告审核部门之外的单位或个人提供,报告的全部或部分内容,未经许可不得发表于任何公开媒体上。

房地产估价结果报告

一、委托方

委托方名称:广州融驰实业投资有限公司

住所:广州市白云区人和镇西成路 8 号

法人代表:××

联系电话:××

联系人:××

二、估价方

估价机构全称:南方房地产评估有限公司

法定代表人:王丽

住所:广东建设职业技术学院

估价资格等级:房地产价格评估一级资格(证书号:建房估证字〔20××〕×××号)

土地价格评估 A 级资质(证书号:2000A×××)

三、估价对象

(一)估价对象背景资料

人和商业中心项目是人和镇人和村委会拟开发的人和安置区综合性地产项目的重要组成部分。项目位于广州白云区人和镇机场高速路人和出口东 200 m,机场安置区西成路,北面为 10 万村民的机场安置区。地理位置优越,交通便利,市政基础设施配套齐全。该商业中心拥有 10 万 m²,将建成北广州的"上下九",目前主体建筑已经基本竣工,并已进入装修阶段,招商工作也已全部完成,预计国庆即可开业。委托方需进一步了解估价对象市值,本次估价依此进行。

(二)估价对象位置

项目位于广州白云区人和镇机场高速路人和出口东 200 m,机场安置区西成路,北面为 10 万村民的机场安置区。地理位置优越,交通便利,市政基础设施配套齐全。"两心三圈"的布局结构意在形成以临空产业为主,其他产业协调发展的格局。地铁 3 号线新机场线呈南北走向,线路全长 30.8 km,共设 10 座车站。线路南起 3 号线广州东站,经燕塘、梅花园、南方医院、同和、永泰、嘉禾、龙归、人和站后到达新机场站,其中新机场站分南站和北站。建成后的 3 号线新机场线列车最高运行速度将达到每小时 120 km。预测的最大单向高峰小时客流量约为 2 万人。

(三)估价对象范围

估价对象为包括地上及建筑物的整体,具体范围为土地使用面积 105 270 m²,总建筑面积 119 177.3 m²,其中商铺 93 157.3 m²、公寓面积 26 020 m²,可销售建筑面积 61 670.4 m²,其中商铺 35 650.4 m²、公寓 26 020 m²。

(四)估价对象概况

人和商业中心由广州融驰投资实业公司全程开发,下属子公司广州浩航商业运营管理有限公司负责运营管理。融驰公司是以房地产开发和投资为主,以商业运营管理和物业管理为核心的大型民营企业,已先后在广州、清远、佛山、郴州等地开发商业及住宅面积共计 40 多万 m²,其中商业开发面积就达 30 余万 m²。人和商业中心项目是人和镇人和村委会拟开发的人和安置区综合性地产项目的重要组成部分。项目位于广州白云区人和镇机场高速路人和出口东 200 m,机场安置区西成路,北面为 10 万村民的机场安置区。地理位置优越,交通便利,市政基础设施配套齐全。

(五)装修情况详情如下:

估价对象外部市政已经达到"七通",即通路、通上下水、通电、通信、通气、通热,基础设施状况良好。

(六)估价对象权利状况

根据委托方提供的国有土地使用证,估价对象使用范围内的土地所有权属国家所有,土地使用权由委托方以有偿出让的方式取得,土地用途为住宅及配套商业,住宅终止日期为 2038 年 6 月 10 日,配套商业的终止日期为 2038 年 6 月 10 日,地号为××。目前该项目的房屋所有权证正在办理之中。据委托估价方介绍,至估价时点估价对象未有权属纠纷,未设置他项权利。

四、估价目的

评估估价对象转让市值。

五、估价时点

2020 年 6 月 10 日。

六、价值定义

本报告中估价结果是人和商业中心中商铺以及公寓的市值房地产价格。其价格为房地产在估价时点条件下的价格,土地性质为租赁性质,是人和镇人和村委会拟开发的人和安置区综合性地产项目的重要组成部分。

七、估价依据

本次估价依据国务院、住建部、国土资源部、广州市人民政府及其有关部门颁布的法律规定和政策性文件以及评估房地产的具体资料,主要有:

1.《中华人民共和国城市房地产管理法》;

2.《房地产估价规范》(GB/T 50291—2015);

3.委托方提供的资料(略);

4.估价机构现场踏勘获得的资料及掌握的市场资料。

八、估价原则

此次估价在独立性、客观性、科学性的工作原则及房地产估价合法原则、估价时点等经济性原则指导下进行,主要遵循如下操作性原则进行评估:

(一)合法原则

估价对象房地产符合城市规划对土地用途、容积率、覆盖率、建筑高度、建筑风格的要求,即应以估价对象合法使用、合法处分为前提进行。

（二）最高最佳使用原则

在合法前提下的最高最佳使用是能使该房地产获利最大的使用方式。房地产价格受土地与建筑物组合状态的影响，两者的配合适当均衡时，房地产的效用便能高度发挥，达到最高最佳使用状态。估价对象土地规划用途为住宅及配套商业，估价对象实际用途亦为住宅及配套商业，我们认为保持现状用途最为有利，并以此为前提进行估价。

（三）替代性原则

根据经济学原理，在同一个市场内效用相同的商品价格将趋于一致，这一原理同样适用于房地产市场。本次估价采用市场比较法进行价格测算时，也是依据该原则。通过调查取得估价对象附近地区与估价对象类似的房地产作为参照实例，以近期内成交的价格作为客观价格，确定估价对象在估价时点的价格取值依据。

（四）估价时点原则

由于房地产市场是不断变化的，因此，在不同估价时点，同一项房地产往往具有不同的价格水平。本次估价对房地产市场情况及其自身情况的界定，均以其在估价时点的状况为准。

九、估价方法

根据估价对象的特点和估价目的，以及估价人员对邻近地区市场状况的调查和对估价对象的实地查勘，遵循房地产价格评估方法的确定原则，选取成本法和市场比较法以及收益法作为本次估价的基本方法。成本法是以开发或建造估价对象房地产或类似房地产所需的各项必要成本费用之和为基础，再加上正常的利润和应纳税金，得出估价对象房地产价格的一种估价方法。市场比较法是将估价对象房地产与近期已经发生交易的类似房地产加以比较，从已经发生交易的类似房地产的价格修正得出估价对象房地产价格的一种估价方法。收益法是通过对商铺的出租率以及在使用年限的出租情况进行综合而得。

十、估价结果

估价人员根据委托方指定的估价目的，遵循公正的估价原则，按照科学的估价程序，运用适当的估价方法，评估位于广州市白云区人和镇西成路 8 号商业中心在估价时点 2020 年 6 月 10 日，以估价市值为目的的房地产正常市场价格为 49 162.97 万元（大写：人民币肆亿玖仟壹佰陆拾贰万玖仟柒佰元整）。

十一、估价人员：王丽

十二、估价作业日期

2020 年 6 月 7—10 日。

十三、估价报告应用的有效期

本报告评估的价格为估价对象在现状利用条件下，估价目的为房地产市值，于估价时点 2020 年 6 月 10 日的现行公允市价。估价报告有效期自估价报告交付之日起 12 个月，超过 12 个月后需重新进行评估。

房地产估价技术报告

一、个别因素分析（略）

二、区域因素分析（略）

三、市场背景分析

"两心三圈"的布局结构意在形成以临空产业为主,其他产业协调发展的格局。其中,"两心"分别为"临空区区域增长中心"和"白云新城公共副中心"。"临空区区域增长中心"以广州白云国际机场为依托,通过与花都区竞合发展,打造白云区新的增长中心。"白云新城公共副中心"则是利用白云新城与机场联系极为便利的条件,以白云新城开发为契机,发展现代服务业集聚区,为临空经济发展注入新活力。

"三圈"即为三个圈层,依次为临空紧邻区、临空相邻区和都市辐射区。其中,第一圈层的"临空紧邻区",主要包括人和镇北部地区和钟落潭镇西部地区,适宜发展航空配套商业办公、航空运输服务业和航空指向性强的高技术产业。第二圈层的"临空相邻区",主要包括江高镇、太和镇中心区和钟落潭镇中东部地区,适宜发展受航空吸引的高新技术产业、高轻产品制造业和现代物流业。第三圈层的"都市辐射区",重点是白云新城和黄金围地区,受临空和都市中心的复合带动。

四、最高最佳使用分析(略)

五、估价方法选用(略)

六、估价测算过程

第一条　技术路线

（一）计算估价对象公寓价格

具体估价思路为:在近期房地产市场中选择与估价对象处于同一供求范围内,具有较强相关性、替代性的房地产交易实例,根据估价对象和可比实例的状况,对房地产自身状况、时间和交易情况等影响房地产市场价格的因素进行分析比较和修正调整,评估出估价对象的市场价格。

采用市场比较法确定估价对象公寓价格。选择可比实例,经筛选确定 A,B,C 3 个可比实例。

a.选取可比实例,详见表 1。

表 1　可比实例基本情况表

项　目	实例 A	实例 B	实例 C
名　称	广州星空港酒店公寓	广州香榭丽酒店公寓	穗和城
位　置	人和	人和	人和
类　型	公寓	公寓	住宅
结　构	钢筋混凝土	钢筋混凝土	钢筋混凝土
装　修	豪华	豪华	普通
价格/(元·m⁻²)	3 200	4 000	8 000

注:选用实例均为实际可出租面积租金,物业管理费、水电费由承租方承担。

b.交易情况修正:根据所掌握的资料,可比实例 A,B,C 均为正常交易,无须进行交易修正。

c.交易日期修正:根据房地产租赁市场状况,选取的实例成交日期至估价时点时间较近,故无须进行交易日期修正。

d.区域因素修正:根据估价人员实地查勘和所掌握的资料,3 个可比实例与估价对象的区域因素修正比较见表 2。

表 2　区域因素修正比较表

区域因素	权　数	估价对象	实例 A	实例 B	实例 C
繁华程度	0.2	10	10	10	10.5
交通便捷度	0.2	10	10	10	10
环　境	0.2	10	10	10	10
配套设施	0.2	10	11.5	11	11
规划限制	0.2	10	10	10	10
综　合	1.0	100	101	103	103

e.个别因素修正:根据实地查勘和所掌握的资料,3 个可比实例与估价对象个别因素修正比较见表 3。

表 3　个别因素修正比较表

区域因素	权　数	估价对象	实例 A	实例 B	实例 C
临街宽深	0.3	10	8.5	11	11
装修标准	0.2	10	7	9	7
新旧程度	0.2	10	7	10	12
建筑结构	0.2	10	10	10	10
平面设计	0.1	10	7.5	10	10
综　合	1.0	100	80.5	101	101

f.求出比准价格:根据以上比较修正后的各项结果,综合计算出可比实例修正的单价,其计算见表 4。

表 4　综合修正计算表

可比实例	实例 A	实例 B	实例 C
成交价格/(元·m⁻²)	3 200	4 000	8 000
交易情况修正	100/100	100/100	100/100
交易日期修正	100/100	100/100	100/100
区域因素修正	100/101	100/103	100/103
个别因素修正	100/80.5	100/101	100/101
修正后单价/(元·m⁻²)	3 936	3 845	7 690

g.对调整后的比准价格进行综合平均,估价对象的市场单价为:

$$(3\ 936 + 3\ 845 + 7\ 690) \div 3 = 5\ 157(元/m^2)$$

h.对公寓的总价进行计算:
$$5\ 257 \times 26\ 020 = 13\ 678.71(万元)$$

(二)计算估价对象商铺的收益价格

假设估价对象在未来使用年限内,每年可获得稳定的年净收益,且每年的报酬率保持不变,确定计算公式为:

$$V=\frac{a}{r}\left[1-\frac{1}{(1+r)^{N-n}}\right]$$

(1)估算估价对象商铺的年有效毛收入

采用市场比较法确定估价对象商铺的租金。

a.选取可比实例,详见表5。

表5 可比实例基本情况表

项 目	实例 A	实例 B	实例 C
名 称	项目周边商铺	华通广场	丰鑫装饰材料城
位 置	白云区人和	白云区人和	白云区人和
类 型	项目周边商铺	商业用地	装饰商铺
结 构	钢筋混凝土	钢筋混凝土	钢筋混凝土
装 修	普通	中等	普通
成交日期	2016.6	2016.6	2016.6
出租价格/(元·m⁻²)	40	90	50

注:选用实例均为实际可出租面积租金,物业管理费、水电费由承租方承担。

b.交易情况修正:根据所掌握的资料,可比实例 A,B,C 均为正常交易,无须进行交易修正。

c.交易日期修正:根据房地产租赁市场状况,选取的实例成交日期至估价时点时间较近,故无须进行交易日期修正。

d.区域因素修正:根据估价人员实地查勘和所掌握的资料,3 个可比实例与估价对象的区域因素修正比较见表6。

表6 区域因素修正比较表

区域因素	权 数	估价对象	实例 A	实例 B	实例 C
繁华程度	0.2	10	10	10	10.5
交通便捷度	0.2	10	10	10	10
环 境	0.2	10	10	10	10
配套设施	0.2	10	11.5	11	11
规划限制	0.2	10	10	10	10
综 合	1.0	100	101	103	103

e.个别因素修正:根据实地查勘和所掌握的资料,3 个可比实例与估价对象个别因素修正比较见表 7。

表 7　个别因素修正比较表

区域因素	权　数	估价对象	实例 A	实例 B	实例 C
临街宽深	0.3	10	8.5	11	11
装修标准	0.2	10	7	9	7
新旧程度	0.2	10	7	10	12
建筑结构	0.2	10	10	10	10
平面设计	0.1	10	7.5	10	10
综　合	1.0	100	80.5	101	101

f.求出比准价格:把以上比较修正后的各项结果,综合计算出可比实例修正的单价,其计算见表 8。

表 8　综合修正计算表

可比实例	实例 A	实例 B	实例 C
出租价格/(元·m^{-2})	40	90	36
交易情况修正	100/100	100/100	100/100
交易日期修正	100/100	100/100	100/100
区域因素修正	100/101	100/103	100/100
个别因素修正	100/80.5	100/101	100/101
修正后单价/(元·m^{-2})	49	50	35

g.采用简单算数平均法计算出一个综合结果作为比准价格,则估价对象商铺的租金为:
$$(49+50+35)÷3=45(元/月)$$

因为商铺是分为一层和二层的形式,所以根据预计可得一楼商铺为 45 元/(月·m^2),二楼商铺为 20 元/(月·m^2)。
$$一楼年有效毛收入 =45×9\ 943.3\ m^2×12=536.94(万元)$$
$$二楼年有效毛收入 =20×9\ 943.3\ m^2×12=238.64(万元)$$

年有效收入为:536.94+238.64=775.58(万元)

(2)计算商铺的年运营总费用

①管理费:取有效毛收入的 3% 计,则管理费为:
$$536.94 × 3\%=16.11(万元/年)$$

②维修费:维修费取建筑物重置价的 1%,建筑物重置价按 1 200 元/m^2 计,则维修费为:
$$(9\ 943.3 + 9\ 943.3) × 1\ 200=23.86(万元)$$

③税金:营业税及附加为有效毛收入的 5.5% 计算,房产税为有效毛收入的 12%,合计为

有效毛收入的 17.5%,则税金为:

$$775.58 \times 17.5\% = 135.73(万元/年)$$

④保险费:按建筑物重置价约 12‰ 计,则保险费为:

$$(9\ 943.3 + 9\ 943.3) \times 1\ 200 \times 12‰ = 286.37(万元/年)$$

⑤年运营费用:

管理费+维修费+税金+保险费 = 16.11+23.86+135.73+286.37 = 462.07(万元/年)

(3)计算商铺的净收益

年净收益:年有效毛收入−年运营总费用 = 775.58−462.07 = 313.51(万元/年)

(4)资本化率 r 的确定

采用安全利率加风险调整值法:安全利率取国家一年期存款利率 3.05%,风险调整值根据广州市的社会经济现状及预期,结合估价对象所处位置物业类型的特点,确定风险调整为 5.01%。

$$资本化率\ r = 3.05\% + 5.01\% = 8.06\%$$

(5)商铺的收益价格为:

$$V = \frac{a}{r}\left[1 - \frac{1}{(1+r)^{N-n}}\right]$$

估价对象的使用年限为 20 年:

$$V = \frac{313.51}{8.06\%}\left[1 - \frac{1}{(1+8.06\%)^{20}}\right]$$

$$= 34\ 984.27(万元)$$

(三)根据上面对商铺以及公寓的总价的计算,可得:

$$13\ 678.71 + 34\ 984.27 = 48\ 662.98(万元)$$

第二条 技术路线

采用成本法计算估价对象的整体价值(本案例较为特殊,土地不属于买卖取得而属于租赁形式,因此土地价格就直接用租金、面积、年限通过计算求得,同时建筑物属于新开发的,因此就不用计算建筑物折旧价格)。

采用成本法的计算公式为:

$$房地产价格 = 土地重新取得价格 + 建筑物重新建造成本$$

1.计算土地在使用年限内的租金

(1)采用土地租金与使用年限和建筑面积的乘积进行估价。经测算估价对象建筑面积为 119 177.3 m²,而租赁价格为 250 万元/年。

土地租赁成本 = 每年土地租赁费×租赁年限 = 250×20 = 5 000(万元)

建筑物重置成本 = 开发成本+管理费+投资利息+销售费用+开发利润+税费

(2)开发成本 = 建安成本+勘察设计及前期工程费+市政设施配套费

①建安工程费:根据估价对象现状及广州市建安造价,确定估价对象商业中心以及酒店公寓工程费,见表9。

表9　估价对象商业中心及酒店公寓工程费

项　目	单方造价/(元·m⁻²)		备　注
桩基础工程	商110铺	公90寓	
钢筋混凝土工程	350	230	
砖石工程	50	50	
脚手架工程	40	40	
门窗工程	40	130	商业中心楼面的
楼地面工程	172	45	装修以及安装
装饰工程	400	520	
其他	18	15	
水电工程	20	80	
合　计	1 200	1 200	

商铺建安工程费:93 157.3×1 200＝11 178.88(万元)

公寓建安工程费:26 020×1 200＝3 122.40(万元)

②勘察设计及前期工程费:按建安工程费的6%计,则

商铺勘察设计及前期工程费:11 178.88×6%＝670.73(万元)

公寓勘察设计及前期工程费:3 122.40×6%＝187.34(万元)

③市政设施配套费:按广州市政府有关规定为建安工程费的6%计算,则

商铺市政设施配套费:11 178.88×6%＝670.73(万元)

公寓市政设施配套费:3 122.40×6%＝187.34(万元)

④开发成本合计:①+②+③

商铺:11 178.88+670.73+670.73＝12 520.34(万元)

公寓:3 122.40+187.34+187.34＝3 497.08(万元)

开发成本＝12 520.34+3 497.08＝16 017.42(万元)

(3)管理费:按广州市政府规定的土地租赁费和开发成本的2%计算,则

　　管理费＝(土地租赁费＋开发成本)×2%＝(5 000＋16 017.42)×2%
　　　　　＝420.35(万元)

(4)投资利息利率按国家一年期贷款利率8.53%,按现状建设期为1年计。

①土地费用利息:5 000×[(1+8.53%)^1−1]＝426.5(万元)

②开发成本、管理费利息:

　　　　(16 017.42+420.34)×[(1+8.53%)$^{0.5}$−1]＝686.71(万元)

③投资利息合计：

$$426.5+686.71=1\ 113.21(万元)$$

（5）销售费用：根据二手资料可得占销售总额的2%，则

$$20\ 000\times2\%=400(万元)$$

（6）开发利润：取土地价格、开发成本的3%计，则

$$(5\ 000+16\ 017.42)\times3\%=630.52(万元)$$

（7）税费（包括两税一费）：按广州市标准的重置全值的5.5%，可以先设重置成本为x，所以税费为$5.5\%x$。

（8）建筑物重置成本：

$$16\ 017.42+420.35+1\ 113.21+400+630.52+5.5\%\cdot x=x$$

$$x=49\ 662.96(万元)$$

2.估价对象的市场价值单价：$49\ 662.96\div119\ 77.3=4\ 167(元/m^2)$

综合确定估价对象的市场价值：以上采用两条技术路线的估价结果相近，故采用平均法确定其市场价值，则

$$48\ 662.98+49\ 662.96=49\ 162.97(万元)$$

附 件

一、委托估价方提供的有关资料（略）

二、估价对象现场照片（图1）

总体效果

现场踩盘的外观商业中心图　　　　商业中心的营销中心

商业中心外观

商业中心内部景观

商业中心的店铺内部

内部装修

图 1　估价对象现场照片

课后训练

王丽同学的报告初稿估价技术路线清晰,估价方法选用恰当,技术参数选用依据交代清楚,估价报告格式正确,但也有一些小的失误需要修改;请同学们认真研读该报告,取人之长,补己之短,独立撰写自己的估价报告。

任务 10.5　估价成果展示和总结

任务导入

经过一周的辛苦工作,同学们都完成了自己的实训任务,师生准备一起分享本次实训的体会。

相关知识

1)估价成果汇报指导

本次估价成果汇报应该展示的内容如下:
①专业性,估价结果正确,报告质量高;
②服务态度要好。

温馨提示:与委托人交流少用术语。

2)估价成果的展示现场(图10.4)

图10.4　估价成果展示现场照片

3)分享王丽同学的小结

本次实训的时间是2020年6月6—10日,是我们的估价作业期,估价时点确定为2020年6月10日,估价对象是广州市白云区人和镇西成路8号商业中心的商铺和公寓,估价目的是为该房地产进行市场转让提供价值参考。

此次实训以小组为单位,我们小组由3个人组成,每名组员都分配了不同的任务。作业程序安排如下:第一步我们制订了详细的计划,然后执行。6月7日收集楼盘的二手资料并为踩盘做好准备。6月8日小组成员一起踩盘,重点是商铺与公寓。6月9日利用收集好的资料,开始编写我们的估价报告。6月10日开始写个人总结。本次实训中我们小组成员都比较好地遵守了估价计划,并积极想办法完成了本次估价任务。

回顾一周的实训,遇到的困难还真不少,有苦有甜。第一,在收集二手资料时发现估价对象的资料不全面,地块的产权不明确,开发商的背景资料也是费了一番功夫才收集到。第二,在使用何种技术路线的讨论上耗时过长,比较法的可比实例很难找,故想在踩盘时解决问题。踩盘前我们先设计了一张表格,表格里有我们需要了解的一些数据,还有其他一些问题,希望在售楼中心询问销售人员。我们去店铺踩盘时发现里面的商品大都属于中高档消费品,装修也很豪华,但市场太冷清,要繁华起来可能还需要一段时间。项目宣传广告打造广州的"上下九",我们觉得是小概率事件。然后我们去了售楼中心,在这里了解到不少信息,置业顾问告诉我们这块地皮是开发商向当地村委会租赁的,租赁时间只有20年,出售的公寓没有房产证。公寓房型都是单身公寓,每间36 m²左右。置业顾问说大部分人是买来投资的,我个人觉得价格有点偏高,不过买来投资还是值得考虑。人和镇近白云机场,经济型酒店的需求旺盛,是拉动当地经济发展的原因之一。完成前面两项工作已有些吃力,但困难还在后面。最头痛的是编写估价报告的这几天,开始估算时才发现收集的可比实例太少,参数也很难确定,在计算机前我整整坐了一天。根据老师的要求,我对商铺和公寓分别使用两条技术路线来估算,然后再综合得出总价。每种技术路线都很难做,特别是比较法,计算过程很烦琐,技术参数与政策信息息息相关。虽然自己已经很用心去做了,但报告还存在太多缺陷,需要完善的地方还有很多。

经过这几天的估价实训,我发现做一份合格的估价报告很不容易。平时看教材上的案例觉得就几页纸,自己动手才发现这几页纸不是那么的简单,但完成之后真的非常开心。特别是一个团队去踩盘去讨论,既有很多乐趣,也有多次因为意见不一致而争论得面红耳赤的情形。总的来说,这次实训真的很有意义。

4) 欣赏学生王丽的专业誓词

——请允许我从事房地产估价咨询服务,我将公正、公平、独立地完成估价作业;

——在房地产估价咨询服务中严守良心和尊严,分析、判断和推论都遵循估价的技术原则;

——严格执行估价程序,运用科学的估价方法以专业的服务达成客户最大化价值;

——不接受与估价对象、有关当事人有利害关系的估价业务;

——本着公正的专业分析、意见和结论,但受到估价报告中已说明的假设和限制条件的约束。

——对于报告中涉及的房产和估价项目涉及的各方,不存有任何的偏见。

——受聘于评估项目不是为了求证或报告事先决定的结论。

——完成本评估项目的报酬,与迎合委托方需要而求证和报告预先决定的价值无关,与估价结论和使用估价结论而实现的结果或发生的行为无关。

课堂活动

通过分享同学们的实训小结,引导学生理解"只有先改变自己的态度,才能改变人生的高度;只有先改变自己的工作态度,才能有职业高度。"为顶岗实习做好态度上的准备,鼓励青年学生自信自强、勇毅前行,积极投身中国式现代化的伟大实践中。

课后训练

整理此次估价作业的工作程序、采用的样表、报告撰写的模板、基准利率等常用参数、二手数据常用网站及实操的注意事项等资料,为今后类似房地产估价工作做准备。

参考文献

［1］中国房地产估价师与房地产经纪人学会.房地产估价案例分析［M］.北京:中国建筑工业出版社,2010.

［2］中国房地产估价师与房地产经纪人学会.房地产估价报告精选(2012)［M］.北京:中国建筑工业出版社,2012.

［3］宋良杰.房地产估价实践教程［M］.北京:电子工业出版社,2012.

［4］陈力,龙佳宜,吕杨磊.对房屋质量缺陷损失评估的探讨［J］.中国房地产估价师,2006(5):56-58.

［5］陈力,郭乐工,龙佳宜,等.开展房屋质量缺陷损失评估实务的几点认识——从三例估价实例谈起［J］.中国房地产估价师,2006(1):20-21.

［6］北京建设委员会.北京市房屋质量缺陷损失评估规程［M］.北京:中国建筑工业出版社,2005.

［7］中华人民共和国住房和城乡建设部.房地产估价规范:GB/T 50291—2015［S］.北京:中国建筑工业出版社,2015.

［8］柴强.房地产估价理论与方法［M］.北京:中国建筑工业出版社,2004.

［9］廖俊平,陆克华.房地产估价案例与分析［M］.北京:中国物价出版社,2001.

［10］吴翔华,梁国庆.房地产估价典型案例分析［M］.南京:江苏科学技术出版社,2005.

［11］美国估价学会.房地产估价［M］.12 版.北京:中国建筑工业出版社,2005.

［12］王海玫.房地产估价［M］.北京:化学工业出版社,2006.

［13］罗宗科.房地产估价师手册［M］.太原:山西科学出版社,2004.

［14］陈柏东.房地产估价［M］.武汉:华中理工大学出版社,1999.

［15］刘立,李志超.房地产估价师实务手册［M］.北京:机械工业出版社,2005.

［16］周寅康.房地产估价:理论·方法·实务［M］.南京:东南大学出版社,2001.

［17］楼江.城市地产评估理论与实践［M］.南京:东南大学出版社,2004.

［18］俞建民.房地产估价概论［M］.上海:同济大学出版社,2000.

［19］俞明轩.房地产评估［M］.北京:中国人民大学出版社,2004.